L'ÉGYPTE

LES TURCS

ET

LES ARABES.

PARIS. — IMPRIMERIE CLAYE ET TAILLEFER
RUE SAINT-BENOÎT, 7

LE PROFIL ET L'INTÉRIEUR DE LA GRANDE PYRAMIDE.

L'ÉGYPTE

LES TURCS
ET
LES ARABES

PAR

M. GISQUET,

TOME PREMIER.

PARIS : AMYOT, RUE DE LA PAIX.
1848

L'ÉGYPTE, LES TURCS
ET
LES ARABES.

CHAPITRE Ier.

Départ de Marseille. — Hyères. — Cannes. — Iles Sainte-Marguerite, Lérins. — Golfe Juan. — Les deux colonnes. — Livourne. — La Gorgone. — Civita-Vecchia. — Le brigand Gasparoni. — La roche de Circé. — Naples. — Pompeï. — Sorrente. — Charybde et Scylla. — Détroit de Messine. — L'Etna.

C'était le 21 janvier 1844 que, partant pour Alexandrie, je m'embarquais à Marseille sur le paquebot français le *Lycurgue*. Le vent concourait avec la vapeur à nous emporter loin de la France.

Du *quai de la Tourette* une foule de spectateurs contemplaient comme un point dans la mer ce navire où quelques-uns avaient un parent, un ami. Le soleil couchant, les ombres qui grandissaient, les goëlands effleurant la vague, donnaient à ce tableau un aspect triste. Il y a dans les adieux faits au moment d'une traversée, quelque chose de solennel qui oppresse, et suspend durant la première heure toute pensée des satisfactions du voyage.

Mon excursion en Égypte n'était pas inspirée

seulement par un motif de curiosité, elle avait aussi pour objet une question agricole et commerciale d'un puissant intérêt. J'étais accompagné des deux fils de mon excellent ami, M. Bisson, jeunes gens instruits et d'une raison précoce.

Bien que je tienne à parler le moins possible des choses déjà signalées par les voyageurs, je crois pouvoir, en passant, jeter un coup-d'œil rapide sur les points qui rappellent quelques faits utiles, quelques souvenirs historiques.

Après avoir salué la belle rade de Toulon, nous entrevîmes les iles d'Hyères. Bâtie sur le continent, au bord d'un bois d'orangers, il est possible que la jolie ville d'Hyères soit un petit paradis terrestre pour certains malades, mais il n'en est pas de même à coup sûr des iles qui portent ce nom; elles sont à peu près désertes, et présentent à peine quelques traces de végétation.

Au pied de l'Estérel, que sillonne en rampes hardies la route de Nice, est assise la ville de Fréjus, où naquirent Agricola, beau-père de Tacite, le poète Gallus, l'abbé Siéyès, et l'auteur de tant de chansons spirituelles, Désaugiers.

Bientôt nous aperçûmes le port de Cannes, ayant à sa droite le golfe de Napoule, renommé pour la pêche de l'anchois, à sa gauche l'île Sainte-Marguerite, dont le château qui renferma sous Louis XIV, *l'Homme au masque de fer* sert aujourd'hui de prison à plus de trois cents Arabes. Tout à côté de cette île, il en est une autre moins étendue; l'île Saint-Honorat, plus connue sous le nom de Lérins, qu'on a confondue souvent avec Pianoza, l'ancienne Planauta dans la mer de Toscane, lieu d'exil du temps des Romains. L'île plantureuse de Lérins a été pendant plusieurs siècles une des gloires du catholicisme. Son monastère, qui existe en partie de nos jours, ses sept chapelles maintenant en ruine, qui formaient autour de l'île un nombre égal de stations, les ossements de quatre cents martyrs, confesseurs de la foi, et surtout les cénobites illustres qui l'ont habitée, saint Honorat, saint Césaire, saint Eucher (1), etc., l'ont en quelque sorte consacrée aux yeux de la chrétienté.

A l'extrémité orientale de l'île Sainte-Marguerite, et dans la même direction, surgit de la mer un énorme rocher applati, connu sous le nom de la *Fourmi*, derrière lequel s'ouvre le golfe Juan. Là débarqua en 1815, Napoléon, à son retour de l'île d'Elbe. Sur la route voisine, qu'il suivit pour se rendre à Cannes, fut élevée une colonne, que détruisirent les habitants d'Antibes après les cent jours. A Antibes il existait une colonne en l'honneur de Louis XVIII, Napoléon l'a respectée.

Notre paquebot jeta l'ancre en face de Livourne, premier point des côtes d'Italie que j'eus occasion de visiter. Une grande animation règne dans ce

---

(1) Dix-neuvième évêque de Lyon.

port, dont la population a presque doublé depuis peu d'années. Cette ville n'offre pas l'aspect monumental et imposant des grandes cités d'Italie, notamment de Florence; mais un gouvernement paternel s'y révèle par d'importantes améliorations. Les remparts successivement démolis, se transforment en jolies promenades à l'instar de celles de Genève; l'eau qui manquait à Livourne, y coule abondamment, amenée de cinq lieues par un aqueduc, dans une citerne contenant cinq mille mètres cubes; le chemin de fer qui conduit à Pise est très-fréquenté. Point de doute que, si l'impulsion donnée par le grand duc Léopold se continue quelque temps encore, Livourne n'atteigne un haut degré de prospérité.

Le Lycurgue ayant repris le large, nous passâmes à peu de distance de la *Gorgone*. Des bancs de corail et d'autres espèces de polypiers ont probablement valu à cette île un nom sur lequel les géographes ne s'expliquent pas.

Je ne dirai rien de l'île d'Elbe, qui se dessinait à notre droite, parce que les grands souvenirs qui s'y rattachent ont inspiré d'éloquentes pages à nos meilleurs écrivains.

Une nouvelle relâche nécessaire au service des dépêches nous fit connaître Civita-Vecchia. On est là dans les états du pape. De nombreux forçats, employés aux travaux du port, n'affligent pas moins la vue que cet air de saleté et de misère répandu dans la ville, et qui contraste avec quelques constructions modernes.

Un chef de brigands que j'allai voir dans sa prison, Gasparoni, a été longtemps la terreur de la Romagne; ce bandit, taillé pour être un héros de mélodrame, fut pris, puis jugé et condamné à mort. On promit de lui faire grâce de la vie, à condition qu'il livrerait ses complices ; il les livra et, depuis dix-sept ans, ce misérable tricote des bonnets de laine dans un cachot de Civita-Vecchia.

Les côtes de l'Italie sont peuplées de faits mythologiques, de ruines et de traditions romaines : c'est d'abord la roche de Circé, promontoire qui appartient à la chaîne du mont Pontius, à quatre lieues de Terracine, et sur laquelle la fameuse enchanteresse fut transportée par le soleil, si l'on s'en rapporte aux fictions mythologiques. A peu de distance, sont les marais de *Minturnes*, témoins de l'abaissement et de la grandeur de Marius. Près de là étaient *Sinuesse*, dernière ville du Latium du côté de la Campanie ; Vulturne, au bord du fleuve de ce nom, qui passe à Capoue ; *Literne* où fut le tombeau de Scipion l'Africain. En suivant la route maritime, et dans un étroit espace, se trouvaient pour ainsi dire groupés des lieux longtemps célèbres : *Cumes* si renommée par les oracles de la sybille (1), *Baies*, qui s'élevait au milieu de bosquets

(1) La première sybille était Babylonienne et s'appelait *Demo*; elle suivit Berose, son père, dans ses voyages et se fixa à *Cumes*. Ainsi les sybilles

de myrtes sur la côte occidentale du lac *Lucrin*, que ses huîtres exquises avaient rendu fameux. Les superbes habitations de Marius, de César, d'Agrippa et de beaucoup d'autres personnages, couvraient ces côteaux fertiles. Venait ensuite Puéoli, port de mer, voisin de la rive opposée de ce lac, et qui était l'entrepôt de tout le commerce de l'Égypte avec l'Italie. La maison de campagne de Cicéron se trouvait dans les environs de cette ville opulente; puis enfin, Mysène, où Pline l'Ancien s'embarqua le 23 août 79, pour observer l'éruption du Vésuve qui engloutit Stabia, Herculanum, Pompéi et le grand naturaliste lui-même.

Aujourd'hui, ces sites délicieux ne présentent plus que l'image de la destruction, du chaos; tout a disparu, sous des amas de cendres et de scories. A la place qu'occupait le lac Lucrin s'élève une montagne volcanique : (Le Monte nuovo), Cumes, où se sauva à la nage Agrippine; Bauli, où elle fut égorgée par les émissaires de Néron. Putéoli, Mysène n'offrent plus que des marais fétides, des terres bouleversées ou des débris, qui disparaîtront peut-être demain. On voit qu'un cataclysme a passé par là.

Bientôt, voguant dans l'espèce de détroit qui sépare du continent les gracieuses îles d'Ischia et de

---

sent originaires de l'Asie. Elles tirent leur nom de la constellation de la Vierge, qui se dit en persan sumbulic, ou sumbulla, dont les Chaldéens ont fait sybulla.

Procida, nous vîmes fuir à notre gauche les hauteurs pittoresques de Pouzzoles et du Pausilippe. Une heure à peine écoulée, nous jetions l'ancre dans la rade de Naples, à deux cents mètres de la *Chiaja*, ayant à l'ouest le vieux château de l'OEuf, bâti sur un rocher que couronnait jadis un des jardins de Lucullus.

Une visite en usage ne tarda pas à distraire les passagers de l'admiration causée par un riche point de vue : c'étaient les médecins composant la commission de santé, flanqués d'un officier de police, qui, s'étant assurés d'où nous venions, montèrent à bord afin d'y remplir une formalité passablement inquisitoriale. En effet, on exige la remise des passeports de tous les voyageurs, y compris même ceux qui ne mettent pas pied-à-terre. Cette mesure vexatoire est, dit-on, autorisée par un traité postal conclu avec l'administration française, dont les clauses me paraissent violer le droit des gens. Un voyageur placé sur un bâtiment quelconque, doit être, d'après une fiction généralement admise, considéré comme s'il était sur le territoire de sa nation; conséquemment la police d'une puissance étrangère ne doit avoir, sauf les cas exceptionnels, aucune action sur lui tant qu'il reste à son bord. Il est donc étrange que nos hommes d'état aient accordé aux agents du roi des Deux-Siciles, la faculté exorbitante d'exercer une surveillance à bord de nos paquebots et jusque sur les Français qui se bornent à traverser la rade de Naples. N'est-ce pas abaisser l'honneur de notre pavillon? Le gouvernement napolitain méritait moins que tout autre une pareille déférence.

On en jugera par un seul fait : Quand le roi de Naples eut appris que la mode s'était généralement répandue en France de porter des moustaches; quand il eut vu dans sa capitale des Français de distinction, adopter cet usage, il proscrivit les moustaches de sa cour, de son armée, et, en même temps, Sa Majesté voulut que tous les galériens de son royaume en portassent.

Beaucoup de choses curieuses à Naples et dans les environs sont dignes de l'attention du voyageur; mais on en a tant parlé que je tomberais infailliblement dans la monotonie des redites. Néanmoins, le paquebot devant rester six heures dans le port, je voulus profiter de ce temps pour aller voir Pompéi.

Le chemin de fer de Castellamare me conduisit dans cette antique cité romaine, exhumée de la cendre. Les fouilles opérées jusqu'à ce moment ont mis à découvert une vingtaine de rues, et plusieurs monuments publics.

Ces monuments, en général plus remarquables par leur ancienneté que par le style et l'ornementation, sont contenus dans un étroit espace; on y distingue le Forum, le Panthéon, le Palais de Justice, deux théâtres, les temples de Jupiter, de Vesta, d'Isis, de Vénus, l'Arc-de-Triomphe voisin du Forum, le marché, les bains publics, plusieurs maisons, entr'autres celles de Salluste, d'Actéon, ainsi nommée à cause d'une fresque ayant pour sujet la mésaventure de l'imprudent chasseur; la maison dite de la première fontaine, où l'on voit une assez belle mosaïque, celle de la seconde fontaine, celles du changeur et du boulanger.

Je visitai, en sortant de la ville par la voie consulaire, l'amphithéâtre, où avaient lieu les combats des gladiateurs; puis, revenant sur mes pas, vers le faubourg Augustus-Félix, je suivis la voie des tombeaux qui le traverse. Dans ce même quartier est la maison de campagne de Diomède placée sur une éminence, et celle attribuée à Cicéron, qu'il a vantée dans ses lettres à son ami Atticus, si toutefois il ne s'agissait pas de sa villa de Putéoli, au bord de la mer.

Rien n'étonne, rien n'émeut profondément lorsqu'on se borne à regarder ces temples vides, ces demeures silencieuses, ces rues désertes, où l'on voit l'empreinte des chars qui semblent avoir passé la veille; mais quand on songe que ces chars ne roulent plus, que toute cette population a été anéantie en quelques instants, on se recueille; on fait un retour sur soi-même, et l'on comprend mieux le néant des choses humaines.

L'on aurait pu, ce me semble, laisser à ces vestiges leur physionomie locale, et leur conserver la position qu'ils avaient au moment de l'exhumation.

C'eût été un riche et unique musée qu'une ville décorée de tout ce qui servait à ses habitants il y a dix-huit siècles ! quelle collection plus rare, plus précieuse eût pu réunir aucun souverain du monde ! Mais il aurait fallu veiller à la conservation de ces innombrables curiosités, cela eût été plus dispendieux que de les entasser dans les salles du palais de Portici et des Studi ; de deux partis à prendre, le mesquin et le grandiose, c'est le mesquin qu'on a préféré.

Pour en finir avec Pompéi, j'ajouterai que la portion qui reste ensevelie sous les amas volcaniques, doit être plus considérable que les quartiers explorés, puisque cette malheureuse cité ne renfermait pas moins de vingt-mille habitants. Les rues déblayées jusqu'à nos jours ne pourraient guère en loger que sept à huit mille. D'ailleurs, le nombre et la grandeur des édifices publics, découverts dans un périmètre assez circonscrit, attestent que la ville devait avoir une beaucoup plus vaste étendue.

En quittant Naples, on ne tarde pas à remarquer Castellamare, assise au fond du golfe. A peu de distance, s'élève Sorrente, où naquit le Tasse, en 1544. Sa maison, que visitent les étrangers, cette maison, où l'attendit si longtemps une sœur chérie, repose sur la cime d'une haute falaise à pic, battue par la vague et les orages. Du côté opposé à la mer, est, dit-on, un jardin rempli de lauriers et d'orangers. Contraste remarquable, qui n'est pas sans analogie avec l'existence du grand poète, dont la première partie, brillante et honorée, fut si différente de la seconde remplie d'amertume et d'agitations.

Presque en face de Sorrente, l'île de Caprée semble présenter sur sa couronne de rochers un faisceau de souvenirs historiques. Là, les voluptés sanglantes de Tibère, et la fin de ce vieillard infâme sous l'oreiller parricide de Macron; là, les prodiges de valeur d'une poignée de Français conduits par Lamarque, chassant de ces rocs aériens les troupes anglaises commandées par Hudson-Lowe, qui devait acquérir à Sainte-Hélène une immortalité de bourreau! Vingt siècles séparent deux époques si diverses : l'une souillée par la vie et la mort d'un prince couvert de crimes; l'autre illustrée par un beau fait d'armes de nos soldats.

A mesure qu'on avance dans la direction du Midi, on découvre successivement deux formidables frères du Vésuve, le Stromboli et l'Etna. L'archipel de Lipari, composé de treize îles, où les anciens plaçaient le royaume d'Éole et les forges de Vulcain, n'en a que sept d'habitées : Lipari, Stromboli, Volcano Félicudi, Ustini, Salini et Alicudi. Stromboli n'est que la seconde de ces îles par son étendue; mais elle en est la plus célèbre. Son volcan, ouvert à deux mille pieds de hauteur, toujours en ignition, et dont les issues changent de place et de nombre, offrait trois cratères : un au sommet;

deux au flanc occidental, d'où s'échappaient trois rubans de fumée.

Scylla, qui nous apparut ensuite, est un agreste village, étagé dans l'espace qui sépare la côte du rocher, et qui, vu d'une certaine distance en mer, paraît avoir la forme d'une immense grappe renversée.

C'est au pied de ce rocher que se trouve l'écueil fameux que tant de relations antiques signalent comme funeste aux navigateurs. Les anciens, dans leurs amplifications allégoriques, expliquaient ainsi l'origine de Charybde et de Scylla. Hercule tue une femme qui lui avait dérobé un troupeau ; elle est changée en monstre marin : voilà Charybde et son gouffre, voisin de Messine. Aimée de Neptune, une nymphe jeune et belle excite la jalousie d'Amphitrite, qui la force de se précipiter dans la mer ; et le corps de l'infortunée, chargé de six têtes hideuses, est entouré d'une ceinture de chiens aboyants : voilà Scylla, l'écueil redouté des nochers.

L'entrée du détroit, en face du promontoire de Pélore, a dû subir de notables changements, surtout lors du tremblement de terre de 1783 ; il ne présente plus aujourd'hui les mêmes périls à la navigation. On doit néanmoins convenir que, dans les mauvais temps, la mer, resserrée par le voisinage des côtes qui forment le détroit, doit être violemment tourmentée. D'une part, les courants qui viennent du sud ; de l'autre, les reflux que les vents d'ouest impriment aux vagues à l'entrée du phare, en sont la cause incessante. Les lames, poussées en sens contraire, se rencontrent, se heurtent sur ce point; leur choc, et sans doute la configuration des bas-fonds, occasionnent les tourbillons et les remous. Quant à la sonorité des flots qui battent l'écueil de Scylla, on conçoit que le ressac de la mer, dans les flancs du roc percé de cavités, y produise un bruit assez semblable à l'aboiement des chiens.

Une fois qu'on a dépassé le phare de Pélore, on a devant soi le canal de Messine, qui va en s'élargissant, et la ville qui lui donne son nom. A gauche, les côtes arides de la Calabre; à droite, la Sicile, déployant un long rideau de verdure; enfin, dans une perspective imposante, l'Étna, jetant dans les airs son panache enflammé.

Le port de Messine, l'un des plus sûrs de la Méditerranée, développait à nos yeux sa vaste enceinte et ses constructions modernes.

Nous fûmes distraits simultanément par la vue de Reggio qui, presqu'en face de Messine, semble sourire à sa maritime sœur. C'est là que Julie, fille d'Auguste, expia par l'exil et la mort les désordres de sa vie. Ce site heureux ne put la consoler des plaisirs et des grandeurs de Rome.

L'Aspremonte, dont les croupes dominent Reggio, ne fixe pas les regards du voyageur, impérieusement appelés par le géant de la Sicile. L'Etna grandit à mesure que l'on avance dans le détroit ; et comme il s'empare de toute l'attention, il absorbe bientôt toutes les pensées.

Je regrettai de ne pouvoir explorer ce roi des volcans, dont les nombreuses éruptions ont tellement élargi la base, qu'elle présente une circonférence irrégulière d'au moins cinquante lieues. Trois zônes divisent sa hauteur, qui s'élève à plus de dix mille pieds. La première est cultivée, la seconde couverte de neige, la troisième aride et sauvage. Le contraste des parties supérieures avec la base est d'autant plus sensible, que cette région agricole est parsemée de villages, de hameaux. Tout ce qui est au-dessus rappelle le combat des Titans : ce sont des monts jetés sur des monts, des cratères sur des cratères, dont quelques-uns éteints, tandis que d'autres lancent de temps en temps de la fumée et du feu. Mais le cône, qui domine tout, celui au milieu duquel s'ouvre le principal cratère, est d'un difficile accès ; il faut cinq quarts-d'heure pour faire le tour de l'orifice qui, dans son état le plus calme, vomit d'épaisses vapeurs sulfureuses.

Malgré soi, quand on est au bord du gouffre, respirant ces exhalaisons suffoquantes, étourdi par le bruit des bouillonnements intérieurs et par le sifflement du vent, si âpre dans ces hautes régions, un sentiment de crainte vague vous saisit : on voudrait, d'un œil interrogateur, plonger dans l'abîme; on voudrait lire dans les entrailles du géant, et pénétrer les causes mystérieuses des terribles phénomènes dont il nous offre le spectacle ; mais là un danger réel vous menace : la montagne béante est couronnée d'une couche de cendre chaude, sur laquelle le pied glisse ; quelques pas de plus, et vous seriez précipité comme Empédocle.

CHAPITRE II.

Ruines de Syracuse. — Les Lathomies. — Monuments numismatiques. — Les armoiries de Naples. — Fontaine d'Aréthuse.

Nous passâmes sans nous arrêter à une petite distance des lieux où gisent les tristes vestiges de Syracuse. Je n'ai pu fouler ce sol riche de souvenirs; mais je crois devoir rappeler quelques faits dont plusieurs ne sont pas consignés dans les relations des voyageurs qui m'ont précédé; le puissant intérêt qui se reporte encore sur la patrie d'Archimède, me fera pardonner une courte digression.

Tout le monde connaît l'origine de Syracuse et les phases de sa grandeur, jusqu'à l'époque où elle passa sous la domination des Romains.

Divisée en cinq quartiers populeux : Ortygie, Tyché, Achradine, où était la maison d'Archimède, Néapolis et Épipolé; Syracuse, entourée de hauts remparts, protégée par vingt châteaux ou citadelles qui, dans toute son immense étendue, en défendaient les approches, renfermait soixante et onze monuments publics, au nombre desquels un magnifique temple de Jupiter Olympien.

Le plus vaste de ses deux ports avait assez d'espace pour qu'une flotte nombreuse pût y manœuvrer. La célèbre fontaine *Aréthuse* qui, maintenant, sert de lavoir, jaillissait tout près du rivage et livrait son eau fraîche et limpide aux habitants d'Ortygie. Le petit fleuve Anapa, auquel se joignait la fontaine de Cyane, venait se jeter dans ce grand bassin, où se balançaient, à l'abri du vent, des milliers de navires.

Si l'on se reporte à l'époque où, 709 années avant l'ère chrétienne, le corynthien Archias fonda *Ortygie*, le plus ancien des quartiers de Syracuse ; si l'on réfléchit qu'en ces temps reculés le monde connu avait pour extrêmes limites le détroit de Gibraltar, l'Atlas, la mer Rouge et le Pont-Euxin ; si l'on observe que la Méditerranée occupait la partie centrale de cette civilisation adolescente, et que la Sicile était un point intermédiaire, un relai indispensable pour les navigateurs ; on ne sera pas étonné de la prospérité rapide de cette ville, devenue l'entrepôt et le comptoir des nations commerçantes. On comprendra aussi pourquoi les Carthaginois, les Athéniens et les Romains ont successivement fait de si grands efforts pour s'en rendre maîtres.

Syracuse reposait sur un sol creusé par l'extraction des pierres qui servirent aux constructions. Les carrières devinrent, en s'agrandissant, une ville souterraine qui, dit-on, avait de quatre à cinq lieues de circonférence. Des éboulements et d'autres causes géologiques ont comblé la majeure partie de ces cavités appelées *Lathomies*, plus grandes que les catacombes de Rome, si l'on en juge par celles qu'il est encore possible de parcourir. En effet, dans un espace qui ne représente pas le cinquième de la surface totale, on trouve, taillées dans le roc vif et disposées avec symétrie à une profondeur de soixante pieds, d'abord, une rue très-large qui traversait les Lathomies dans toute leur longueur et servait de grande voie de communication ; puis quarante-deux rues secondaires, deux cent dix ruelles, vingt et une places carrées de diverses dimensions, et sept places de forme circulaire, dont une divisée en dix compartiments uniformes et entourée d'un corridor.

Toutes ces rues et ruelles sont droites, et séparées entr'elles par des pans du rocher dans lequel on les a creusées. Elles recevaient un faible jour au moyen de soupiraux qui sont presqu'entièrement bouchés. On y pénétrait par quatorze ouvertures.

Ces belles galeries formaient un gigantesque labyrinthe. Plus d'un visiteur curieux en explorant ce dédale inextricable, y est demeuré enseveli.

La perfection avec laquelle ces prodigieux travaux ont été conduits et terminés, décèle une pensée d'utilité publique. Les Syracusains se servirent de ces excavations pour leurs funérailles et en firent une vaste nécropole. Les millions de tombeaux qu'elle contenait, taillés dans les parois du rocher, à une très-petite distance les uns des autres, et rangés en files proportionnées à la longueur des rues, étaient tous d'une même dimension, mais présentaient beaucoup de variétés dans la richesse des ornements accessoires. Pendant les premiers siècles de notre ère, les chrétiens y cachaient aux regards des payens la célébration des mystères, et y trouvaient un abri contre leurs persécuteurs. On peut reporter à cette date le commencement des profanations qui dépouillèrent les tombeaux de toutes les choses précieuses que la piété libérale des familles y avait déposées. C'est là principalement qu'ont été recueillis les objets funéraires et les médailles qui enrichissent plusieurs musées d'Italie. J'ai en ce moment sous les yeux une collection de soixante-deux médailles, dont plusieurs remontent au temps de la république Syracusaine et présentent l'effigie de Cérès, de Minerve, de Jupiter, d'Aréthuse etc, et au revers les attributs de chacune de ces divinités. D'autres ont été frappées sous Gélon, qui régna le premier à Syracuse deux siècles et demi après la fondation de cette ville, et qui laissa une mémoire universellement honorée; elles portent son effigie avec le bandeau royal. D'autres ont été frappées sous le règne des Denys, de Dion, d'Agathocle, d'Hiéron, etc. Une autre, enfin, consacre le souvenir de la victoire remportée par le peuple sur Trasybule, troisième tyran de Syracuse. Après l'expulsion de ce prince, le gouvernement démocratique qui lui succéda avait érigé une magnifique statue à Jupiter libérateur. La médaille dont il est ici question eut la même origine et la même cause.

Sur la plupart de ces vieux monuments numismatiques on peut voir, au nombre des attributs qui les décorent, un signe particulier assez bizarre en apparence, formé de trois jambes réunies à un point central par un ombilic. Ce triquestre était une figure allégorique de la Sicile, appelée Trinacria, et représentait les trois promontoires *Pélore*, *Pachinum et Lilibée*; les trois jambes dont les genoux sont pliés, dénotent la hauteur des monts, et le cercle placé au centre, signifie l'ancienne *Cuma*, que l'on surnommait le nombril de la Sicile.

L'adoption de ce symbole par les Syracusains exprimait leur suprématie sur l'île entière.

Les rois de Naples l'ont aussi adopté dans leurs armoiries, depuis la réunion de la Sicile à leurs états.

La population de Syracuse était de douze-cent-mille âmes à l'époque où, secondé par la trahison, Marcellus s'en rendit maître après un siège de trois années.

Que reste-t-il aujourd'hui de cette opulente cité, qui plusieurs fois détruisit les armées de Carthage et d'Athènes, les flottes et les légions de Rome, avant de tomber sous les coups de cette inflexible rivale? il reste à côté d'une petite ville assise sur l'îlot d'Ortygie, une plaine de neuf lieues de circuit couverte de *décombres!* un port désert comblé par la vase, des débris de palais, de temples, de remparts à demi-cachés sous les ronces, un sol bouleversé et des marais pestilentiels! voilà ce que les siècles nous ont laissé de Syracuse.

CHAPITRE III.

Malte. — Souvenir de saint Paul. — Monument du duc de Beaujolais. — Fort Manoël. — Lettre inédite d'Henri IV.

Le seul aspect de Malte, où nous abordâmes le lendemain, fit naître en moi un intérêt puissant et des regrets encore plus vifs, car il s'agissait là d'un fait d'armes glorieux de notre armée, et d'une conquête dont la perte est irréparable pour notre puissance maritime. La vue des uniformes rouges, circulant sur ces remparts, me serra le cœur. Je débarquai à Malte sous l'influence d'un sentiment pénible, qui ne fit que s'accroître, en parcourant les fortifications qui la protègent.

La mer pénètre dans l'île par une entrée qui me parut avoir deux cents mètres au plus de largeur; elle y forme six canaux profonds, qui pourraient contenir toute la marine royale de l'Angleterre. L'agitation des flots à l'extérieur ne réagit pas sur la masse d'eau que renferment ces bassins naturels, c'est à peine si la surface en est légèrement ridée, tandis qu'en dehors du goulet les vagues soulevées se précipitent sur les falaises avec un bruit étourdissant. Le sol environnant est partout assez élevé pour protéger toutes les parties de ce vaste port contre l'action des vents ; les vaisseaux trouvent donc là un lit moelleux sur lequel ils reposent en toute sécurité.

L'Ile de Malte tout entière est un rocher partiellement recouvert de quelques pouces de terre végétale; ainsi les monticules et les presqu'îles au pied desquels la nappe d'eau se divise pour former les bassins intérieurs, sont des fractions, des aspérités d'un bloc qui a vingt-deux lieues de circuit. Sur les plateaux et sur les flancs de ces sommités se trouvent les redoutes qui défendent le passage du goulet : le *château Saint-Ange*, bâti par les Arabes en 973, le *fort Manoël*, construit aux frais de Manuel de Vilhena, portugais, grand maître de l'ordre, auquel un chevalier français a fait ériger une statue en bronze; *la cité Victorieuse*, inutilement assiégée par les Turcs en 1563, et enfin la cité *Valette*, qui domine tout ce grand système de fortifications, et dont le nom est un hommage rendu à l'intrépide et généreux vieillard que les événements de ce siège ont immortalisé.

Le coup d'œil que présente cet ensemble n'a rien de triste, rien de menaçant en apparence; trois villes agréablement groupées autour de six beaux réservoirs d'une eau limpide, où stationnent des centaines de navires, de paquebots, de frégates et de vaisseaux de ligne; des milliers de petites barques d'une forme légère, circulant dans tous les sens pour conduire les passagers d'une rive à l'autre; ces murs blancs, ces maisons à terrasses plates, la propreté des vêtements et la variété des costumes de toute cette population mouvante; l'influence d'un beau ciel, la vue de quelques massifs d'orangers chargés de fruits mûrs et de fleurs au milieu de l'hiver; tout cela forme un tableau animé, riant, en présence duquel on peut momentanément oublier le formidable appareil militaire caché derrière ces remparts. Une triple enceinte de murailles et de fossés, taillés dans le roc vif, qui enveloppe dans un cercle de quatre à cinq lieues les trois villes et leurs dépendances, une citadelle qui occupe le point culminant de la cité *Valette*, viennent encore augmenter le nombre de ces fortifications. Quinze-cents pièces d'artillerie couronnent ce vaste front de rocher; le château *Saint-Ange*, lui seul, est armé de cinq-cents canons distribués en cinq rangs superposés, dont les feux réunis dans la direction du goulet, en rendraient l'accès impossible à des flottes ennemies quelque nombreuses qu'elles pussent être.

Lorsque, le 12 juin 1798, le général Bonaparte, dans sa traversée de Toulon à Alexandrie, s'empara de Malte, les fortifications se trouvaient dans l'état que nous venons d'indiquer; aucune addition essentielle n'y a été faite par les Anglais depuis qu'ils s'en sont emparés; seulement ils ont substitué des canons en fonte aux quinze cents pièces d'artillerie en bronze qu'ils y ont trouvées. La différence de prix entre ces deux métaux a tenté leur cupidité.

La courte et molle résistance que les chevaliers de Malte opposèrent à nos soldats, prouve combien l'ordre avait dégénéré, car avec dix-sept mille hommes de troupes ou de milice, une flottille montée par cinq mille deux cents matelots, un immense approvisionnement de projectiles, douze mille barils de poudre, trente-cinq mille fusils, leur belle artillerie et les remparts inexpugnables, ouvrage de leurs devanciers, il eût été facile de repousser des attaques beaucoup plus sérieuses. Il est vrai que des dissentions intestines favorisèrent les vues de Bonaparte : une partie de la population avait des sympathies pour la France et paralysait les efforts du grand maître de l'ordre. On cite même un fait des plus honorables pour la mémoire du commandeur *Bosredon Ransegat*, français d'origine et de cœur : ce brave chevalier refusa de se battre contre ses compatriotes; on l'emprisonna, et ce fut lui qui, deux jours plus tard, vint solliciter pour ses frères d'armes la clémence et la libéralité du vainqueur.

Tout ce que je viens de dire sur les moyens de défense de Malte ne peut donner qu'une faible idée des prodigieux travaux qui en font une digne sœur de *Gibraltar*. Il faudrait les avoir vus pour comprendre toute la justesse de cette exclamation échappée au général Caffarelli lorsqu'il eut pénétré dans la cité Valette :

« Nous sommes bien heureux qu'il se soit trouvé
» du monde dans cette ville pour nous en ouvrir
» les portes.

Les îles de Malte et du Gose, après avoir été occupées pendant huit siècles par les Phéniciens tombèrent au pouvoir des Grecs 736 années avant Jésus-Christ. Deux siècles plus tard les Carthaginois s'en emparèrent; ils les ont conservées jusqu'à l'époque où la Sicile devint une province romaine. Ensuite les Arabes, les Normands, les Allemands et les Espagnols les possédèrent tour-à-tour jusqu'en 1539, époque à laquelle Charles-Quint les céda aux chevaliers de Saint-Jean de Jérusalem.

Cet ordre déjà célèbre par les services rendus à la chrétienté et par l'héroïque défense de Rhodes, sut acquérir, grâce à la possession de Malte, de nouveaux droits à la reconnaissance des peuples civilisés.

Une opinion assez généralement répandue chez les Maltais, et consignée dans leurs chroniques, attribue à saint Paul leur conversion à la foi catholique, et la fait remonter en l'année 58 de notre ère. Ils prétendent que cet apôtre, détenu dans les prisons de Césarée, en appela au jugement de l'empereur; qu'on l'embarqua pour le conduire à Rome, et que, dans la traversée, il fit naufrage sur leurs côtes, ils ajoutent que Publius, gouverneur de l'île, en devint le premier évêque. Mais cette légende populaire ne me semble pas devoir être admise sans examen, car le seul prélat que l'on s'accorde à désigner comme le deuxième évêque de Malte, est *Acacio*, élu en l'an 451. Comment cette grande lacune s'expliquerait-elle, si la population eût été chrétienne pendant l'intervalle qui sépare ces deux pasteurs?

Sous les Phéniciens, l'île de Malte se nommait Ogygie; les Grecs l'appelaient *Mélita*, et donnaient à *Gose* et à l'îlot du *Cumin*, les noms euphoniques de *Gaulos*, et d'*Ephestia*.

C'est ici le cas de rappeler que notre éloquent et placide Fénélon avait fait de cette même île de Gaulos le domaine imaginaire de Calypso et de ses nymphes.

La France aurait peut-être conservé cette conquête, due au génie de Bonaparte, si les quatre mille hommes laissés en garnison à Malte, sous le commandement du général Vaubois, avaient eu autant de prudence que de courage, s'ils n'avaient pas froissé les sentiments religieux d'une population soumise à l'influence exclusive du clergé, s'ils n'avaient pas dépouillé les églises des ornements et des objets précieux consacrés à l'exercice du culte; profanations aussi coupables qu'impolitiques.

La conséquence naturelle de ces actes de vandalisme, a été la révolte générale d'un peuple, qui, jusque là, paraissait heureux et fier d'appartenir à notre nation. Dès ce moment nos soldats sont traités en ennemis, renfermés et bloqués dans les forteresses où ils se maintiennent avec un rare courage, et sont enfin réduits par la famine à capituler après une lutte de vingt-deux mois.

Le général Vaubois obtint pour sa garnison tous les honneurs de la guerre, et les Anglais, dont la flotte croisait devant Malte avec celles des autres puissances, intervinrent dans le traité pour en garantir l'éxécution.

Il faut lire dans la collection des pièces originales la correspondance cauteleuse de l'amiral anglais pendant la durée du blocus, pour comprendre jusqu'où ont été poussées l'astuce et la duplicité, afin d'atteindre le but que se proposait l'Angleterre. Rien ne fut épargné pour écarter de l'esprit des Maltais la pensée d'une occupation même temporaire. Mais à peine nos troupes s'étaient-elles embarquées pour rentrer en France, que les Anglais, violant la foi promise, prenaient possession de la cité Valette. Ils se substituaient ainsi frauduleusement à la domination française sans avoir ni les périls, ni les charges de la conquête. C'est en vain que le grand maître réclama, pour lui et pour son ordre, l'exécution des promesses; c'est en vain qu'il allégua que l'expulsion des Français était le fait des habitants qui avaient combattu au nom et sous la bannière des chevaliers pour le rétablissement de l'ordre dans sa souveraineté ; tout fut inutile ! la spoliation était consommée.

A la suite de ces instances infructueuses, le roi de Naples réclama à son tour la restitution des trois îles de Malte, du Gose et du Cumin ; il rappelait que ces anciennes dépendances de son royaume n'en avaient été détachées qu'à titre de fief en faveur des chevaliers, et il ajoutait qu'elles devaient faire retour à la couronne de Naples, puisqu'elles ne pouvaient plus servir à la destination spéciale pour laquelle Charles-Quint les avait cédées. Ces prétentions justes ne furent pas écoutées ; l'Angleterre s'est toujours montrée peu scrupuleuse quand il s'agissait de ses intérêts.

Bientôt, à l'occasion de la paix d'Amiens, l'Europe entière s'unit pour protester contre l'usurpation de cette puissance ; une condition *sine qua non* fut la restitution de Malte. L'Angleterre accepta la condition, mais, sous de frivoles prétextes, elle sut éluder jusqu'à l'époque où, reprenant les hostilités sans déclaration préalable, elle fit capturer nos navires marchands sur tous les points du globe! C'est l'abus de la force, c'est de l'iniquité ; mais la grande Bretagne a donné trop d'exemples de semblables infractions, pour qu'il soit encore permis de s'en étonner.

Quoiqu'il en soit, elle garde Malte et la gardera en dépit de tout, jusqu'à ce que la fortune des armes se lasse de favoriser un gouvernement égoïste et cupide.

Sur la grande place de la cité Valette est un corps de garde, au fronton duquel on lit l'inscription en gros caractère dont voici le sens :

LES MALTAIS A L'INVINCIBLE ANGLETERRE.

Cette épigraphe est d'autant plus choquante, que les Anglais sont loin d'être aimés par les habitants.

L'église conventuelle de Saint-Jean ne m'a paru avoir rien d'imposant, rien de grandiose sous le rapport architectural ; c'est au contraire un édifice peu élevé, assez lourd dans ses formes, et qui ne soutiendrait aucune comparaison avec nos belles cathédrales de Reims, de Strasbourg, de Metz etc. Ce monument aurait plutôt quelque rapport avec l'église de Notre-Dame-de-Lorette à Paris. L'intérieur est surchargé d'ornements trop massifs et sans grâce. Le pavé, composé de pierres sépulcrales qui couvrent les restes des grands officiers de l'ordre, se déroule comme un riche tapis où le marbre, le jaspe et l'agate composent une mosaïque à la fois brillante et sévère. On ne foule pas sans éprouver une respectueuse émotion ces pierres funèbres pour arriver aux diverses chapelles dont la nef est entourée. Chacune de ces chapelles était spécialement affectée à l'une des fractions de l'ordre; et l'on sait que les chevaliers étaient classés en huit *langues ou nations*. C'est là qu'ils se rassemblaient pour l'exercice du culte et pour l'élection des grands maîtres.

Dans la chapelle de la langue de France, le roi Louis-Philippe a fait édifier un monument à la mémoire de son frère le duc de Beaujolais. La statue du prince qui surmonte le cénotaphe est d'une belle exécution, et c'est avec attendrissement qu'un Français s'arrête devant ce témoignage d'une noble et fraternelle douleur.

A l'extrémité du temple on descend dans une crypte, où sont inhumés plusieurs grands maîtres, notamment l'illustre La Valette. Ce brave français, vainqueur des Ottomans, refusa le chapeau de cardinal que lui offrait le pape Pie IV, ne voulant pas subordonner la dignité souveraine des grands maîtres à celle d'un prince étranger.

Depuis la chute de cet ordre célèbre, l'église de Saint-Jean est attristée par de nombreuses dégradations.

La visite que j'ai faite à la bibliothèque a été pour moi l'occasion d'une heureuse découverte : j'y ai trouvé conservée avec soin une lettre autographe de notre bon roi Henri IV, en voici la copie textuelle :

« Mons. de Batz, jay entendu aveeq plesir les
» servyces que vous et mons. de Roquelaure aves

» fet à ceuls de la relygion et la sauveté que vous
» partyculyrement aves donnée en votre château de
» Suberbie à ceus de mon pays de Béarn et aussy
» l'ofre que je accepte pour ce tams de votre dit châ-
» teau de quoy je vous vous byan remersyer et pryer
» de croyre que byan que vous soyes de ceuls la du
» pape je ne aves come le cuy dyas malfyance de
» vous dessus ces choses. Ceuls qui suyvent tout
» droit leur consyance sont de ma religion et moy
» je suys de cele de tous ceuls qu'y sont braves et
» bons.

» Sur ce je ne feré la présante plus longue synon
» pour vous recommander la place qaves au meyn
» et d'estre sur vos gardes pour ce que ne peut faylir
» que ne eyes byentôt du bruyst au oreyles mes de
» ceuls la je man repose sur vous come le deves
» fere sur   votre plus
» assuré et meilleur ami

HENRI. »

CHAPITRE IV.

L'île de Cérigo (Cythère). — Les Cyclades. — Propriété singulière de l'alun de Milo. — Grottes curieuses. — Serpho. — Polydecte et la tête de Méduse.

Forcé de suivre pour me rendre à Alexandrie l'itinéraire tracé à nos paquebots, je m'embarquai sur le *Scamandre*, qui desservait la ligne entre Malte et Syra sous le commandement de M. Lévêque.

Après deux jours d'une navigation laborieuse nous arrivâmes à la hauteur du cap Matapan, sentinelle avancée du Péloponèse. Nous en étions encore à une grande distance lorsque les officiers du bord nous le firent remarquer comme un des points de reconnaissance les plus utiles aux navigateurs; ils appelèrent en même temps notre attention dans la direction des parages où se trouve la baie de Navarin.

Bientôt nous passâmes tout près des côtes de Cérigo, célèbre dans l'antiquité sous le nom de Cythère, où dit-on, Vénus sortit du sein des flots. Tout le monde sait qu'un temple magnifique y fut érigé, et que la jeunesse venait en foule y célébrer les fêtes et les mystères de la déesse.

Une riche végétation, un sol émaillé de gazon et de fleurs, des bosquets de myrthes et d'orangers, ont peut-être orné cette terre consacrée aux tendres sentiments ; peut-être ont-ils ajouté leurs doux parfums à l'influence d'un heureux climat pour disposer les âmes aux émotions voluptueuses. Mais s'il en fut ainsi dans les temps reculés, Cythère est de nos jours cruellement déchue ! On ne voit plus guère à sa surface que des monticules de rochers anguleux, des couches de cailloux, de pauvres hameaux ; et pour rendre encore plus frappant le contraste entre les deux époques, le domaine terrestre de Vénus est maintenant au pouvoir du peuple le moins galant de l'Europe.

Le jour suivant nous entrions dans l'archipel grec, longeant à notre droite les côtes de *Milo*, la *Melos* des anciens.

Plusieurs versions existent sur l'étymologie de cette appellation, la plus vraisemblable est celle qui l'attribue à un capitaine Phénicien, dont Melos prit le nom lorsqu'il en eut fait la conquête.

Le mont Saint-Élie, élevé de 2,300 pieds au-dessus de la mer, se dessinait à l'horizon ; un vaste port circulaire occupe le milieu de l'île.

Si nous en jugeons par l'aspect grisâtre du terrain, par les déchirures qui se manifestent dans ses sinuosités, la culture doit en être ingrate et difficile;

cette remarque au surplus est commune à presque toutes les îles de l'archipel ; toutes présentent le tableau d'une nature aride, et l'on a peine à comprendre comment elles ont pu être si fertiles, si populeuses au temps d'Homère.

Quoiqu'il en soit, Milo n'est pas sans intérêt pour l'observateur : sa belle rade était le point ordinaire de relâche des navires qui faisaient le commerce avec les échelles du Levant.

On extrait encore des rochers de Milo des pierres meulières, très-estimées à cause de leur légèreté. Les carrières sont situées près du cap Rheuma. L'alun y est aussi très-abondant et paraît avoir été dans tous les temps l'objet d'un trafic avantageux : Pline et Dioscoride en faisaient presqu'autant de cas que de l'alun d'Égypte. Ce dernier auteur assure qu'il avait la propriété d'empêcher les femmes de concevoir. D'après ce qu'en disent Aulu-Gelle et Appien-Marcellin, les anciens n'ignoraient pas que cette substance a aussi la propriété de faire obstacle à la combustion des corps.

Il existe sur le rivage de la mer au sud du mont Calamo, plusieurs grottes remarquables : dans l'une d'elles jaillit une source d'eau thermale, abondante et salée, dont la chaleur excède 45 degrés de Réaumur ; le soufre et les sels alumineux dont les parois sont imprégnées, dégagent une certaine quantité de gaz délétère. Tournefort déclare, qu'à l'époque où il la visita, le soufre brûlait sans discontinuation, ce qui en rendait l'accès impossible.

Nous ne tardâmes point à découvrir Siphante dont la capitale *Siphanto*, bâtie sur des rochers, occupe, dit-on, l'emplacement de l'ancienne *Apollonia*.

Près de là nous vîmes Serpho, jadis Sériphos, lieu d'exil aux siècles de Rome. Si l'on en croit Apollodore, ce fut sur le rivage de cette île qu'on recueillit le coffre dans lequel Acrisius avait enfermé Danaé et son fils Persée. Ovide raconte que Polydecte, roi de Sériphos, les ayant reçus à sa cour, éloigna Persée, afin d'épouser sa mère dont il était épris, et l'obligea d'aller combattre les Gorgones. Le jeune prince à son retour, se vengea en pétrifiant, avec la tête de Méduse, le roi et tous ses sujets. L'île de *Sériphos* est célèbre en outre par l'expédition des Argonautes dont elle fut le lieu de réunion et le point de départ.

CHAPITRE V.

Syra. — Ile de Délos. — Paros. — Maxie. — Ios, ou Nio. — Tombeau d'Homère. — Santorin. — Mort héroïque de Bisson à l'île Stampalie.

Le même soir, après avoir dépassé le chenal où se voit, isolé dans la mer, le rocher la *Scarpa*, ainsi nommé, parce qu'il a la forme d'une pantoufle, nous entrâmes à Syra, l'ancienne Syros, dont la population s'est plus que doublée depuis quinze ans, et dont les maisons se développent, sans ordre et sans alignement, au bord de la mer. Elles semblent former le piédestal de la vieille ville, qui couvre, d'une manière pittoresque, les flancs et le sommet d'une montagne conique. La principale industrie des habitants est la construction des navires, pour laquelle ces insulaires ont une habileté remarquable. Quant à leur île, elle est aussi abrupte que les autres Cyclades.

Syra est le point de jonction de nos bateaux à vapeur placés sur les lignes de Constantinople, d'Athènes, de Smyrne, d'Alexandrie et de Malte : l'inconvénient des quarantaines n'ayant pas permis d'établir des lignes non interrompues entre les ports de France et ces destinations éloignées. C'est donc là que nos paquebots font l'échange des passagers et des dépêches. Cette combinaison a été modifiée depuis par la mise en activité d'un service direct entre Marseille et Alexandrie.

La circulation active et périodique de notre marine militaire produit nécessairement un grand concours de voyageurs et d'affaires à Syra ; car ces moyens de communication créés par nous, entretenus à nos frais, et qui coûtent chaque année plus d'un million à notre pays, profitent à tous les peuples. Nos bateaux sont pour ainsi dire les diligences et les malles-postes de la Méditerranée ; les étrangers s'en servent plus que nous, en raison de la rapidité de la course et de la modicité des prix ; les Français n'entrent pas pour un sixième dans le chiffre total des passagers. Les Grecs surtout profitent de cet état de choses. Toutefois, j'ai pu me convaincre, pendant mon séjour au lazareth de Syra, qu'ils en savaient fort peu de gré à la France.

S'il fallait juger les Grecs modernes d'après le caractère de ceux que j'ai eu occasion de voir, et par les scènes dont j'ai été le témoin, on dirait que ce peuple n'est pas même à l'enfance de la civilisation. Affranchis du joug brutal et stupide qui pesait sur eux, beaucoup de Grecs n'ont pas encore répudié les vices que produit une dégradante oppression.

Dissimulés et menteurs, enclins au vol et à l'ingratitude, ils joignent à ces graves défauts une présomption incorrigible, peu de goût pour le travail, et beaucoup pour cette liberté individuelle et vagabonde dont ils ont contracté l'habitude pendant la guerre de l'indépendance. Ces dispositions rendent naturellement bien difficile la tâche civilisatrice du gouvernement exotique qui leur fut imposé...

Les efforts de ce nouveau pouvoir, l'action du temps et l'impossibilité de recommencer, sans une prompte répression, les actes de brigandage auxquels les insulaires se livraient, permettront aux Grecs, du moins j'aime à l'espérer, d'occuper, plus tard, une place honorable dans la grande famille des nations européennes.

Si les destins de la Grèce régénérée sont encore voilés de nuages, du moins la Grèce antique a semé, sous les pas du voyageur qui traverse les mers de l'archipel, de beaux vestiges et de nobles souvenirs. L'île de Délos, que nous cotoyâmes la première après notre départ de Syra, est une de celles où se trouvent le plus grand nombre de ruines mémorables. Un théâtre, un portique, une naumachie, un gymnase, une immense quantité d'autels, dûs à la munificence d'Antiochus Epiphane, concouraient à la splendeur de la ville de Délos, bâtie de marbre. Erisichton, fils de Cécrops, jeta les premiers fondements du temple d'Apollon et de Diane, à l'entrée de la ville, et à cent pas du rivage.

L'autel était composé de cornes de béliers pliées et entrelacées sans aucun ciment, avec tant d'art, qu'il passait pour une des merveilles de la Grèce. Sur le détroit qui sépare la grande de la petite Délos, étaient d'autres monuments et un port avec une jetée de granit; c'est là qu'abordait la foule accourue de tous les points de la mer Égée, pour offrir au dieu de la lumière, les hommages et les présents qui rehaussaient l'éclat de ces solennités.

La Fable, ajoutant les fictions gracieuses aux réalités de l'histoire, racontait que Neptune avait fait surgir, du fond de la mer, l'île de Délos, pour recueillir Latone au moment où, poursuivie par la haine de Junon, elle allait devenir mère d'Apollon et de Diane En reconnaissance de ce bienfait, le dieu de la lyre rendit Délos immobile, de flottante qu'elle était, et ce fut avec les cornes des animaux tués par Diane sur le mont Cynthus, que lui-même éleva l'autel où les peuples brûlaient leurs encens.

L'île de Délos était un lieu sacré; les animaux immondes ne pouvaient la souiller; on y avait interdit l'inhumation des corps; elle inspirait tant de vénération, qu'avant la bataille de Salamine, les Perses, qui ravageaient toutes les Cyclades, n'y commirent aucune profanation. Les soldats de Mithridate, moins scrupuleux, la saccagèrent, et n'y laissèrent que dévastation et ruine. Aujourd'hui, l'image qu'elle présente, est encore plus désolée; le fleuve Inopus, qui l'arrosait, n'a pas même laissé de trace, et la mutilation s'est tellement exercée sur les vestiges dont le sol est couvert, qu'on a peine à reconnaître à quels édifices ils ont appartenu.

Le paquebot nous porta rapidement entre les îles de Paros et de Naxie, célèbres toutes les deux par leurs carrières de marbre statuaire ; mais Paros peut encore revendiquer d'autres titres à la reconnaissance des artistes : elle a vu naître Phidias, Praxitèle et le poète Archiloque, inventeur du vers iambique. Le voisinage et l'exploitation de ces marbres ne seraient-ils pas une des causes qui ont éveillé le génie et déterminé la vocation des deux plus illustres sculpteurs de l'antiquité?

Naxie ou *Naxos*, surnommée la reine des Cyclades, emprunta son nom à Naxus, fils d'Endymion. On y voit encore quelques débris d'un temple magnifique érigé à Bacchus. D'après les traditions mythologiques, ce dieu fut nourri par trois nymphes naxiennes : *Cléide*, *Phélie* et *Coronis*. C'est à Naxos qu'il sécha les pleurs d'Ariane, abandonnée par l'ingrat vainqueur du Minotaure.

Le même jour, nous étions devant *Nio*, l'ancienne *Ios*, qui serait sans importance si le plus grand poète de tous les siècles n'était venu l'illustrer par sa mort. C'est sur le port de *Nio*, qu'en se rendant de l'Asie-Mineure à Athènes, Homère expira. Le témoignage de Strabon, de Pausanias et de Pline atteste qu'un tombeau lui fut élevé sur le lieu même où il termina sa vie. Hérodote parle de l'inscription qu'on y lisait encore de son temps, gravée sur une des six énormes pierres qui formaient le sarcophage. Ce monument a été découvert par le Hollandais *Grumm*, en 1772 ; il avait quatorze pieds de hauteur, dix-sept de longueur, quatre de large, et renfermait des ossements pulvérisés ; un vase de marbre ayant pu servir d'écritoire, un stilet à écrire, un fragment de silex ressemblant à un canif et plusieurs statuettes.

Dix lieues plus loin, nous trouvâmes Santorin, l'ancienne *Kalliste* (belle), qui reçut plus tard le nom de *Théra*, à l'époque où *Théras*, fils d'*Autésion*, lacédémonien, y conduisit une colonie. La réputation de *Santorin* est actuellement plus répandue, en raison de ses vignobles, qu'en considération des phénomènes dont elle a été le théâtre : les vins doux qu'elle produit acquièrent, en vieillissant, une saveur qui les fait mettre en parallèle avec ceux de Chypre.

Le sol de l'île s'élève graduellement jusqu'au point où se réunissent les monts Saint-Étienne et Saint-Élie, à près de 2,000 pieds au-dessus du niveau de la mer. Ce point culminant est couronné par un gros village, sur l'emplacement de l'ancienne ville d'Eleusis.

Pline et le père Hardouius attribuent la formation de l'île Santorin, et de la plupart des Cyclades, à l'action des feux souterrains qui les auraient fait surgir du fond de la mer. Cette opinion est partagée par plusieurs historiens et naturalistes, notamment par notre savant Beudant, qui en a développé les motifs dans son cours d'histoire naturelle, et par les géologues qui composaient l'expédition scientifique de Morée. Quelques-uns d'entre eux diffèrent seulement sur la question de savoir quelle était la forme primitive de Santorin ; mais tous reconnaissent que les deux îles *Thérasia* et *Aspronisi* ont été détachées de l'île principale par des tremblements de terre : la première 235 ans avant notre ère ; la seconde à une époque inconnue. Le fait le plus remarquable, et sur lequel aucune contradiction n'est possible, est l'apparition de trois ilots, désignés sous le nom commun de *Kaymmeni* (brûlés), et qui se distinguent entre eux par les dénominations de *Hiéra, micro Kaymmeni, et neo Kaymmeni*. L'un surgit à la surface de la mer, 186 ans avant Jésus-Christ ; un autre en l'an 1573 ; et le dernier en 1711. Tous trois se formèrent à la suite de commotions violentes, plus ou moins répétées, et pendant lesquelles les flots étaient en ébullition. Ces ilots occupent à peu près le centre de la baie elliptique de Santorin, qui paraît avoir été autrefois remplie par des terrains adhérents à ceux de l'île. Des secousses volcaniques ont produit comme une espèce de cratère sous-marin, dans lequel cette portion de la masse totale s'est engloutie.

Je ne veux point quitter ces parages sans rappeler à la mémoire du lecteur l'île de *Stampalie*, autrefois *Astypalea*, dont on vantait la fertilité et qui, pour ce motif, était surnommée la *Table des dieux*. On y rendait à la mémoire d'Achille des honneurs divins. Je savais que nous devions être dans le voisinage de cette île et j'aurais été satisfait de saluer une rade où s'est immortalisé, par une fin héroïque, notre jeune officier de marine Bisson.

Les anciens n'auraient pas manqué de glorifier un si grand acte de dévoûment, et d'en transmettre le souvenir à la postérité par une institution commémorative.

Nous sortîmes enfin de l'archipel grec pour nous diriger en droite ligne sur Alexandrie.

CHAPITRE VI.

Alexandrie vue de la mer. — Flotte égyptienne. — Description de la ville actuelle. — Enceinte des Arabes. — Corps-de-garde pris par huit matelots français. — Tolérance religieuse du vice-roi. — Folie d'un grand seigneur. — Mobilier du général Bonaparte. — Prise d'Alexandrie par l'armée française. — Les Anglais chassés d'Alexandrie par Méhémet-Ali.

Nous étions encore éloignés de huit à dix lieues des côtes de l'Égypte, lorsque nous aperçûmes, à l'horizon, un point blanc qui se détachait sur une ligne grisâtre ; c'était Alexandrie.

A mesure qu'on approche, quelques formes vagues se dessinent ; on commence à soupçonner l'étendue de la ville. Au-dessus du point lumineux qui le premier a frappé les regards, on voit s'allonger une multitude de flèches déliées : ce sont les mâts de la flotte égyptienne et la colonne de Pompée, qui se dressent derrière le palais de Méhémet-Ali.

Ce n'est qu'après être débarqué que l'on peut se rendre compte de l'effet de perspective et reconnaître la position vraie et la distance de chaque objet.

La nouvelle ville est construite en majeure partie, sur l'emplacement que la mer occupait entre l'île de *Pharos* et la terre ferme. Au temps des Ptolémées, une simple jetée, appelée *Heptastade*, joignait l'île au continent; mais depuis la conquête des Arabes, on a comblé le bras de mer qui les séparait, et c'est sur ces terres rapportées, que la population franque et les riches habitants du pays, ont bâti leurs demeures. Ainsi, l'ancien port d'Alexandrie se trouve divisé en deux vastes bassins, l'un, nommé le *port neuf*, situé à l'est; l'autre le *port-vieux*, placé à l'ouest; ce dernier contient les bâtiments de guerre du vice-roi et la totalité des navires du commerce.

L'île de Pharos, unie au continent comme je viens de le dire, est en face de la ville; elle a à peu près la forme d'un T. La branche occidentale, terminée par le cap des Figuiers et prolongée par des rescifs, s'étend au loin, en suivant une direction parallèle à la côte et forme une espèce de jetée qui sépare le vieux port de la pleine mer. Là, se trouvent le palais et le harem du Pacha. Les vaisseaux, masqués par ces édifices, et vus de la ligne que nous suivions dans notre traversée, paraissaient être au milieu d'Alexandrie; c'est pourquoi ils n'offraient à l'œil que l'extrémité de leurs mâts, parmi lesquels la colonne de Pompée semblait assise, quoiqu'elle en soit fort éloignée.

Le port neuf a pour limites le côté oriental de l'île de Pharos, c'est-à-dire la branche opposée au cap des Figuiers, le territoire d'Alexandrie jusqu'aux remparts de la ville, et le désert qui s'avance en pointe dans la mer. Ces trois fractions de l'enceinte du bassin, figurent un croissant. Un banc de roches sous-marines, où les flots viennent se briser, complète la circonférence orbiculaire de cette vaste nappe d'eau. Les Grecs, profitant de ces dispositions naturelles, avaient établi sur ces recifs une belle jetée pour achever de clore le bassin. On avait seulement laissé libres, pour le passage des navires, deux ouvertures qui se fermaient avec des chaînes de fer.

Jusqu'en l'année 1813, le vieux port, appelé *Eunostus* par les anciens, était réservé à la marine des Turcs; leurs bâtiments y séjournaient en toute sécurité, tandis que les navires des nations chrétiennes, obligés de mouiller dans le port neuf, s'y trouvaient exposés à des dangers qui en faisaient périr un grand nombre. Méhémet-Ali changea cet état de choses, et depuis 1813, le port neuf n'est plus fréquenté que par des barques de pêcheurs.

Notre paquebot alla stationner au milieu de la flotte égyptienne, alors réunie auprès du palais du vice-roi. Dix vaisseaux de ligne, six frégates, treize autres bâtiments de moyenne grandeur, qui peuvent être armés de deux mille pièces de canon, feraient un ensemble imposant; mais, créée avec une rapidité incroyable par la volonté énergique de Méhémet-Ali, et par la haute intelligence d'un ingénieur français, cette flotte improvisée offre déjà l'image d'une ruine.

Cependant, un intervalle bien court nous sépare de l'époque où, grossie des escadres du sultan livrées au Pacha d'Égypte, elle aurait pu, comme auxiliaire de la nôtre, concourir efficacement à rabaisser l'orgueil de l'Angleterre. 1840 nous avait offert un moyen de conquérir, en vengeant l'honneur national, notre ancienne suprématie dans la Méditerranée; c'était une de ces circonstances favorables et solennelles qui sont rares dans la vie des peuples, où les hommes supérieurs savent récupérer en quelques jours, ce que les vicissitudes de la fortune ont fait perdre à la grandeur, à la puissance de leur pays. Anéantir la flotte anglaise, était alors chose facile, surtout avec la coopération des soixante voiles dont le vice-roi d'Égypte disposait. Si l'on eût fait en même temps occuper Constantinople par Ibrahim-Pacha, c'eût été placer la question sur un terrain où l'Angleterre et la Russie ne pouvaient plus s'entendre; c'eût été paralyser les forces de nos ennemis, et nous permettre de constituer un empire d'Orient, en ressaisissant les avantages dont l'astuce et la violence nous ont privés.

On a reculé devant les conséquences d'un acte de vigueur; on a préféré les douceurs de la paix aux hasards d'une guerre terrible et générale. Au point de vue de l'humanité on a bien fait; mais c'est au préjudice de notre influence et de la gloire de nos armes.

Dans le cercle étroit où la politique de l'Europe a réduit le pouvoir de Méhémet-Ali, les bâtiments de guerre ne sont plus pour ce prince que des reliques, dont la conservation constitue une charge inutile. Le vice-roi n'étant plus maître de l'Hedjaz, de la Syrie, de l'île de Crête, d'une partie de l'Asie mineure; n'ayant plus l'espérance de commander à Constantinople, quel emploi pourrait-il faire de sa flotte? l'Égypte ne saurait être une puissance maritime. On n'y trouve ni les matériaux nécessaires à la construction, aux réparations et à l'armement des vaisseaux, ni une population côtière habituée aux fatigues et aux périls de la mer.

Une douzaine de bateaux à vapeur pour faire quelques voyages dans la Méditerranée et naviguer sur le Nil, voilà tout ce qu'il faudrait au Pacha, tant qu'il n'aura pour domaine que la vallée de ce fleuve et les déserts.

Le vice-roi paraît avoir compris lui-même l'inutilité de sa marine militaire, car elle reste dans un abandon pénible à voir. Les vaisseaux, dépouillés de leur artillerie et de leurs cordages, ressemblent à des pontons anglais; tristes colosses, devenus des squelettes, sans bras, sans entrailles, condamnés à pourrir dans l'immobilité et le silence.

Notre débarquement eut lieu à l'extrémité du port, en face du bureau de la douane. Là, nous

nous trouvâmes, pour la première fois, en présence d'une population dont les traits, le langage, le costume font un contraste saisissant avec ceux des autres peuples; des femmes au teint bronzé, habillées d'une simple tunique bleue en toile de coton, se cachant la figure avec un lambeau, et marchant nu-pieds; des hommes musculeux, s'agitant, discutant avec force dans un idiôme barbare, dont les sons gutturaux imitent le coassement de la grenouille; des portefaix, ou chameliers, s'arrachant les bagages du voyageur; tandis qu'une myriade de jeunes garçons s'accrochent à vos vêtements, vous tiraillent, vous harcellent et cherchent, dans ce tumulte, à vous hisser sur leurs ânes. Tel est le spectacle qui frappe les yeux dès qu'on a mis pied à terre. Heureusement pour nous, M. Duclaux, ancien garde du corps de Charles X, actuellement maître de l'hôtel d'Orient à Alexandrie, nous dégagea de ce tohu-bohu. Il nous emmena dans sa calèche, après avoir écarté les importuns à coups de bâton, selon l'usage du pays.

Une rue nouvellement déblayée nous conduisit à une autre plus large, beaucoup plus populeuse, et garnie de boutiques fort modestes; elle est habitée par des Juifs, des Levantins, des Italiens, des Grecs, des Maltais. C'est ce qu'on appelle le *Quartier des Francs.* Nous la suivîmes dans toute sa longueur sinueuse, jusqu'à l'hôtel d'Orient, où nous fûmes promptement installés dans des chambres vastes et commodes. La place de l'Europe, que nous avions sous les yeux, est entourée de maisons neuves, construites dans le goût européen, à l'exception des toits qui sont en terrasse : plusieurs de ces maisons appartiennent à Ibrahim-Pacha.

Les quinze consuls généraux représentant les puissances de l'Europe et les États-Unis ont tous sur cette place leurs demeures, au-dessus desquelles s'élèvent les pavillons à une hauteur de 10 à 15 mètres. De légers escaliers, dont plusieurs montent en spirale autour des mâts, forment, à leur partie supérieure, de petits belvédères. Quand, aux jours de cérémonie et de fête, les drapeaux multicolores de chaque nation flottent et se jouent sur ces kiosques aériens, ils présentent un tableau riant et animé.

L'hôtel du consulat français, bâti aux frais de l'État, ne déparerait pas les beaux quartiers de Paris. Je m'y transportai pour rendre visite à M. de Lavalette, alors consul général; mais il était parti, ainsi que le plus grand nombre de ses collègues, en même temps que le vice-roi, pour aller passer quelques mois au Caire.

Nous ne tardâmes pas à les suivre; mais, à mon retour de la Haute-Égypte, ayant dû faire un long séjour dans la ville des Ptolémées, j'ai recueilli des faits qui me semblent peu connus; je vais les présenter aussi sommairement que possible, pour n'avoir pas à y revenir.

Achevons, avant tout, la description de la ville moderne. Elle se compose de trois parties, ayant chacune sa physionomie distincte : d'abord l'ancienne île de Pharos, occupée par l'habitation du Pacha, par plusieurs fortifications, par le nouveau phare, et par les immenses constructions de l'arsenal, ouvrage remarquable de M. de Cerisy, le même ingénieur qui a créé la flotte. La seconde partie est la ville turque, groupée entre les deux ports et au milieu de laquelle se trouve le quartier des Francs. La troisième comprend plusieurs villages de Fellahs, habités presque en entier par les femmes, les enfants et les parents des soldats et des marins. En parcourant les ruines de l'ancienne Alexandrie, nous venions de passer à cinquante pas de l'un de ces villages, sans l'apercevoir. Notre guide nous le fit remarquer parmi les inégalités du terrain ; il se composait de huttes en terre, ayant de trois à quatre pieds de hauteur, sur une largeur de cinq à six pieds, et percées à leur base d'une ouverture qui leur donne l'apparence de niches à chien. C'était là effectivement que vivaient, entassés, plusieurs milliers de malheureux, couverts de haillons, couchant sur le sol, entourés d'immondices, dévorés par la vermine, disputant leur nourriture à des bandes de chiens errants, et portant, avec tous les caractères de l'abjection, l'empreinte de la plus repoussante misère. Peinture affligeante et fidèle, qui peut s'appliquer en général à toutes les familles de Fellahs et à presque tous les villages de l'Égypte.

Cette classe d'infortunés, tenant si peu de place dans l'étendue de la ville, représente à peu près le tiers de la population totale, évaluée à 70,000 âmes.

Quelques jolies maisons disséminées, et quelques jardins où la végétation n'est obtenue qu'à force d'arrosement, complètent l'ensemble d'Alexandrie.

Une haute muraille flanquée de cent tours et protégée par un large fossé, défend la ville de tous les côtés où elle n'est pas baignée par la mer; elle aboutit au port neuf à l'est, et au vieux port à l'occident. Ce rempart, appelé l'*Enceinte des Arabes*, fut l'ouvrage de leurs mains au treizième siècle.

Dans l'ellipse irrégulière qu'elle décrit, de vastes cimetières avaient été établis sous la domination des Mamelouks; on les fait disparaître successivement.

On voit, par ces détails, que la cité actuelle n'a de commun avec ses aïeules que des débris célèbres et un nom glorieux.

Depuis les évènements de 1840, le Pacha, éclairé sur l'importance d'Alexandrie, reconnut la nécessité de mettre cette place à l'abri d'un coup de main. Un système de fortifications extérieures, reliées entre elles, a décuplé les moyens de résistance sur tous les points vulnérables, et des batteries savamment disposées, commandent les abords de la mer. Ces travaux d'art sont dirigés par un Français, M. Gallice, colonel du génie, homme loyal et instruit autant qu'il est modeste.

Les deux buttes auxquelles on a donné le nom de Napoléon et de Caffarelli, sont aussi couronnées par des pièces d'artillerie; mais la position centrale de ces monticules ne leur permettant pas de concourir à la défense du dehors, elles ne sont menaçantes que pour les habitants.

Deux choses manquent cependant pour rendre tous ces travaux redoutables à l'ennemi : ce sont de bons artilleurs et de bons soldats.

On verra par la suite pourquoi les troupes actuelles de Méhémet-Ali ne remplissent pas ces conditions.

Une scène bizarre, qui eut lieu pendant mon séjour, donnera la mesure de leur énergie. Huit matelots français, appartenant à un navire du commerce, avaient parcouru la ville et retournaient, à la nuit tombante, vers le port, après avoir fait de nombreuses libations; en passant devant un corps-de-garde, la pensée leur vint de s'en emparer. Ce projet extravagant fut aussitôt exécuté que conçu. Nos marins désarmèrent la sentinelle, prirent les fusils, et chassèrent sans résistance les vingt hommes qui gardaient le poste. Puis, un de ces mauvais plaisants se mit en faction, et faisant un maniement d'armes, il cria aux soldats débusqués : Regardez, grands escogriffes ! voilà la tenue d'un vrai troupier! La nouvelle de cette escapade étant parvenue au consul, celui-ci se rendit immédiatement auprès du vice-roi, pour offrir des excuses, et atténuer la fâcheuse impression que pouvait produire un pareil coup de tête. Le Pacha, loin d'en être irrité, dit en riant : « Ah! quels gaillards! si j'avais à mon service *des diables comme ceux-là ! !*

Puisqu'il s'agit du vice-roi, je rappellerai que, se plaçant au-dessus des préjugés et du fanatisme de ses co-réligionnaires, il a donné mainte preuve de tolérance. Autrefois, les Turcs, aussi jaloux de leurs mosquées que de leurs femmes, ne permettaient pas aux chrétiens de visiter ces lieux consacrés à la prière; maintenant on peut y entrer et les parcourir sans danger. Méhémet-Ali a fait plus que de mettre un terme aux persécutions brutales dont nos établissements religieux étaient l'objet : les lazaristes ont obtenu de lui gratuitement, un vaste terrain auprès de la place de l'Europe, ils y font construire leur maison succursale de celle de Paris. Méhémet-Ali a même accordé quelques fonds pour réparer une église de notre culte, et il a favorisé, en 1844, la création d'un pensionnat de jeunes filles, dirigé par huit sœurs de charité.

Pour bien juger le mérite de ces actes et de beaucoup d'autres, il faudrait avoir vécu au milieu des Musulmans; avoir vu jusqu'où ils portent la superstition et l'orgueil; avoir appris combien ils sont ignorants et présomptueux, et combien ils méprisent tout ce qui ne professe pas leur religion. Sans doute nous pouvons sourire de pitié quand ils nous appellent *chiens* ou *damnés;* mais lorsque nous voyons traduire en faits positifs les grossières préventions de ces hommes stupides, l'indignation remplace le dédain. Ne croyez pas, en effet, que ces épithètes nous soient appliquées seulement dans des cas exceptionnels, dans des moments d'humeur; c'est dans le langage vulgaire, c'est froidement qu'on nous les donne. La qualification de *chien* ou de *damné* n'est pas spéciale à tel ou tel individu. C'est le nom commun à tous les chrétiens, c'est en quelque sorte *notre profession;* aussi dans les actes publics ou privés, on n'hésite pas à écrire : le *damné un tel*, toutes les fois qu'il s'agit de désigner un chrétien ; de même que nous appelons une bête quelconque par son nom, sans vouloir l'insulter, de même le turc imbécile nous traite de *chien* ou de *damné*, sans avoir l'intention de nous offenser, parce que nous sommes nécessairement l'un ou l'autre à ses yeux.

Ceci étant un article de foi chez les sectateurs de Mahomet, ils en font la base de leur conduite, et nous imposent une foule d'obligations ou d'exceptions humiliantes : un chrétien ne peut pas avoir à son service un esclave musulman; il ne peut pas acquérir une maison, un champ, une propriété immobilière quelle qu'elle soit. La peine de mort menace toute femme ou fille libre, qui serait convaincue d'avoir eu commerce avec un *damné*. Ils portent même leurs injurieuses distinctions au-delà de la vie, car les funérailles d'un chrétien, les prières qui les accompagnent, consacrent une espèce de flétrissure, et je crois que les Turcs auraient plus de répugnance à enterrer dans leurs cimetières le corps d'un infidèle, qu'ils n'en éprouveraient à y placer un animal immonde.

Ces préjugés déplorables, ces usages barbares sont dans les mœurs populaires plus encore que dans la volonté des gouvernants. Ils se perpétueront si la force n'y met un terme, car la diffusion des lumières, les progrès philanthropiques de l'esprit humain, ne pénètrent pas dans ces régions, et ne pourront jamais, sans une action matérielle et puissante, éclairer des populations qui se complaisent dans l'abrutissement du fanatisme.

C'est une honte pour l'Europe d'avoir toléré pendant douze siècles de pareilles atteintes au droit des gens, au grand principe d'égalité devant la loi et devant Dieu; c'est une honte de souffrir que, de nos jours, les Turs s'associent à la famille des peuples civilisés, et spéculent sur la générosité, sur la loyauté de nos actes sans renoncer aux infamies de leur joug avilissant.

Si Méhémet-Ali était jeune, on pourrait espérer qu'il ferait disparaître quelques-unes de ces anomalies, dont l'humanité doit rougir : l'impossibilité de trouver un appui, ailleurs que dans l'amitié de la

France, le rendrait sans doute plus docile aux conseils de la raison; mais le grand âge altère ses facultés morales et physiques, et les Turcs qui l'entourent, sont trop intéressés au maintien des abus, trop absorbés par les fausses impressions de leur jeunesse, pour lui permettre de quitter la vieille ornière où leur nation se traîne et se dégrade.

Quoiqu'il en soit, Alexandrie s'est accrue et embellie sous l'administration du Pacha : indépendamment des nombreuses constructions dont j'ai parlé, il a débarrassé, élargi et nivelé la grande rue qui traverse le quartier des Francs, et se prolonge depuis le palais jusqu'à la porte de Rosette, c'est-à-dire dans une longueur de cinq kilomètres. C'est la seule partie de la voie publique convenablement disposée pour la circulation. On peut maintenant traverser la ville entière en voiture, sans danger. Mais ne passez point la porte de Rosette, car partout en dehors du rempart vous trouverez le sable et les rochers du désert. Cependant, le vice-roi a fait disposer un chemin abrupt, sur ces terrains rocailleux, pour communiquer avec sa maison de campagne, située sur les bords du Mahmoudich, à deux kilomètres de la ville.

Lorsque nous visitâmes l'arsenal, on me fit remarquer beaucoup de forçats occupés aux plus rudes travaux ; parmi eux figuraient des hommes qui s'étaient mutilés dans l'espoir d'être exempts du service militaire. Le Pacha les avait condamnés aux travaux publics. On y voyait aussi quelques-uns des jeunes gens envoyés en Europe pour s'y instruire ; on les punissait de n'avoir pas assez profité des leçons de leurs précepteurs. L'omnipotence de Méhémet-Ali remplace les *pensums* par le bagne.

Nous galopions sur nos ânes pour rentrer à l'hôtel, lorsque nous rencontrâmes un vieux Turc, que l'on me désigna comme une curieuse variété de l'espèce ; il est, par les femmes, allié du Pacha. On lui imposa un conseil de tutelle pour empêcher des extravagances capables de mettre sa fortune en péril. Avant que ses facultés intellectuelles fussent éteintes par l'abus des plaisirs du harem, sa principale occupation était de jouer un verre d'eau de la mer ; le perdant était obligé de boire la potion peu récréative. Lorsque la chance avait favorisé notre personnage, il riait aux larmes, il se roulait sur les tapis, il se pâmait de joie, tandis que son adversaire avalait le saumâtre breuvage ; mais quand il fallait à son tour consommer l'enjeu, un esclave dévoué substituait à l'eau amère un verre d'eau sucrée ; alors commençait une scène différente : c'étaient des grimaces et des contorsions variées pour dissimuler la substitution. Tels étaient les agréables passe-temps de l'un des plus grands seigneurs de l'Égypte.

Il est impossible à un Français de voir Alexandrie sans se rappeler qu'elle fut une de nos brillantes conquêtes. Le 3 juillet 1798, trois mille six cents de nos soldats débarquèrent au *Marabout*, près de l'ancien port *Cibotus*, à six kilomètres et à l'ouest de la ville, tandis que le gros de l'armée était encore retenu sur la flotte par le mauvais temps. Dès qu'ils eurent mis pied-à-terre, sans attendre que leurs rangs se fussent augmentés, et sans une pièce de canon, ils attaquèrent la place. Kléber fut blessé et renversé au moment où il escaladait la muraille ; sa petite troupe le vengea, et se rendit maîtresse du rempart. En même temps, le général Menou recevait six blessures, forçait la porte qui mène à la colonne de Pompée, et pénétrait le premier dans l'enceinte; le général Bon, après avoir parcouru le désert entre la ville et le Maréotis, enfonçait la porte de Rosette, capable d'opposer une longue résistance à des assaillants moins intrépides.

Quelques heures suffirent pour nous rendre maîtres de tous les points fortifiés. Un parlementaire, envoyé par Bonaparte, portant la promesse de respecter leurs personnes, leurs biens et leur culte, décida les habitants à capituler.

Les magistrats et les prêtres firent leur soumission et jurèrent amitié à la France.

Le lendemain, le général en chef publiait une proclamation terminée par les mots suivants qui en feront connaître l'esprit : « Les cheyks, les ca-
» dys et les imans conserveront les fonctions de

» leurs places ; chaque habitant restera chez lui, et
» les prières continueront comme à l'ordinaire.
» Chacun remerciera Dieu de la destruction des
» Mamelouks et criera : Gloire au sultan, gloire à
» l'armée française, son amie; malédiction aux
» Mamelouks et bonheur au peuple d'Égypte! »

A mesure que les divisions de l'armée débarquaient, on les dirigeait sur Damanour, sans leur donner le temps de voir l'aridité du territoire qu'elles avaient conquis, et sans qu'elles pussent s'éclairer à l'avance sur celui qu'elles allaient conquérir. Associant toujours la gaîté à leurs fatigues et à leurs dangers, nos soldats, à l'aspect du désert, se consolaient par des jeux de mots et des plaisanteries. On leur avait promis à chacun six arpents de cette fameuse terre, où ils ne voyaient que du sable! De là des quolibets sur la générosité peu coûteuse du chef de l'armée. Ils marchaient pleins de confiance, certains de vaincre tous les obstacles. Un capitaine disait à ses grenadiers : « Mes amis,
» vous allez coucher à Bédah; vous entendez? à
» Bédah; ce n'est pas plus difficile que cela. » On ne demandait pas ce que c'était que *Bédah*, et l'on partait.

Les prodiges de valeur qui signalèrent le séjour de notre armée en Égypte pendant trois ans, ne purent nous conserver cette précieuse conquête. Le désastre de notre flotte, le départ de Bonaparte et de Desaix, l'assassinat de Kléber, furent les précurseurs d'une capitulation que l'imprévoyance et les fautes du général Menou rendirent inévitable. Déjà la garnison du Caire avait dû céder à la voix de la nécessité; 5,000 braves, en présence d'une armée décuple, et au milieu d'une population hostile de 200,000 âmes, avaient souscrit à des conditions honorables qui les conservèrent à leur patrie. Le corps d'armée cerné dans Alexandrie, privé de communications avec l'intérieur du pays, et n'ayant des vivres et des munitions que pour quelques jours, ne put obtenir de clauses plus favorables. Le 2 septembre 1801, nos troupes capitulèrent, et, avant la fin de ce mois, elles étaient embarquées sur des navires anglais pour être ramenées en France.

Lorsqu'elle tomba en notre pouvoir, Alexandrie n'avait pas 10,000 habitants, et semblait beaucoup plus misérable que de nos jours. La condition des Fellahs est encore plus malheureuse qu'à cette époque, leurs villages sont aussi hideux qu'autrefois; mais la physionomie de la ville est moins repoussante qu'elle ne le parut aux voyageurs du dix-huitième siècle.

La maison que Bonaparte habitait, située dans la grande rue du quartier Franc, est maintenant convertie en un *Okel*, espèce de caravensérail. Une partie du mobilier de cette maison se voit encore dans une salle d'attente de l'hôtel du consulat français; ce sont deux canapés et une vingtaine de chaises, recouverts en crin noir, en assez mauvais état, et abandonnés pour l'usage des domestiques.

Les Anglais avaient agi comme auxiliaires, et dans l'intérêt du sultan, lors des évènements qui mirent fin à notre domination. Après le départ de nos troupes, ils fomentèrent la discorde entre les divers partis, à la rapacité desquels l'Égypte était livrée. Dès ce moment ils spéculaient sur les embarras de la Porte, et sur la nécessité de leur intervention. Les luttes intestines durèrent longtemps, et sans doute elles auraient eu pour résultat le partage du pays entre cinq ou six petits despotes, et la remise aux Anglais de la place d'Alexandrie, objet de leur convoitise; mais un homme, à force de courage, de dissimulation et d'astuce, avait grandi pendant ces guerres civiles; cet homme était Méhémet-Ali. Débarrassé de tous ses rivaux, il fit consacrer son usurpation à l'aide d'un présent de 4,000 bourses (7,500,000 fr.) et fut nommé par le sultan vice-roi de l'Égypte.

Contrariés de cette réconciliation, les Anglais levèrent le masque et s'emparèrent d'Alexandrie le 17 mars 1807. Attaqués immédiatement par les troupes de Méhémet-Ali, ils furent battus à Rosette, ainsi que dans plusieurs autres rencontres, et forcés d'abandonner leur proie le 14 septembre de la même année. Depuis lors, Alexandrie n'a pas cessé d'être au pouvoir du vice-roi.

CHAPITRE VII.

Fondation d'Alexandrie. — Rhacotis. — Esquisse de l'ancienne ville. — Ruines découvertes par le colonel Gallice. — Maison du Nil. — Cendres de la bibliothèque incendiée par César. — Tombeau d'Alexandre. — Origine du nom de l'île de Pharos. — Colonne de Pompée. — Aiguille de Cléopâtre. — Banlieue de l'ancienne Alexandrie. — Phare de Sostrate. — Grande mosaïque.

Tout ce qu'on vient de lire sur la moderne Alexandrie ne nous apprend rien de la ville macédonienne. Essayons d'en esquisser le tableau :

Une langue de terre de 4 kilomètres dans sa plus grande largeur, s'étend, presque en droite ligne, sur une longueur décuple, entre la mer et le lac Maréotis. Une ville nommée *Rhacotis*, qui déjà avait soutenu deux sièges contre les Milésiens, occupait une partie de la côte ; en face de cette ville était l'île de Pharos, séparée du continent par un bras de mer où les navires trouvaient un excellent mouillage ; c'est là que le vainqueur de Darius résolut de fonder la nouvelle capitale de l'Égypte.

Maître de Tyr, il aurait pu conserver à sa conquête les avantages du monopole commercial dont elle était en possession. Mais le commerce entre

Tyr et les contrées orientales ne pouvait avoir lieu que par des caravanes.

Alexandre, comprenant la nécessité d'un point de jonction mieux situé pour faciliter les échanges, trouva réunies dans la position de Rhacotis toutes les conditions qui répondaient à ses vues. En effet, il était possible de relier d'abord au Nil, puis au golfe Arabique, la cité à laquelle il voulut donner son nom. *Darius* lui-même, et avant lui *Néchao*, avaient eu la pensée d'unir les deux mers. L'immortel élève d'Aristote n'avait guère qu'à réaliser les projets déjà conçus, pour faire de sa ville le centre des relations entre l'Orient et l'Occident.

L'architecte Dinocrates, déjà fameux pour avoir rebâti le temple d'Éphèse, fut chargé de construire Alexandrie.

Cette ville acquit rapidement une telle importance et parvint à un tel degré de splendeur qu'on l'appelait à juste titre la *Reine de l'Orient*. Elle avait trois enceintes fortifiées, et occupait avec ses faubourgs, dans une longueur de 16 kilomètres, tout l'espace compris entre la mer et le lac Maréotis. Sa population était au moins d'un million d'âmes, sans compter celle des faubourgs, villes et villages qui renfermaient plus de huit cent mille habitants, et formaient une ligne non interrompue depuis la *Tour des Arabes* jusqu'à Canope. Tout ce grand espace est couvert de ruines, ou plutôt de débris de ruines; car les fouilles ont été si fréquentes, les mutilations si générales, que les vestiges de cette magnifique métropole sont pulvérisés et confondus avec le sol. Cependant les travaux exécutés pour les nouvelles fortifications, ont fait reconnaître les limites de la ville, la configuration de ses trois enceintes, et la place des monuments dont les auteurs anciens ont vanté la magnificence. M. le colonel Gallice a retrouvé quarante rues principales dont le pavage en belles dalles est assez bien conservé, les ruines d'un théâtre en dehors de la porte de Rosette, et des fragments d'un quai sur les bords du Maréotis, où l'on s'embarquait pour la Haute-Égypte. Il a découvert 896 citernes construites en pierres de taille et communiquant toutes, soit directement, soit par des galeries, à un grand aqueduc souterrain qui traversait la ville : cet aqueduc aboutissait au Maréotis, et recevait l'eau du Nil qui circulait ensuite dans tous les quartiers. Les 896 citernes, aujourd'hui connues, n'étaient pas les seules : il y en avait plusieurs affectées aux besoins de chaque rue, ce qui devait en porter le nombre à un chiffre énorme. Cette ville souterraine, construite avec un grand luxe architectural, à cinq mètres de profondeur, se nommait la *Maison du Nil*, qualification bien exacte, puisque l'eau du Nil y courait dans tous les sens.

Avant la destruction d'Alexandrie, on nettoyait fréquemment ce vaste labyrinthe, pour empêcher la corruption du liquide, et faire disparaître ce qui pouvait nuire à l'écoulement de l'eau.

Les dominateurs actuels de l'Égypte auraient dérogé à leurs habitudes, s'ils avaient tenu en bon état la portion du grand canal, et les trois cents citernes qui se trouvent dans le périmètre de la ville moderne. Au lieu de les déblayer convenablement, on a rempli d'immondices la presque totalité de ces réservoirs; quelques points seulement ont échappé à ce vandalisme, et l'on doit s'en féliciter, car ces citernes, ce tronçon de canal que le hasard a conservés, fournissent l'eau nécessaire à la population. Mais une mare infecte où les animaux vont s'abreuver, où les hommes et les femmes du peuple vont se laver, et dont l'eau croupie ne se renouvelle que par infiltration, fait souvent concurrence aux citernes de l'ancien temps.

Le canal qui apportait autrefois les eaux du Nil aboutissait à l'endroit où se trouve ce cloaque.

En parcourant la partie des ruines comprises dans l'enceinte des Arabes, on trouve souvent sous ses pas des puits sans margelle, comblés jusqu'à l'orifice; j'ai pu ainsi reconnaître moi-même combien les citernes étaient nombreuses dans l'ancienne Alexandrie.

Le colonel Gallice a également découvert, au commencement de 1844, un monceau de cendres de papyrus dans une fouille opérée à une petite distance de la butte Napoléon. L'enlèvement de trente tombereaux de cette cendre dégagea la construction inférieure d'une galerie coupée à angle droit... On pense que ces débris proviennent de la bibliothèque consumée par accident lors de la guerre entre César et les Alexandrins.

L'on ne peut pas en douter, lorsqu'on se rappelle les causes et les circonstances de cet évènement : César, n'ayant alors avec lui que trois mille hommes, investi de toutes parts, et attaqué par mer, mit le feu à la flotte assaillante, qui communiqua l'incendie aux maisons les plus rapprochées du rivage, d'où les flammes atteignirent la bibliothèque. Ceci se passa nécessairement dans la partie de la ville qui faisait face au port neuf, et principalement dans le voisinage des aiguilles de Cléopâtre. C'était là, si je ne me trompe, le quartier *Bruchium*, qui contenait le palais, le muséum et la bibliothèque incendiée. Ce qui me confirme dans cette opinion, c'est la découverte faite en 1844, près la porte de Rosette, des ruines du théâtre que César occupait pendant les attaques des Alexandrins.

On sait aussi qu'avant ce malheur à jamais regrettable, le défaut de place avait déjà fait commencer une seconde bibliothèque dans le *Sérapion*, temple élevé au dieu Sérapis, dont l'image avait été cédée à Ptolémée Philadelphe par le roi de *Sinop*. Au dire d'Appien Marcellin, ce temple surpassait en beauté tous ceux du monde, à l'exception du Capitole ; il fut édifié à *Rhacotis*, devenu un des faubourgs d'Alexandrie.

Cette seconde bibliothèque, composée de cinq cent mille volumes, eut le sort de la première ; elle fut brûlée en l'année 642, par les ordres du calife Omar, successeur immédiat de Mahomet ; la lettre qu'il écrivit à son lieutenant Amrou porte en substance : « Si les livres dont tu me parles ne contien- » nent que ce qui est dans le Coran, ils sont inutiles; » s'ils renferment autre chose, ils sont dangereux; » l'esprit et la morale dévastatrice de l'islamisme se révèlent dans ces paroles.

On n'a retrouvé, jusqu'à présent, aucun vestige du tombeau d'Alexandre ; on ignore même quel emplacement il occupait. Strabon nous apprend que l'on appelait *quartier du corps* celui où reposaient les cendres du héros, et l'on suppose qu'il était contigu au quartier *Bruchium*. Une tradition rendra peut-être quelque jour les recherches plus heureuses ; car les Arabes appellent Scander (Alexandre) un lieu devenu populaire par le tombeau d'un fameux Santon.

La *colonne de Pompée*, érigée par Dioclétien après qu'il eut saccagé Alexandrie, en l'année 284 de notre ère, repose sur un tertre élevé, qui lui-même est formé de débris de l'ancienne ville ; des fouilles récentes ont mis à découvert, à trente pieds en contre-bas, beaucoup d'autres colonnes en granit, dont plusieurs sont encore debout et peu mutilées.

Il est donc probable qu'il existait là d'importants édifices ; leurs décombres ont formé le noyau de la butte, au sommet de laquelle est placée, comme témoignage d'un sanglant triomphe, la colonne dont il s'agit. Le fût est un monolithe en granit qui m'a paru avoir huit mètres de circonférence et vingt de hauteur; mais en remarquant le mauvais style et le travail imparfait du bloc qui sert de piédestal, et de celui qui forme le chapiteau, on est disposé à croire qu'ils n'appartiennent pas à la même époque ; il est probable qu'au temps de Dioclétien on trouva la colonne toute faite, soit dans les carrières de Syène, soit dans les ruines de quelque ville, et qu'on la compléta au moyen d'un socle et d'un chapiteau, que les ouvriers d'alors n'auront pu qu'ébaucher.

Le monticule qui lui sert de base est à cinq cents mètres au-delà des remparts et isolé de toute habitation. Quelques centaines de tombeaux modernes sont parsemés sur les flancs de ce tertre.

J'ignore pourquoi cette colonne ne porte pas le nom de l'empereur qui la fit ériger ; mais on assure que l'on ne commença qu'au quinzième siècle à l'appeler la *colonne de Pompée*.

C'est principalement en dehors de la ville actuelle que l'on doit chercher les traces de celle dont elle a usurpé le nom ; le faubourg *Nicopolis*, où Antoine fut vaincu par la trahison de l'astucieuse Cléopâtre, bien plus que par le génie et la valeur de son rival, avait une grande étendue, et l'on y voyait les maisons de plaisance des plus riches habitants. Près de là était le quartier de *Rhacotis* peuplé de marchands grecs ; venaient ensuite *Bucolis*, autre faubourg populeux qui confinait à la mer ; puis *Eleusine*, jolie bourgade très-commerçante ; puis *Schedis*, où l'on acquittait les droits de toutes les marchandises arrivant de l'intérieur de l'Égypte. On rencontrait ensuite le temple de *Vénus Arsinoé*, sur un cap dont la mer baignait la base.

Toutes ces villes, ces faubourgs, ces villages qui couvraient la surface du terrain, entre Alexandrie et Canope, étaient les dépendances de la métropole du côté oriental.

Le faubourg Nécropolis, consacré aux inhumations, et situé à l'ouest d'Alexandrie, occupait l'emplacement qui fait face au vieux port, depuis les cavités sépulcrales, improprement nommées *bains de Cléopâtre*; il embrassait tout l'espace compris entre le Maréotis et la mer, c'est-à-dire environ une lieue de largeur, sur une longueur à peu près égale. L'aspect de ce vaste cimetière n'avait rien de lugubre ; de superbes tombeaux, des milliers de chapelles ; les demeures élégantes des prêtres entourées de jardins, une foule d'autres maisons que les Alexandrins avaient espacées sur les bords du Maréotis, ne permettaient guère de distinguer cette nécropole d'une grande ville. Plus loin, en suivant la côte dans la direction de la tour des Arabes, on voyait, comme dans la partie orientale, de gros villages et des bourgs qui semblaient être aussi la continuation d'Alexandrie.

Ce grand espace de quinze lieues, entre la tour des Arabes et Canope, ce long ruban de sable et de rochers, maintenant privé de végétation, était donc autrefois une terre féconde, couverte de maisons, de jardins, de temples et de palais. Sur tous les points, le sol cache les témoins de cette ancienne splendeur. Quelles causes ont produit ces changements étranges? quelles causes empêchent le retour de la prospérité, du moins en ce qui concerne la richesse territoriale? l'incurie des Turcs et la dépopulation inévitable sous leur joug de plomb. Qu'était-ce autrefois que le Maréotis? c'était un beau lac, ayant aumoins trente lieues de circonférence, rempli d'une eau pure, traversé par un bras du Nil, et *alimenté* par un canal qui recevait le trop plein du lac Mœris. Sur les bords de ce grand bassin étaient d'innombrables maisons de campagne, entourées d'une riante végétation; ses eaux fertilisaient les terres environnantes et l'isthme qui le sépare de la Méditerranée; le bras du Nil avait son issue dans la mer, non loin du fort *Marabout*, et près du port nommé *Cibotus*. Que voit-on maintenant à la place de cette nature animée? le désert, toujours et partout le désert. Le lac n'est plus qu'une plaine couverte d'une couche de sel et entrecoupée de flaques d'eau stagnante.

Peu d'efforts, peu de dépenses rendraient à cette contrée son ancienne fertilité. Mélangé avec l'eau du Nil, le sable devient une terre généreuse sous les rayons d'un soleil ardent; il suffirait dès-lors, pour livrer à l'agriculture une surface immense, de creuser un canal, ou plutôt de rouvrir la branche du Nil qui aboutissait au Maréotis; la distance n'est pas de quinze lieues, et le travail est facile sur un sol nivelé d'avance. Le séjour de l'eau douce, à laquelle on donnerait une issue dans le canal Mahmoudieh, aurait promptement fondu et enlevé les matières salines, et à l'aide de petits canaux d'irrigation, on porterait une sève fertilisante dans tous les terrains environnants.

Entre l'emplacement du Maréotis et le mur d'enceinte des Arabes, Saïd-Pacha, fils de Méhémet-Ali et amiral de sa flotte, a créé un magnifique jardin peuplé d'arbustes rares, et de plantes qui ne vivent à Paris que dans des serres chaudes. Un joli pavillon, dans le goût oriental, occupe le centre de ces parterres parfumés. Saïd-Pacha, lorsque je visitai cette gracieuse demeure, la faisait meubler pour une esclave qu'il venait d'épouser. Le nivellement du terrain et le percement des allées ont mis à découvert, dans le mois d'avril 1844, une mosaïque de six mètres sur quatre; elle représente une tête colossale de Méduse, dont les traits sont d'une remarquable beauté; la Gorgone est coiffée de serpents disposés en rayons; des oiseaux choisis dans les espèces particulières à l'Égypte, forment les accessoires de la figure principale ; les couleurs sont encore vives, et, au total, le temps a peu dégradé cette page brillante qui révèle le talent d'un artiste habile.

Cette mosaïque ornait le sol de trois petites pièces, dépendant sans doute d'une villa somptueuse sur la rive du lac.

Tant de personnes ont parlé du phare d'Alexandrie, compté au nombre des merveilles du monde, que je crois devoir n'en rien dire; laissons à l'architecte Sostrate la gloire de l'avoir construit, et la honte qui s'attache à la fraude que sa vanité lui fit commettre, en substituant son nom à celui de Ptolémée-Philadelphe dans une fastueuse inscription. Tous les auteurs affirment que ce phare a pris le nom de l'île sur laquelle il fut élevé. Examinons jusqu'à quel point cette opinion est conforme à la vérité.

L'île de Pharos était connue depuis longtemps sous ce nom, puisque six siècles avant la fondation d'Alexandrie, Homère en a parlé. Mais rien ne prouve que le nom de Pharos n'ait pas été emprunté à un phare préexistant. On a déjà vu que la ville de *Rhacotis*, devancière d'Alexandrie, remontait à une haute antiquité. C'était nécessairement une ville de commerce dont la situation facilitait les échanges avec l'Égypte, la petite et la grande Syrte et la Lybie. Ceci révèle le puissant intérêt que les nations industrielles du littoral de la Méditerranée avaient à s'en emparer; aussi fut-elle assiégée à plusieurs reprises.

Si l'on veut bien réfléchir qu'en face de Rhacotis existaient une île et une immense ligne de rescifs qui rendaient difficile l'accès de la côte, on conviendra que les habitants ont dû placer un fanal pour guider les navigateurs dans ces parages dangereux. L'île n'avait par elle-même aucune importance et peut-être aucun nom. Il est dès-lors permis de supposer que les étrangers l'ont désignée par le nom du monument protecteur qu'elle offrait à leurs regards; c'est pourquoi Homère la nomme Pharos, et raconte que de ce point à l'entrée du Nil il y avait une journée de navigation. Je dois même faire observer qu'il résulte de l'explication d'Homère, que ces parages étaient plus connus des Grecs que le Nil lui-même.

En remontant à trente siècles, on voit les Phocéens, les Ioniens, les Phéniciens, les Tyriens, les Milésiens et d'autres peuples traversant la Méditerranée dans tous les sens, fondant des colonies à Malte, en Sicile, sur les côtes d'Italie, d'Espagne et des Gaules; certes on ne croira point que ces navigateurs n'aient jamais eu de fanaux pour signaler les écueils ou pour indiquer l'entrée des ports; eh bien! s'ils faisaient usage de fanaux ou de phares, ces choses-là devaient avoir un nom; pourquoi donc les Alexandrins auraient-ils remplacé ce nom par celui d'un îlot dont le phare éclairait le rivage? ne serait-il pas étrange qu'on eût préféré une appellation insignifiante, à une qualification capable de faire connaître la destination du monument comme les anciens peuples avaient coutume de le faire? Cette objection est fortifiée par le mot *Pharos* lui-même, qui vient du grec, et qui exprime l'idée d'un foyer de lumière. Je conclus de tout ceci que l'île de Pharos a reçu son nom d'un phare, au lieu d'avoir servi à désigner celui de Sostrate.

Une petite forteresse surmontée d'un phare infiniment plus modeste que l'ancien, remplace le fastueux édifice dont on apercevait encore les débris au fond de la mer, il y a moins d'un siècle, à la pointe orientale de l'île de Pharos. C'est de là que partait la grande jetée, bâtie sur les rescifs, qui rattachait l'île au continent.

Le Port-Neuf était donc fermé de toutes parts, à l'exception de deux passages barrés par des chaînes de fer et défendus par trois châteaux.

Voilà pourquoi César eut intérêt à s'emparer de la tour du Phare dès le commencement de ses luttes contre les Alexandrins, afin de conserver ses communications libres du côté de la mer.

A cette époque Cléopâtre, unie aux Romains pour combattre son mari et ses propres sujets, habitait avec César le palais situé sur les quais du Port-Neuf. Après avoir gagné l'un des hommes préposés à la garde des chaînes, qui consentit à lui ouvrir le passage, Cléopâtre avait abordé au pied des murs et s'était fait porter en secret dans l'appartement du dictateur, enveloppée d'étoffes qui la dérobaient à tous les yeux. Ce fut dans ce même palais que plus tard, Antoine, trahi par elle, abandonné de sa flotte, de ses troupes, et ajoutant foi au bruit de la mort de Cléopâtre qu'elle avait répandue à dessein, se perça de son épée. A la suite de cet acte de désespoir, on le transporta mourant auprès de sa perfide maîtresse, qui s'était retirée dans un monument voisin des tombeaux de ses ancêtres.

Puisqu'il s'agit de Cléopâtre, je ne puis me dispenser de mentionner les deux obélisques qui portent son nom. L'un est debout, l'autre est renversé; on les avait placés comme ornement du palais des Ptolémées, ou de la demeure construite pour le jeune *Césarion*, qu'Octave fit mourir après sa victoire; mais ils comptaient déjà douze siècles d'existence, puisqu'on les fait remonter au temps du roi Mœris, et dépendaient sans doute de quelque antique monument de l'Égypte supérieure avant d'être transportés à Alexandrie.

CHAPITRE VIII.

Alexandre au temple d'Ammon. — Erreurs commises par quelques auteurs. — Cham n'est pas le père des Égyptiens. — La colline du Coq. — Lettre de l'empereur Adrien. — Amrou. — Prise et destruction d'Alexandrie. — La version des Septante. — Comment l'eau du Nil arrivait à Alexandrie. — Le canal Mahmoudieh.

Rollin, solidaire de beaucoup d'erreurs commises par d'autres historiens, raconte qu'après avoir conquis l'Égypte, Alexandre voulut aller au temple de Jupiter-Ammon, à douze journées de marche, dans les déserts de la Lybie ; qu'il partit de Memphis, descendit le Nil, passa à Canope, fonda Alexandrie et continua sa marche jusqu'à ce qu'il eût atteint le but désiré.

« *Le dessein de ce voyage insensé*, naissait, dit-il,
» *d'une vanité pitoyable :* à l'exemple des héros
» d'Homère, Alexandre voulut être le fils d'un dieu,
» et il choisit Jupiter-Ammon pour son père ; le
» plus ancien des prêtres d'Ammon *le déclara fils*
» *de Jupiter, et l'assura que le dieu lui-même lui*
» *donnait ce nom. Porté à la flatterie autant que le*
» *roi était enclin à la vanité*, le prêtre ajouta qu'il
» serait le monarque de l'univers. *Orné de ce titre*

« *superbe*, et se croyant au-dessus de la nature
» humaine, il revint de son pélerinage comme en
» triomphe ; *mais pendant qu'il se repaissait de ces
» chimères*, tout le monde se moquait de lui, etc. »
Telle est, en substance, la narration de Rollin ; tel
est le blâme injuste dont il a voulu flétrir la mémoire du plus grand capitaine de l'antiquité.

Si l'auteur avait mieux étudié les annales du peuple égyptien dont il écrivait l'histoire, et s'il eût mieux compris les faits qu'il crut devoir censurer, il n'aurait vu dans la démarche d'Alexandre-le-Grand, qu'un acte de haute politique.

De tout temps les rois d'Égypte, même les princes étrangers que le sort des armes faisait régner sur ce pays, s'appelaient *les fils du soleil*, les fils aimés d'*Ammon*. Ces titres, et beaucoup d'autres qualifications adulatrices, devenaient inséparables de leur nom ; il y avait en Égypte des fils de Jupiter comme il y a en Europe des fils aînés de l'Église. Dans l'un comme dans l'autre cas, ces appellations étaient le complément de la qualité de roi ; les prêtres de l'Égypte n'y voyaient qu'une fiction propre à donner au prince régnant un caractère sacré aux yeux du vulgaire ; et la preuve, c'est qu'en prodiguant aux Pharaons les épithètes de Dieu, fils du Dieu de l'univers, ils déclaraient à Hérodote que jamais un dieu ne s'était révélé en Égypte pendant une période de 11,340 années.

Alexandre, maître seulement depuis quelques

jours de cette contrée, au moment de partir avec son armée pour la Perse et l'Inde, devait craindre que son absence, et la courte durée de son gouvernement personnel, ne favorisassent les factions ennemies. Connaissant la force des préjugés et le respect que les institutions religieuses inspirent à la foule, il voulut assurer la conservation de sa conquête, pendant son éloignement, en faisant consacrer par les prêtres le titre de roi d'Égypte. Alexandre se conforma aux usages et fit légitimer son pouvoir, voilà tout. Le vainqueur aurait pu, il est vrai, demander cette légitimation au collège sacerdotal de Memphis; mais elle n'aurait pas eu la même portée, la même autorité sur l'esprit du peuple, parce que le temple d'*Ammon-ra* était en plus grande vénération que tous les autres sanctuaires du pays.

Rollin assure que le dieu adoré dans ce temple était *Cham, fils de Noé*, qui, après le déluge, alla peupler l'Égypte et la Lybie. D'un autre côté, le voyageur Bruce affirme, d'après la chronique d'Axum, regardée comme un livre sacré, que ce fut *Chus, petit-fils de Noé*, qui alla s'établir en Abyssinie, et dont les descendants peuplèrent l'île de *Meroé*, l'Éthiopie, la Lybie, toute l'Afrique et spécialement l'Égypte, qui alors n'avait pas un seul habitant, au dire de cette histoire sainte à l'usage des Nègres.

Or, la Bible nous apprend que l'arche de Noé

s'arrêta sur les montagnes de l'Arménie. Il est assez difficile de comprendre comment l'un des trois fils de Noé, ou l'un de ses petits-fils, a pu quitter ce pays fertile pour aller, à huit cents lieues de là, faire paître ses troupeaux sur les sables de l'Afrique. Laissons à d'autres le soin d'expliquer, s'ils le peuvent, ces choses incompréhensibles et ces contradictions.

Il serait plus facile d'écrire une nouvelle histoire de l'Égypte que de rectifier toutes les erreurs commises par les historiens, et celles qui déparent les relations des voyageurs.

L'un de ces derniers, dont l'ouvrage est pourtant recommandable sous beaucoup de rapports, assure que le lazareth d'Alexandrie est sur l'emplacement du phare de Sostrate. Ce lazareth, cet établissement sanitaire, créé par Méhémet-Ali, est sur le continent, près du rivage, en dehors de la ville, à l'est du Port-Neuf, et à trois kilomètres de la position indiquée... Un autre prétend qu'on ne trouve aucun vestige de la ville grecque. Un troisième nous dit que la fameuse ville de *Tanis* et la bouche tanitique du Nil étaient situées entre le port *Cibotus* et le port *Eunoste* (vieux port); conséquemment cette ancienne ville et cet ancien fleuve auraient occupé la place du faubourg Nécropolis. Il est pourtant bien certain que Tanis se trouvait à plus de quarante lieues de là, et que la bouche tanitique en était encore plus éloignée. Le même auteur nous apprend que l'île de Pharos était couverte d'une riche végétation, de jardins charmants, fécondés tous les ans par le limon du Nil! que, ce fut *dans ce délicieux séjour* qu'Antoine fit *bâtir* un palais pour y vivre *dans la retraite après la bataille d'Actium*. Peu de mots serviront de réponse : l'île de Pharos a toujours été un point stérile sur lequel Antoine n'aurait pu édifier une retraite délicieuse, lors même qu'après la bataille d'Actium, *Octave* lui eût laissé le temps de la construire. Et, quant à la fécondation de cet îlot par le limon du Nil, autant vaudrait dire que les eaux de la Seine vont féconder l'île de Jersey. Un quatrième écrivain, l'un des hommes les plus spirituels de notre époque, déclare hardiment que le palais du vice-roi est près *d'un bois de palmiers, entre la colonne de Pompée et l'aiguille de Cléopâtre*; que l'on aperçoit en même temps la tour des Arabes où, dit-il, *notre armée débarqua*; que la ville d'Alexandrie *se cache derrière les vagues du désert, au milieu desquelles elle s'élève comme une ville de pierre sur une mer de sable*; que la butte nommée le *Fort Bonaparte est un petit monticule à côté et en dehors de la porte Mahmoudich*, formé de quelques pelletées de terre, amassées par les ingénieurs français et couronnées d'une batterie qui força la ville à se rendre; enfin il assure avoir trouvé partout des âniers avec leurs montures, notamment à la *tour* carrée, à *l'aiguille de Cléopâtre*, et *à la Colonne de Pompée*, etc.

Si jamais il prenait fantaisie au célèbre narrateur d'aller voir les choses par lui-même, il conviendrait que son livre est moins la relation *d'un voyage au Sinaï*, qu'une collection de petites historiettes, fort divertissantes par le piquant du style et l'énormité des contre-sens.

Reprenons en détail chacune de ses explications : Le palais du vice-roi, la colonne de Pompée et les aiguilles de Cléopâtre, forment à peu près un triangle, dont les lignes ont une longueur de deux à trois kilomètres. Quant au bois de palmiers qui ombrageait la demeure du vice-roi, je n'en ai découvert aucune trace. Les seuls témoignages de végétation, que les curieux puissent y remarquer, sont dix ou douze arbrisseaux, placés dans des caisses, avec leur terre natale, transportés à grands frais dans la cour du palais de *Ras-el-Tyn*, entretenus avec soin, arrosés fréquemment et qui néanmoins n'ont pu résister à l'influence du climat et aux vapeurs salines de la mer.

Notre armée débarqua en 1798 auprès du petit fort nommé le Marabout, à six kilomètres d'Alexandrie ; ce n'est donc pas à *la Tour des Arabes* qu'elle aborda le sol égyptien ; cette tour, située à vingt kilomètres plus loin, est peut-être l'ancienne *Plinthine* ou la *Chersonèse* de Strabon ; c'est une forteresse en ruine, placée à la limite de la Cyrénaïque pour s'opposer aux irruptions des Arabes. Clot-Bey pense que c'était la *Taposiris* des anciens; mais nos cartes géographiques placent Taposiris à dix lieues plus à l'ouest.

Dire que la ville d'Alexandrie se cache derrière les vagues du désert, c'est prendre le contre-pied de la vérité, puisque les habitations en sont agglomérées autant que possible près du rivage, et qu'elles couvrent même, ainsi que je l'ai expliqué, le bras de mer, aujourd'hui comblé, qui séparait l'île de Pharos du continent.

Plein de confiance dans la narration de notre explorateur, j'ai cherché en dehors des remparts la petite *butte Bonaparte*, d'où il prétend qu'une batterie foudroya la ville et la força à capituler; j'ai acquis la certitude que ce fort improvisé n'existe pas plus en dehors d'Alexandrie que la porte Mahmoudich n'existe dans les remparts; il y a bien un monticule nommé *Kom-el-Dyck* (colline du coq), que les Français appellent la *butte Napoléon*, et un autre qui a gardé le nom du général *Caffarelli*, mort au siége de Saint-Jean-d'Acre; mais tous deux sont dans l'intérieur de la ville. Comme il est probable que l'auteur a voulu parler du premier, il n'est pas hors de propos de faire observer que cette butte Bonaparte, formée selon lui de quelques pelletées de terre, est une masse calcaire de soixante-six mètres de hauteur, au flanc de laquelle était un énorme rocher appelé *Panium*, et un théâtre.

Ajoutons que l'autre monticule est produit par des détritus, des décombres, des immondices accumulés pendant plusieurs siècles.

Ajoutons encore que l'artillerie n'était pas débarquée lors de l'attaque d'Alexanderie ; nos troupes se sont emparées de la place sans tirer un coup de canon.

A l'égard des âniers et des ânes, il est vrai qu'on en trouve presque partout en Égypte, excepté cependant aux trois endroits indiqués dans l'ouvrage dont il est question.

Dix ans après la fondation d'Alexandrie, 321 ans avant notre ère, un char magnifique, surmonté d'un pavillon tout en or et traîné par soixante-quatre mules ayant des couronnes d'or et des colliers enrichis de pierres fines, entrait lentement dans cette ville, escorté par une armée en deuil et suivi d'une nation en pleurs. C'était le cercueil du conquérant de tant de royaumes ; c'était une immense ruine qui déjà portait l'image du néant au cœur d'une cité naissante. Les capitaines du grand roi étaient convenus de l'inhumer dans le temple de Jupiter-Ammon ; mais Ptolémée-Soter ayant été jusqu'en Syrie au-devant du convoi, à la tête d'une vaillante escorte, obtint par prières, autant que par intimidation, la faveur de donner la sépulture au héros macédonien. Il érigea un temple d'une rare beauté et fit rendre à son ancien prince les honneurs réservés aux demi-dieux.

Léon l'Africain, qui vivait au quinzième siècle, affirme que de son temps le tombeau d'Alexandre se voyait encore, et que les mahométans le respectaient comme la dernière demeure d'un grand roi, et même d'un grand prophète. Marmol déclare l'avoir vu en 1546, et dit qu'il avait la forme d'une chapelle, qu'il était au milieu de la ville près l'église Saint-Marc. N'est-il pas permis de penser que les imposantes ruines, les colonnades que M. de Maillet admirait en 1692, dépendaient de ce monument? elles étaient dans l'enceinte des Arabes, et formaient un carré long, au milieu duquel se trouvait une ancienne mosquée, qui précédemment avait été une église dédiée à saint Anasthase. Les colonnes pouvaient composer, à l'extérieur du temple, une galerie couverte; quant aux colonnes de porphire, elles auraient, dans mon hypothèse, entouré le sépulcre. Ce ne sont là que de simples conjectures, mais si l'assertion de Léon l'Africain est vraie, mes déductions ne manquent pas de vraisemblance, surtout en les combinant avec ce que j'ai dit au sujet d'un lieu nommé *Scander* où les traditions arabes constatent que fut le tombeau d'un grand Santon.

Quoiqu'il en soit de ces remarques, je rappellerai que le cercueil d'Alexandre-le-Grand était en or massif. On accuse Alexandre Ier, fils de l'odieux Physcon, d'avoir enlevé ce cercueil en y substituant un globe de verre. Cet Alexandre régna dix-huit ans, mais il fut toujours sous la tutelle de sa mère qui, occupant le trône conjointement avec lui, exerçait un pouvoir despotique sur tous ses actes. C'est donc à elle qu'il serait juste d'imputer cette profanation. Digne de succéder à son mari Physcon, cette femme, l'une de ces Cléopâtres dont les crimes ont souillé la vie, voulut, pour régner seule, faire assassiner son propre fils; celui-ci la prévint en la faisant égorger. Mais le parricide ne jouit point de son forfait, les Alexandrins le chassèrent de l'Égypte qu'il ne revit plus. Il eut pour fils et pour successeur Alexandre II qui, banni du trône à son tour, mourut à Tyr en léguant ses états aux Romains. Aulètes, enfant naturel de Ptolémée-Lahyre, frère d'Alexandre Ier, se fit néanmoins reconnaître comme roi d'Égypte en achetant, pour dix-huit millions, la protection de César et de Pompée. La célèbre Cléopâtre était fille de cet Aulètes; elle lui succéda avec son frère; et termina en mourant l'épouvantable série d'assassinats, de lâchetés et d'orgies qui firent vouer à l'exécration la mémoire des derniers Lagides.

Jusqu'à la mort d'Antoine, Alexandrie n'avait jamais été conquise; César lui-même ne put s'en rendre complètement maître. Il est vrai qu'elle serait peut-être tombée au pouvoir d'Antiochus, si la protection d'un puissant allié n'eût mis un terme aux agressions de ce prince; on sait que Popilius-Léna eut l'audace de tracer un cercle autour du roi de Syrie, et qu'il lui défendit d'en sortir avant d'avoir obéi aux injonctions de Rome.

Auguste est donc le premier qui ait fait passer cette ville sous un joug étranger ; il y avait 301 ans depuis sa fondation, et 294 années et 78 jours depuis la mort d'Alexandre. L'Égypte devint alors une province romaine.

L'esprit turbulent des Alexandrins les disposa toujours à la sédition, et ajouta souvent des calamités particulières, à celles qui naissaient des vicissitudes de l'empire. Dès le temps d'Auguste, il fallut recourir à la force pour les dompter. Les agitations, les révoltes provoquèrent la sévérité de Vespasien, et mirent ensuite en relief la bonté, la clémence de Trajan.

Tandis que l'insubordination permanente de ce peuple provoquait des actes de répression, le même esprit agitait les populations de la Haute-Égypte, poussées à la rébellion par des prêtres, inconsolables de la perte de l'influence qu'ils exerçaient depuis tant de siècles. Des bandes armées parcouraient le pays, et osèrent même attaquer Alexandrie pendant le règne de Marc-Aurèle ; mais Avidius-Cassius les vainquit et les dispersa.

A l'avènement de Septime-Sévère, l'Égypte tenait encore pour son compétiteur Pescennius-Niger. Les Alexandrins avaient écrit sur les portes de leur cité : *Niger est le maître de cette ville.* L'empereur marcha pour les soumettre à son obéissance ; le peuple courut au-devant de lui en s'écriant : *Niger est le maître de notre ville, mais tu es le maître de Niger !* Septime se contenta de ce subterfuge.

Caracalla pour se venger de quelques plaisanteries qu'ils s'étaient permises, abandonna les habitants à la brutalité de ses soldats ; et Dioclétien, pour reconquérir l'Égypte sur trois ambitieux qui s'en disputaient la possession, fut obligé d'attaquer Alexandrie dans toutes les règles. Il coupa et combla les canaux qui apportaient l'eau du Nil, et ne put s'en rendre maître qu'après un siège de huit mois. On dit que jamais un vainqueur ne se montra aussi cruel. La ville fut livrée aux flammes et les habitants abandonnés sans pitié à la fureur, à la cupidité, à la luxure des troupes. Dioclétien avait, dit-on, donné l'ordre de continuer le carnage jusqu'à ce que son cheval eût du sang jusqu'aux genoux. Heureusement le cheval s'abattit ; ses genoux furent teints de sang, et le massacre cessa. Le récit de ces atrocités, fait par un seul auteur chrétien, ne mérite toutefois qu'une médiocre confiance.

Avant cette terrible catastrophe, Zénobie, reine de Palmyre, s'était rendue maîtresse d'Alexandrie, en l'année 269. Obligée bientôt d'abandonner sa conquête, elle reparut à la tête d'une nouvelle armée et s'en empara une seconde fois ; mais vaincue par Aurélien et prise dans sa capitale, cette reine courageuse alla orner à Rome le triomphe de son ennemi.

L'on a déjà publié la lettre écrite par l'empereur Adrien au consul Servianus ; cependant je crois devoir la reproduire, parce qu'elle donne une juste idée du caractère des Alexandrins :

« J'ai bien étudié, mon cher Servianus, cette
» Égypte que vous me vantiez et je l'ai trouvée lé-
» gère, inconstante, empressée de toute espèce de
» bruit. Ceux qui adorent Sérapis sont chrétiens;
» ceux qui se disent les évêques du Christ sont aussi
» des dévots à Sérapis ; il n'y a pas de chef de sy-
» nagogue juive, de prêtres de chrétiens, de devins,
» d'aruspices, de baigneurs qui n'adorent Sérapis.
» On croit même que lorsque le patriarche vient en
» Égypte, il adore Sérapis ; d'autres disent le Christ.
» C'est ici une race d'hommes très-portés à la sé-
» dition, à la vanterie, à l'injure. La ville d'Alexan-
» drie est opulente, riche, productive et personne
» n'y est oisif. Il y a beaucoup de tisseurs de lin ;
» tous prennent et exercent une profession. Les
» goutteux, les aveugles y sont occupés ; les estro-
» piés même n'y restent pas oisifs. Ils ont tous le
» même dieu, et les chrétiens et les juifs et les au-
» tres peuplades. Plut à Dieu que la ville en fût
» mieux policée ! digne toutefois et par son ensemble
» et par son étendue, d'être la capitale de toute
» l'Égypte. Je ne lui ai rien refusé ; je lui ai rendu
» ses anciens priviléges, j'en ai ajouté de nouveaux

»pour leur faire bénir le temps présent; mais à
»peine en suis-je sorti, qu'il n'est sorte de propos
»qu'on n'ait tenus sur mon fils Vérus; et vous de-
»vinerez aisément ce qu'on a pu dire d'Antinoüs.
»Tout ce que je leur souhaite, c'est de se repaître
»de leurs poulets qu'ils fécondent d'une manière
»que j'aurais honte d'indiquer ici. Je vous ai en-
»voyé des vases de couleurs diverses que m'a of-
»ferts le prêtre du temple, et que je destine expres-
»sément à vous et à ma sœur; je désire que vous
»vous en serviez avec vos convives aux jours de fête.
»Prenez garde cependant que notre Africanus n'en
»use trop à son aise. »

Tour-à-tour persécuteurs et persécutés pour des
mysticités théologiques, plus propres à égarer les
âmes qu'à les éclairer sur le culte que nous devons
rendre au créateur, les Égyptiens, et particulièrement le peuple d'Alexandrie, étaient en proie aux
déchirements des guerres intestines : dans toutes
les sectes on voyait des ambitieux ou des fanatiques attisant le feu des discordes civiles pour établir leur suprématie; des hommes qui voulaient
servir un même dieu, s'égorgeaient pour constater
l'excellence de leurs cérémonies religieuses.

Les paysans, fidèles aux traditions de leur Théogonie, étaient ennemis de tous les novateurs; les
jacobites, les manichéens, les ariens, les juifs, les
monothélistes, et d'autres sectes qui n'eurent qu'une
existence éphémère, n'étaient pas moins irrités con-

tre tout ce qui ne professait pas leurs doctrines, et devenaient persécuteurs impitoyables dès qu'ils avaient l'avantage du nombre. Les prélats, les évêques ravivaient ces haines de famille et se déchiraient entre eux. C'est ainsi qu'on vit les partisans de saint Anasthase poursuivis, ruinés, chassés par son successeur, Grégoire-le-Cappadocien. C'est ainsi que saint Chrysostôme, saint Jérôme, saint Épiphane et Théophile luttaient entre eux. Dans l'ardeur des controverses, les théologiens d'Alexandrie se battaient contre ceux de Constantinople.

Cette population, divisée pour des choses qu'elle ne comprenait guère, s'entendit pourtant sur un point, et ce fut la plus grande de toutes les fautes dont la chrétienté ait à gémir. Impatients de secouer le joug des empereurs, et trop affaiblis par leurs divisions pour reconquérir eux-mêmes leur indépendance, les Alexandrins s'allièrent aux Arabes, sectateurs de Mahomet. Amrou, lieutenant d'Omar, s'avança en Égypte, et fut reçu comme un libérateur; mais les troupes grecques, fidèles à leur drapeau, défendirent vaillamment la capitale, et soutinrent un siége de quatorze mois; la ville dont ces braves avaient protégé les remparts tomba au pouvoir des Arabes en 641. L'empereur Héraclius, désespéré de voir saccager ses plus belles provinces par un peuple nomade, obscur et barbare, venait de descendre au tombeau.

Le patriarche Cyrus s'était lui-même asssocié à

l'engoûment fatal des Alexandrins pour les ennemis de la croix : il avait appelé Omar, lui promettant une forte somme, qu'il fut ensuite dans l'impossibilité de réaliser. L'un des premiers à se repentir, il se rend auprès d'Amrou pendant la durée du siége ; il l'invite à se retirer, et le menace du courroux du ciel. Amrou, montrant la colonne de Pompée, dit au prélat : « *Quand tu auras avalé ce monument nous quitterons l'Égypte.* »

Sous le règne de Constant II, empereur d'Orient, une flotte, commandée par Manuel, général romain, entra dans Alexandrie ; les habitants, et surtout les Grecs, se joignirent aux troupes du général, et chassèrent les Arabes. Mais Amrou, à la tête d'une armée composée de chrétiens coptes et de musulmans, reparut bientôt, reprit la malheureuse ville, et la fit démolir. Les Arabes mirent quinze mois pour accomplir cette œuvre de destruction. Déjà la bibliothèque avait été livrée aux flammes lors de la première conquête d'Amrou. Les historiens arabes assurent que ce général écrivit alors au calife Omar : « J'ai pris la ville d'Occident; » elle est d'une immense étendue. Je ne puis te » dire combien elle renferme de merveilles. Il s'y » trouve quatre mille palais, quatre mille bains, » quatre mille comédiens, quarante mille juifs » payant tribut, quatre cents théâtres, cirques ou » monuments publics, douze cents jardins, etc. »

A partir de ce moment, cinq cent soixante an-

nées s'écoulèrent avant qu'Alexandrie pût reprendre un rang parmi les villes importantes. Mais vers l'année 880, *Ahmed-ben-Touloun,* chef de la courte dynastie des Toulounides, entoura d'une muraille la partie repeuplée ; et, plus tard, en 1234, un des successeurs de *Salah-el-Din* que nous appelons *Saladin,* fit construire les remparts actuels. Volney, ordinairement si exact, s'est trompé en disant que cette ligne de circonvallation était l'enceinte de la ville antique ; celle-ci avait au moins trois fois plus d'étendue. Quand ils établirent la muraille dont je m'occupe en ce moment, les Arabes suivirent la direction de quelques anciennes rues, circonstance qui explique la forme bizarre et anguleuse de l'enceinte actuelle : « Elle est construite de débris qui
» rappellent la destruction et le ravage ; les cham-
» branles des portes ne sont que des colonnes de
» granit qu'on n'a pas même pris la peine de façon-
» ner à l'usage qu'on leur a donné ; elles paraissent
» n'être restées là que pour attester la magnificence
» et la grandeur des édifices dont elles sont les dé-
» bris ; d'autres fois, on a fait entrer cette immen-
» sité de colonnes dans la construction des mu-
» railles pour en redresser et niveler l'assise ; et
» comme elles ont résisté au temps, elles ressemblent
» maintenant à des batteries. Au reste, ces cons-
» tructions arabes et turques, ouvrage des besoins
» de la guerre, offrent une confusion d'époques et
» de différentes industries dont on ne voit peut-être

»nulle part ailleurs d'exemples plus frappants et
»plus rapprochés. Les Turcs surtout, ajoutant l'i-
»neptie à la profanation, ont mêlé au granit, non-
»seulement la brique et la pierre calcaire, mais des
»madriers, et jusqu'à des planches. Tous ces élé-
»ments, si peu analogues, si étrangement amalga-
»més, présentent l'assemblage monstrueux de la
»splendeur, de l'industrie humaine et de sa dégra-
»dation (Denon.). »

Alexandrie a vu naître Origènes, Appien, Héro-
dien, Euclides et le mime Bathylle, qui obtint une
si grande célébrité et une fortune colossale à Rome
au temps d'Auguste ; Clément, Jérôme, Grégoire
et Basile y acquirent leur célébrité dans les lettres ;
le satirique Zoïle y mourut dans la misère et le mépris; Aratus, Aristophane le grammairien, Théocrite,
Lycophron, Aristarque le lexycographe, Manethon,
Conon, Hipparque, Zénodote brillèrent à la cour
de Philadelphe, et ce fut à Alexandrie que les
soixante-douze interprètes, envoyés par le grand-
prêtre Éléazar, composèrent la version grecque de
la Bible, *appelée version des septante.* Enfin, l'on
sait que Démétrius de Phalère alla demander asile
et protection à Ptolémée Soter, qui l'accueillit avec
honneur, le traita libéralement, le plaça au premier rang de ses amis et de ses conseillers. La
faveur dont il jouissait lui devint funeste, car Ptolémée Soter lui ayant demandé auquel de ses fils il
devait léguer le trône, Démétrius lui conseilla d'ob-

server l'ordre de primogéniture; néanmoins Ptolémée Philadelphe obtint la préférence au préjudice de son frère, et, plein de ressentiment contre Démétrius, il le fit mourir par la piqûre d'un aspic.

Comment l'eau du Nil arrivait à Alexandrie.

Indépendamment des ressources que le lac Maréotis assurait à Alexandrie pour l'approvisionnement de l'eau et pour les communications avec le Nil, on avait creusé un canal qui, traversant les faubourgs de Nicopolis, de Rhacotis et de Bucolis, allait aboutir à la branche canopique; et un autre qui avait son point de jonction avec le Nil auprès de Fouah. D'après le docteur Clot-Bey, ce sont les premiers conquérants qui relièrent Alexandrie au cœur de l'Égypte par un grand canal, lorsque les attérissements eurent comblé la branche du Nil qui alimentait le Maréotis. Il résulterait de cette version, qu'avant les califes, les navires n'auraient pu se rendre que par mer d'Alexandrie au Nil; cependant il est certain que le canal de Canope, dont on peut encore apercevoir la direction, était antérieur à la domination romaine; et qu'il était navigable, puisque l'on percevait des droits à Éleusine. D'ailleurs, l'histoire dit positivement que Dioclétien fit couper les *canaux* par lesquels les approvisionnements arrivaient à Alexandrie.

Depuis l'administration de Méhémet-Ali, un large canal, que le vice-roi a nommé le *Mahmoudieh*, par courtoisie pour le sultan Mahmoud, commence auprès du vieux port, dans lequel il verse le trop plein de ses eaux, sans cependant que les bateaux puissent arriver jusqu'à la mer. On pourrait ouvrir une communication au moyen d'une écluse, et je m'étonne qu'on ne le fasse pas. De ce point du départ, le canal se dirige vers le sud jusqu'aux rives de Maréotis; de là il prend la direction de l'est, passe entre ce lac et le lac Madieh; puis, se rapprochant du lac d'Edkou, il va traverser le village d'Atfeh et se joindre au Nil, presqu'en face de Fouah. Là une écluse, construite en 1842, permet aux petites barques de passer du canal dans le Nil, et du Nil dans le canal, moyennant un péage assez considérable. Malgré l'exagération de la taxe, la construction de cette écluse est un service rendu à la navigation : avant qu'elle existât, le Mahmoudieh n'avait aucune issue dans le Nil; il en était séparé comme il l'est encore de la mer à l'autre extrémité.

A Atfeh, le niveau du canal est élevé d'au moins cinq mètres au-dessus du Nil dans les temps ordinaires; il ne peut donc pas être alimenté sur ce point par les eaux du grand fleuve : l'on a dû en ouvrir un autre dont l'embouchure est à quinze lieues plus haut; celui-ci baigne les murs de Damanhour, et se joint au précédent à deux lieues d'Atfeh, en lui apportant l'eau qui le remplit.

La création de ces deux canaux, pour lesquels on n'a guère eu qu'à désobstruer les fossés préexistants, a mis comme autrefois la ville d'Alexandrie en rapport direct avec le Nil, sans avoir à subir les dangers et les lenteurs de la navigation par mer. Mais il a fallu vaincre une difficulté assez grave pour empêcher le mélange des eaux salées avec celles du Mahmoudieh. D'un côté, un talus considérable en terre, et de l'autre une large digue, soutenue par une muraille, protégent les deux rives du canal entre les lacs Madieh et Maréotis.

Non-seulement l'imperfection de ces travaux, et surtout le manque de largeur de l'écluse d'Atfeh diminuent leur utilité, mais encore l'arbitraire, l'égoïsme, l'ignorance qui caractérisent l'administration des Turs, les rendent impropres à leur destination dans les temps où les transports maritimes ont le plus d'activité. Le Pacha fait-il voyager des troupes, voyage-t-il lui-même, ou quelque personne en crédit veut-elle parcourir le Mahmoudieh? les barques des Fellahs, et celles des négociants, sont forcées de s'arrêter pour laisser le passage libre. Les fils du vice-roi et d'autres Turcs, grands propriétaires de terrains, veulent-ils arroser leurs champs? ils font une saignée dans la berge, un bâtardeau dans le canal d'alimentation, et arrêtent ainsi le cours des eaux. J'ai été témoin et victime de l'un de ces actes sauvages : je revenais de la Haute-Égypte à Alexandrie, et me trouvais au point de jonction du canal de Damanhour; là ma cange fut arrêtée par force majeure : les deux canaux étaient à sec dans une longueur de trois kilomètres, parce que les agents d'Ibrahim-Pacha venaient de barrer celui qui alimente le Mahmoudieh. Leur but était d'arroser les terres du prince sans employer les sakies, plus lentes et plus dispendieuses. Ces arrosements ont suspendu la navigation pendant un mois. Ceci est un exemple de ces actes inintelligents et arbitraires qui, pour un modique intérêt personnel, portent un coup funeste à l'intérêt public. Jamais on n'a pu faire comprendre à des Turcs puissants le devoir de subir la loi commune; jamais ils n'ont rien entendu aux avantages de l'harmonie dans le mécanisme d'un gouvernement; jamais leur cupidité, leur caprice, leur orgueilleuse ignorance ne reculent devant la crainte de faire des victimes. Ces hommes, quand ils ont la force en main en font presque toujours un déplorable usage; la passion aveugle du moment est celle qu'ils veulent satisfaire. L'avenir pour eux est renfermé dans un cercle de quelques heures; que leur importe le lendemain !

Ibrahim-Pacha lui-même, et son père le vice-roi, avaient beaucoup de denrées sur les bateaux dont la marche était brusquement arrêtée, et peut-être les malheureux Fellahs, qui les conduisaient, auront-ils reçu la bastonnade au lieu de toucher la rétribution convenue.

Le canal Mahmoudieh parcourt environ soixante-dix kilomètres dans son développement, le lit en fut creusé, ou déblayé, par cent mille Fellahs des deux sexes et de tout âge, que l'on avait arrachés violemment à leurs travaux habituels, et dont beaucoup étaient venus de la Haute-Égypte et même de la Nubie, enchaînés comme des malfaiteurs. Ces pauvres gens ne recevaient du Pacha aucun salaire, aucune nourriture; et, ce qui passe toute croyance, ils n'eurent pas un seul outil à leur disposition. Grattant la terre avec leurs mains, ils la transportaient dans des couffes de jongs, sous les yeux des surveillants impitoyables, qui leur laissaient à peine le temps de respirer. C'est ainsi que le canal fut terminé en dix-huit mois; mais il en coûta la vie à trente mille de ces malheureux! ils mouraient de fatigue et de faim, ou succombaient aux mauvais traitements et à des fièvres contagieuses. Chaque jour les survivants enfouissaient les cadavres par centaines dans les berges, où bientôt eux-mêmes ils trouvaient la fin de leurs souffrances. Rien ne put émouvoir la pitié des bourreaux, aucun secours ne fut accordé, aucune mesure ne fut prise pour arrêter cette affreuse moisson de corps humains : « Ces gens m'appartiennent ; n'ai-je pas le » droit d'en disposer selon mes convenances? s'ils » meurent, je les remplacerai par d'autres. » Telle était la réponse du Pacha aux représentations que lui firent des Français indignés.

Ces détails paraîtront exagérés aux hommes qui ne connaissent pas les Turcs, mais ils sont malheureusement d'une exactitude incontestable et connus de tous les Européens, qui ont vu l'Égypte depuis dix ans. D'ailleurs, il suffit d'habiter quelques mois cet infortuné pays pour être familiarisé avec des choses non moins révoltantes, quoiqu'elles puissent rarement avoir des suites aussi funestes.

CHAPITRE IX.

Navigation entre Alexandrie et le Caire. — Télégraphes. — Désert où nos soldats ont tant souffert. — Damanhour. — L'Ange El-Mohdy. — Atfeh. — Fouah. — Ramanyeh. — Combat de Chobraris. — Pyramides vues à dix lieues. — Ventre de la Vache. — Champ de bataille des Pyramides.

Lorsque nous partîmes d'Alexandrie pour le Caire, un petit paquebot, nous porta par le canal Mahmoudieh jusqu'à Atfeh; là nous entrâmes dans le Nil, et l'on nous fit monter sur un autre bateau à vapeur qui nous conduisit à Boulach. Cette manière de voyager est assez rapide, puisque nous parcourûmes en quarante heures la distance entre Alexandrie et le Caire, évaluée à soixante lieues; mais la compagnie anglaise, à qui appartiennent ces légers paquebots, exploite d'une manière coûteuse l'espèce de monopole qui lui fut accordé : le prix est de quatre-vingt-dix francs pour le passage, sans la nourriture, que l'on fait payer proportionnellement aussi cher. La bière, cotée à 2 francs 50 centimes la bouteille, donne une idée de tout le tarif. L'on se consolerait de ces modiques sacrifices, si du moins on était commodément, mais le pont du bateau n'a pas même une balustrade ; impossible de s'y asseoir sans être exposé à tomber dans le Nil ; la chambre réservée aux voyageurs était si petite qu'il nous fut impossible de nous placer tous sur les banquettes, quoiqu'il y eût au plus vingt personnes à bord. Celles qui, pendant la nuit, ne purent résister au sommeil durent se coucher sous les pieds des autres.

Mais avant de parler de notre arrrivée au Caire, je dois dire ce qui a frappé mon attention pendant cette courte navigation sur le Mahmoudieh et sur le Nil.

A trois kilomètres d'Alexandrie, nous aperçûmes une sorte de moulin à vent dont la forme différait un peu de ceux établis pour le compte du Pacha sur l'emplacement de l'ancienne Nécropolis. C'était un poste faisant partie d'une ligne télégraphique entre les deux capitales de l'Égypte. Ici comme en beaucoup d'autres choses, Méhemet-Ali, voulant copier l'Europe, n'a pu faire qu'une imitation rustique et burlesque ; on le décide aisément à des entreprises qui flattent sa vanité ; il voudrait paraître un grand prince à la tête d'une grande nation ; mais, après avoir consacré des sommes importantes à la création d'établissements d'une utilité contestable chez des Turcs, il les abandonne avec insouciance ou refuse les sacrifices nécessaires pour les exploiter. Ses télégraphes sont à peu près dans ce cas : par une misérable lésinerie, il en confie la direction à des hommes dont l'intelligence n'est pas même à la hauteur de cette tâche facile. Il en résulte fréquemment des erreurs, des quiproquos, des contre-sens dans les nouvelles qu'ils transmettent. Quant au service de la poste, il n'y en a pas d'organisé en Égypte; les dépêches sont portées d'Alexandrie au Caire, et réciproquement, par des piétons qui vont toujours au pas de course, qui se relaient de distance en distance, et qui font ordinairement le parcours en trente-six heures. Les dépêches sont enfermées dans une espèce de gibecière en cuir qu'ils portent sur le dos. On emploie le même moyen dans les occasions essentielles pour correspondre avec d'autres localités. J'ai rencontré quelques-uns de ces coureurs; un cheval au trot n'aurait pas pu les suivre.

Arrivés au point de jonction du canal d'alimentation et du Mahmoudieh, à dix kilomètres d'Atfeh, nous avions à notre droite la ville de Damanhour, située au milieu d'une plaine qui devait être fort peu cultivée avant la confection de ce canal. C'est là que, pour la première fois, en 1798, nos soldats rencontrèrent des Mameloucks, et c'est en traversant ce désert qu'ils éprouvèrent les plus cruelles privations. La division Kléber s'était dirigée sur Rosette pour protéger notre flottille qui remontait le Nil, tandis que le gros de l'armée partait pour Damanhour les 3, 4 et 5 juillet 1798. Une marche de quinze lieues sur un sable brûlant et une cha-

leur de trente-cinq degrés dans un désert rendirent
ces premières journées plus pénibles pour nos
guerriers que ne le furent les événements de leurs
glorieuses campagnes. Le prestige du mirage augmentait encore leurs souffrances : l'image de beaux
lacs, de rivières dont la proximité apparente donnait une espérance trompeuse, irritait leur soif dé-
vorante ; le moment de la déception devait être terrible ! c'était le supplice de Tantale.

Accablés de fatigue, mourants de faim, de soif et
respirant un air embrasé, ils avaient encore à repousser les attaques incessantes des Arabes. Le général Desaix, assailli à cinquante pas en arrière de
sa colonne, n'échappe que par miracle aux coups
de l'ennemi. Le mireur, officier distingué, est assassiné à cent pas des avant-postes, et l'adjudant-
général Galois tué ; l'adjudant Desnanots, parent
du célèbre Lacépède, est pris en traversant un ra-
vin ; on traite de sa rançon, les Arabes, ne pouvant
se mettre d'accord sur le partage de la somme, égor-
gent leur prisonnier pour terminer le différend.

L'armée trouva peu de ressources à Damanhour;
mais lorsque, trois lieues plus loin, elle aborda les
rivages du Nil, la joie succéda aux tourments : le
fleuve devint pour nos soldats, comme il était
pour les anciens peuples, une bienfaisante divinité.

Dans les premiers mois de l'année 1799, un fanatique, suivi de plusieurs milliers d'Arabes, aussi

farouches que stupides, paraît tout-à-coup dans cette contrée; c'est l'ange *El-Mohdi*, envoyé par Mahomet sur la jument *El-Borack*, pour exterminer les Français. Les prodiges doivent seconder et constater sa sainte mission; les balles ne pourront atteindre les vrais enfants du prophète; s'il en périt quelques-uns, c'est qu'ils n'auront pas une foi robuste. Cet imposteur traverse le désert de Barca et vient attaquer Damanhour, défendue par soixante Français qui périssent dans les flammes. Les Bédouins accourent en foule se ranger sous la bannière du libérateur et lui composent une armée. Le chef de bataillon Redon quitte Alexandrie à la tête d'une petite troupe; mais, trop faible pour résister à une masse de furieux, il est obligé de battre en retraite. Le chef de brigade Lefebvre les attaque, en tue deux mille et se voit repoussé jusqu'à Ramanief. Enfin, le général Lanusse reprend et saccage Damanhour, venge la mort de nos soixante braves et disperse cette multitude fanatisée; l'ange *El-Mohdi*, atteint dans sa fuite, présente sa poitrine nue pour prouver qu'il est invulnérable, et tombe frappé d'une balle.

Cette plaine que nous venions de traverser, cette ville près de laquelle nous nous trouvions, réveillaient donc des souvenirs nationaux palpitants d'intérêt. Cinq mois plus tard, je voulus revoir ces lieux, tombeau de quelques-uns de nos soldats, et l'un des théâtres de leur gloire.

Damanhour est l'ancienne *Hermopolis Parva;* elle contient maintenant une population de huit mille âmes, et présente le même aspect de misère que tous les villages de l'Égypte. Le vice-roi y a fait établir des ateliers pour la préparation du lin ; six cents Fellahs, hommes, femmes, enfants de tout âge, sont occupés à ce travail et vivent enfermés jour et nuit sous des verrous, au milieu d'une poussière qui abrége rapidement leur existence. On ne les paie pas, et à peine reçoivent-ils quelques grossiers aliments.

J'ai vu ces malheureux, c'étaient des cadavres ambulants. On en fit sortir une trentaine pour les conduire à une ferme voisine. Il y avait tout au plus pour vingt minutes de chemin, eh bien, leur faiblesse était telle, que trois d'entre eux ne purent faire ce court trajet et moururent en chemin. Voilà comme le vice-roi traite ceux que nous appelons ses sujets.

La jonction du Mahmoudieh et du Nil a lieu, comme je l'ai dit, à Atfeh, village construit sur les deux rives du canal et qui n'a pas une physionomie tout-à-fait aussi triste que les autres; il doit à sa position exceptionnelle cette apparence de bien-être qui, chez nous, semblerait le dernier degré de la misère..... Dans tout autre pays, Atfeh deviendrait une ville importante et riche, puisque c'est le passage obligé et le lieu de dépôt temporaire de tous les produits de l'Égypte qui s'exportent par

Alexandrie. Mais, sous le gouvernement des Turcs, les habitants ne peuvent conserver le produit de leurs travaux. Sont-ils laborieux, intelligents, parviennent-ils à réunir un faible capital, les actes de rapacité et de brutalité ne tardent pas à rétablir le niveau de l'indigence; et si, par hasard ou par adresse, un Fellah parvient à soustraire quelque pièce de monnaie aux regards des agents de Méhémet, il se garde bien d'embellir sa demeure ou de porter des vêtements moins délâbrés, ce serait tenter leur cupidité et provoquer de mauvais traitements.

En face d'*Atfeh*, sur l'autre rive du Nil, nous apercevions la ville de *Fouah*, que d'anciens auteurs ont appelé *Nicci*, et qui occuperait, d'après Savary, l'emplacement de Métélis; elle fut jadis très-florissante; on y comptait, dit-on, plus de soixante mille âmes. C'était à Fouah que s'arrêtaient les navires de commerce venant d'Europe; c'est là que l'on acquittait les droits de douane des marchandises portées en Égypte, ou qui en sortaient par la branche Bolbitine. Les Francs y avaient de nombreux comptoirs et contribuèrent puissamment à sa prospérité.

Quoiqu'elle fût déjà considérablement déchue depuis longtemps, à la fin du dix-huitième siècle, un de ses faubourgs jouissait encore d'un privilége singulier et peut-être unique dans tout l'Orient. Les femmes qui l'habitaient avaient le droit de sortir le jour et de rentrer à toute heure de la nuit sans que leurs maris pussent le trouver mauvais. Le grave auteur auquel j'emprunte ce fait ajoute que les plus jolies femmes du pays habitaient ce faubourg, et que, malgré la liberté dont elles profitaient, il y avait moins de désordres que dans les autres villes de l'Égypte. « *Tant il est vrai que les* »*grilles et les verrous ne sont ni les uniques ni les plus* »*sûrs gardiens de la vertu.* »

Cette coutume était probablement le résultat du contact de la population musulmane avec les Européens; peut-être aussi que le faubourg dont il est question n'était habité que par des Francs, comme l'est encore de nos jours une grande partie du faubourg de Pera à Constantinople; tout s'expliquerait alors : les mœurs de l'Europe auraient brillé à Fouah; elles auraient purifié, annobli un point de cette terre flétrie par les despotes; mais ceux-ci n'auraient pas dérogé à leurs habitudes, et l'on ne pourrait plus leur attribuer un acte de tolérance incompatible avec leur caractère.

Lorsque les sables, charriés par le Nil, eurent étendu les limites du Delta, en repoussant, comme ils le font de toute éternité, les eaux de la Méditerranée, Fouah, cessant d'être un port de mer, fut abandonné par le commerce européen et remplacé par Rosette, que le petit-fils du calife *Haroun-al-Raschild* fit bâtir. Il viendra un temps où cette ville se trouvera à son tour trop éloignée de la mer pour recevoir les gros bâtiments du commerce. Déjà elle est à trois lieues du rivage. Rosette aura donc le sort de Fouah, qui n'est plus qu'un village du Delta.

En remontant le Nil, nous trouvâmes à notre droite, cinq lieues plus au sud que Fouah, le bourg de Ramanyeh, qui fut le rendez-vous général de notre armée après son départ d'Alexandrie. Elle y rencontra un groupe d'ennemis qui se précipitèrent sur la division Desaix; accueillis par une fusillade, ils prirent la fuite en laissant quelques-uns des leurs sur la poussière. Mais un mamelouck d'une taille herculéenne, s'approchant à portée de la voix, ose défier le plus brave des Français. Ramorel, dragon, âgé de dix-sept ans, s'élance à la rencontre de l'audacieux; ses camarades s'arrêtent par un sentiment de générosité, et bientôt, Ramorel, vainqueur, portant le riche damas et conduisant le magnifique cheval de son adversaire, vient reprendre sa place dans les rangs de l'escadron.

Ramanyeh est l'antique Naucratis, fondée par les Milésiens, au temps du pharaon Psammétieus, qui monta sur le trône 667 ans avant notre ère. Voici ce que Strabon raconte sur l'origine de cette ville :
« Les Milésiens, sous le règne de Psammétique,
» roi d'Égypte, ayant abordé avec trente vaisseaux,
» à l'embouchure Bolbitine, descendirent à terre et

»construisirent l'ouvrage qui porte leur nom (1).
»Quelque temps après, s'étant avancés vers le
»nome de Saïs, et ayant battu les troupes d'Inarès
»dans un combat sur le fleuve, ils fondèrent la ville
»de Naucratis un peu au-dessous de *Schedia*. »

A une époque contemporaine d'Hérodote, 484 ans avant Jésus-Christ, et, conséquemment, 434 avant Strabon, cette ville n'avait déjà plus qu'une importance secondaire; ceci résulte clairement de ce qu'en dit Hérodote : « Naucratis était *autrefois*
»la seule ville de commerce qu'il y eût en Égypte :
»Si un marchand abordait une autre bouche du
»Nil que la Canopique, il fallait qu'il jurât qu'il n'y
»était point entré de son plein gré, et qu'après
»avoir fait ce serment, il allât se rendre avec le
»même vaisseau à l'embouchure Canopique; ou du
»moins, si les vents contraires s'y opposaient, il
»était obligé de transporter ses marchandises dans
»des barils autour du Delta, jusqu'à ce qu'il arrivât
»à Naucratis. Telles étaient les prérogatives dont
 jouissait cette ville. »

Hérodote ajoute que le roi *Amasis* permit aux Grecs de s'établir à *Naucratis*, et d'y élever des temples à leurs dieux. Profitant de cette faveur, ils bâtirent un temple superbe nommé *Hellénion*. L'historien fournit la liste des villes grecques qui

---

(1) C'était un mur dont l'histoire ne fait pas connaître la destination, mais qui était d'une grande étendue et d'une construction solide, puisqu'il subsistait encore sept ou huit siècles plus tard.

se cotisèrent pour en payer la dépense, et nous apprend qu'il s'y trouvait une image miraculeuse de Vénus. Dans les premiers siècles du christianisme on y adorait principalement le dieu Sérapis, que le peuple ignorant confondait avec Jésus-Christ.

La célèbre ville de Saïs dont je parlerai par la suite, était à peu de distance de Naucratis.

Hérodote nous apprend aussi que, pendant l'inondation, les navires qui remontaient de Naucratis à Memphis, ne suivaient ni le lit du fleuve, ni les canaux; *ils naviguaient par le milieu de la plaine et par les Pyramides ;* et quand ils allaient de Canope et de la mer à Naucratis par la plaine, ils passaient auprès d'*Anthylle* et d'*Archandre.* Anthylle était une ville importante qui faisait partie des revenus de la reine d'Égypte, et lui était particulièrement assignée pour sa chaussure.

Que de changements vingt-trois siècles ont opérés dans ce petit coin du monde! il n'existe plus aucune trace de ces deux villes qui remplissaient l'espace entre Canope et Naucratis ; à peine connaît-on l'emplacement de Canope ! la branche du Nil qui portait le nom de cette ville a totalement disparu, elle est remplacée par celle de Rosette, à 7 lieues de l'ancien lit du fleuve ; un lac immense, le lac d'Edkou, occupe une partie des terrains abandonnés par la mer sur le point où le Nil se confondait avec elle. Enfin le sol est tellement exhaussé que les plus grandes inondations ne s'élèvent pas à sa hauteur ; certes il y a loin de là aux phénomènes que les débordements du Nil opéraient il y a 2,300 années, puisqu'il était facile de naviguer pendant cinquante lieues, à travers la plaine, et puisque les eaux couvraient même une partie de la Lybie!

La décadence successive de Naucratis a été la conséquence inévitable de ces bouleversements, le commerce a dû s'en éloigner quand elle cessa d'être à une courte distance de l'embouchure du Nil ; c'est alors que Fouah avait hérité de ses avantages, et c'est par les mêmes causes que Fouah les perdit à son tour.

Continuant à remonter le Nil, nous passâmes le même jour en face de *Chobraris*, village désigné sous le nom de Chebreis dans les bulletins de notre armée. Là elle eut à soutenir, le 14 juillet 1798, le choc de 4,000 mamelouks et d'une nuée d'Arabes. « L'engagement commença sur le Nil entre la
»flottille française et celle des beys. Des deux côtés
»on combattit avec une extrême opiniâtreté ; plus
»de quinze cents coups de canon furent échan-
»gés... Les marins égyptiens, plus habitués que les
»nôtres à la navigation du Nil, parvinrent, dès le
»commencement de l'action, à leur enlever trois
»chaloupes canonnières et une galère. Le chef de
»division Perrée fut blessé au bras d'un coup de ca-
»non. Cependant par ses bonnes dispositions et

» son intrépidité, il reprit à l'abordage les bâti-
» ments qu'il avait perdus, en coula cinq aux enne-
» mis, brûla plusieurs de leurs chaloupes et mit les
» autres en fuite. Deux savants qui faisaient partie
» de l'expédition, l'illustre Monge et Berthollet,
» payèrent de leurs personnes : ils montaient un
» chebeck qui fut constamment au milieu du feu.

« Pendant que cette action se passait sur le Nil,
» les mamelouks s'étendaient dans la plaine, débor-
» daient les ailes et cherchaient un point faible pour
» pénétrer dans les rangs de l'infanterie française.
» Partout les bataillons, habilement disposés, leur
» présentent un front impénétrable. Ils reviennent
» à la charge à plusieurs reprises, et toujours avec
» une nouvelle fureur : on leur oppose une immo-
» bilité meurtrière et un mur de baïonnettes; les
» uns tombent percés, d'autres périssent par le feu
» que les coups tirés à bout portant mettent à leurs
» vêtements.

« Après avoir consumé la journée en efforts im-
» puissants, ils disparurent, laissant quatre cents
» des leurs sur le champ de bataille. » (*Expédition
d'Égypte,* par ADER.)

Cet échec humilia l'orgueil des mamelouks ; jusqu'alors ils méprisaient l'infanterie et se croyaient
invincibles. Le prestige de leur supériorité avait
disparu ; ils commencèrent à redouter ces terribles
bataillons carrés qui, neuf jours plus tard, devaient
les anéantir à la porte de leur capitale.

Le lendemain, nous étions de bonne heure *au ventre de la vache*; ici le Nil, qui paraît avoir au moins six kilomètres de largeur, se divise en deux branches : l'une se rend à Rosette, c'est la *Bolbotine* que nous venions de parcourir; l'autre va à Damiette et se joint à la mer par l'ancienne bouche *Phatmétique*, avec la différence qu'ont produite les atterrissements.

Nous savons par Hérodote que, dans cet endroit, il y avait une ville, *Cercasore*, dont il ne reste rien; nous savons aussi que le Nil s'y divisait en trois bras, l'un qui formait la branche *Canopique*; un autre était la branche *Pélusienne* dont on ne retrouve aucune trace, et le troisième, qui coulait entre les deux et en droite ligne, était le canal *Sebennytique*, qui se subdivisait lui-même en trois parties et formait deux autres bouches, la *Saïtique* et la *Mendesienne*; quant à la bouche Bucolique et et à la Bolbitine, elles ne furent point l'ouvrage de la nature, mais des habitants qui les avaient creusées. Telles étaient les sept ouvertures par lesquelles les eaux du Nil s'écoulaient dans la Méditerranée. On peut voir par l'inspection d'une carte ancienne et d'une carte nouvelle combien tout cela est changé.

Avant d'arriver au ventre de la vache, nous avions aperçu, non sans une vive émotion, les trois Pyramides de Ghyseh; leur masse bornait l'horizon du côté de la Lybie, et semblait se confondre avec le ciel blafard du désert.

Les rochers du Mokattan, quelques massifs de palmiers et une multitude de minarets appelèrent ensuite notre attention; c'était le Caire qui commençait à se révéler, et nous montrait coquettement ce qui pouvait le plus agir sur l'imagination.

Enfin nous arrivons à Boulach, port du Caire, laissant à droite le village d'*Embabeh*, ayant en perspective celui de *Ghysch*, et dominant la plaine qui les sépare, immortalisée par la bataille des Pyramides. Jamais spectacle plus majestueux ne s'offrit à mes regards! jamais je n'oublierai la vive émotion que me causa l'aspect de ces lieux sous l'influence des sentiments patriotiques; les grandes ombres de Napoléon, de Kléber, de Desaix, de Murat semblaient assises au sommet des Pyramides et commander le respect, l'admiration à tout Français assez heureux pour contempler ces témoins éternels d'une gloire impérissable.

CHAPITRE X.

Boulach. — Machines achetées par le vice-roi en Europe. — Le Caire. — Hôtel d'Orient. — Place Lesbekyeh. — Maison qui fut habitée par Bonaparte. — Maison où Kléber fut assassiné. — M. et madame de Lavalette. — Quartiers et rues du Caire. — Saleté, tristesse et misère. — Les bazars et les marchands. — Étendue de la ville. — Cimetières. — Cérémonies funéraires. — Deuil. — Tombeau des mamelouks. — Tombeau de la famille de Méhémet-Ali. — Tombeaux des Califes. — Mosquées. — Minarets. — Muezzins. — Manière de prier chez les Musulmans. — Ablutions et lotions. — Les Imans. — Les Ulémas.

Nous débarquâmes à Boulach, petite ville dont les principales maisons garnissent la rive droite du Nil. Des fabriques de draps et de toiles, une filature de coton, une fonderie, une corderie, des chantiers de construction, et le palais qui servit à Ismael-Pacha, et dans lequel on a placé l'école Polytechnique, donnent à Boulach une physionomie animée. Elle pourrait devenir, grâce à son heureuse situation, un lieu charmant par les soins d'une administration intelligente. Mais déjà les usines créées par le vice-roi sont dans un abandon pénible à voir : la fonderie qui, dans l'origine, occupait quatre cents ouvriers, n'en contient presque plus ; une énorme quantité de choses venues d'Europe, et pour lesquelles il a dépensé plus de cinquante millions, sont entassées dans un immense magasin, et y pourrissent sans avoir servi; elles s'y sont accumulées depuis trente ans, puisque Belzoni avait déjà vu, en 1815, plusieurs de ces machines abandonnées. En général, Méhémet-Ali faisait acheter, avec peu de discernement, des mécaniques, dont l'emploi lucratif, dans les mains des Européens, lui faisait espérer de gros bénéfices; mais les machines ne pouvaient pas s'établir par des hommes ignorants comme sont les Turcs et les Fellahs : premier désappointement pour le Pacha spéculateur! elles ne pouvaient ni fonctionner ni être réparées sans quelques ouvriers capables, Anglais ou Français, qu'il aurait fallu payer un peu cher; seconde difficulté, second déboire; car Méhémet-Ali aurait voulu qu'elles marchassent toutes seules, sans frais, sans entretien, sous la direction de quelques paysans de l'Égypte, auxquels il a pris l'habitude de ne rien donner. On a donc abandonné le principal pour ne pas satisfaire aux charges accessoires. Tout ce matériel, entassé pêle-mêle, dépérit par la rouille, la chaleur, la poussière, et ne tardera pas à être complètement perdu.

L'école Polytechnique contient à peu près cent vingt élèves; elle est dirigée par M. Lambert, qui brilla quelque temps parmi nos saint-simoniens.

Pendant que Kléber dispersait, dans la plaine d'Héliopolis, les soixante-dix mille hommes commandés par le grand vizir, le soulèvement général des habitants du Caire, appuyés d'une troupe turque, devint fatal à la ville de Boulach. Elle fut saccagée et presque totalement détruite par les flammes ; triste nécessité à laquelle l'acharnement des révoltés réduisit nos soldats. Promptement rebâtie, elle renferme maintenant une population de sept à huit mille âmes.

Quelques centaines de barques de toutes grandeurs, stationnaient en face de Boulach au moment de notre arrivée, et présentaient un coup-d'œil agréable, quoiqu'en général les bateaux du Nil soient d'une construction peu gracieuse.

Cette ville, comme je l'ai dit, est le port du Caire, qui en est éloigné de deux kilomètres. Mais ne cherchez pas à Boulach un endroit commode pour débarquer : une rampe, un quai, un escalier, un ouvrage quelconque, vous ne trouverez rien qui décèle l'attention bienveillante du pouvoir pour les voyageurs et le commerce. Il faut sauter dans la vase, et grimper la berge du Nil au milieu des rugosités du terrain, des ballots de marchandises, des ânes et des chameaux dont elle est couverte.

Quand nous eûmes atteint le sommet de ce coteau sablonneux, nous trouvâmes heureusement un Français, M. Coulomb qui, après avoir fait charger nos bagages sur le dos des chameaux, nous conduisit par un chemin poudreux et accidenté, jusqu'à l'hôtel d'Orient, dont il est propriétaire. Je ne pensai alors qu'à me reposer.

Le premier soin d'un voyageur qui s'éveille dans une ville inconnue, est de s'orienter, de chercher à se rendre compte de tous les objets qui frappent ses regards. Telle a été aussi ma première occupation. La curiosité était d'autant plus vive, que je me voyais transporté dans cette ville de merveilles, tant célébrée par les historiens orientaux, et encore toute palpitante des souvenirs de notre conquête. Sans sortir de mon appartement, la vue embrassait un panorama étrange, où figuraient les choses les plus disparates.

L'hôtel que j'habitais, bâtiment vaste et neuf, développait sa large façade sur la place *Lesbekyeh*, dont la surface, quasi circulaire, a six fois au moins l'étendue de la place Vendôme. Ce grand espace est à peu près entouré d'un double rang de sycomores et d'un fossé profond, que l'on traverse sur quatre ponts sans parapets.

Pendant les inondations, l'eau du Nil vient remplir cette espèce de canal qui, par la retraite des eaux, est réduit à un état bourbeux le reste de l'année.

Une chaussée de largeur inégale le sépare des maisons qui l'entourent.

Mes fenêtres ouvrant sur cette place, j'en découvrais à la fois tous les points : à ma gauche était un édifice délabré qui fut la demeure du général Bonaparte; à droite s'étendait une ligne de maisons ornées de jolis balcons réticulaires, d'une forme particulière, appelés moucharabyehs; en face de ces maisons est une belle promenade parallèle au fossé de l'Esbekyeh. Plus loin, dans la même direction, est une des portes du Caire, par laquelle nous étions entrés en venant de Boulach.

Vers le milieu de la façade sud-ouest de la grande place, existent plusieurs édifices remarquables, au nombre desquels était l'habitation de Kléber; et au-dessus de tout cet ensemble de maisons qui entourent l'Esbekyeh, j'apercevais la partie supérieure d'un certain nombre de délicieux minarets, variés dans leur architecture aérienne et légère.

En face de moi se dressait la crête aride du Mokattan; et du côté opposé, les monts Lybiens étaient couronnés par les trois pyramides de Ghysch.

Je me rappelai que cette même place avait été, en 1798, le théâtre d'une imposante solennité. C'était le premier jour de l'an VII; une pyramide à sept faces, sur lesquelles on avait inscrit les noms de tous les braves tués dans les combats précédents, s'élevait au milieu de la vaste enceinte; des colonnes, en nombre égal à celui des départements français, entouraient le majestueux obélisque. Bonaparte, suivi d'un brillant cortége, parut dans les rangs de l'armée, et quand le bruit de l'artillerie et les cris d'enthousiasme eurent cessé, il parla d'une voix sonore en ces termes :

« Soldats !

» Nous célébrons le premier jour de l'an vii de la
» république.

» Il y a cinq ans, l'indépendance du peuple fran-
» çais était menacée; mais vous prîtes Toulon : ce
» fut le présage de la ruine de nos ennemis.

» Un an après, vous battiez les Autrichiens à *Dégo*;
» l'année suivante, vous étiez sur le sommet des Al-
» pes; vous luttiez contre Mantoue il y a deux ans,
» et vous remportiez la célèbre victoire de Saint-
» Georges.

» L'an passé, vous étiez aux sources de la Drave
» et de l'Ilonzo, de retour de l'Allemagne.

» Qui eût dit alors que vous seriez aujourd'hui
» sur les bords du Nil, au centre de l'ancien conti-
» nent?

» Depuis l'Anglais, célèbre dans les arts et le
» commerce, jusqu'au hideux et féroce Bédouin,
» vous fixez les regards du monde.

» Soldats, votre destinée est belle, parce que vous
» êtes dignes de ce que vous avez fait et de l'opinion
» qu'on a de vous. Vous mourrez avec honneur
» comme les braves dont les noms sont inscrits sur
» cette pyramide, ou vous retournerez dans votre
» patrie couverts de lauriers et de l'admiration de
» tous les peuples. »

A la suite de ces éloquentes paroles, les troupes électrisées allèrent à Ghyseh planter un drapeau tricolore sur la grande pyramide.

Ma première visite fut pour M. Lavalette, consul général de France. L'accueil affectueux que j'en ai reçu, les attentions bienveillantes dont je fus l'objet, contribuèrent puissamment à me rendre agréable le séjour de l'Égypte, et nourrissent en moi un vif sentiment de reconnaissance.

Je commençai mes excursions dans la ville par le quartier des Francs, pour visiter ces fameux bazars dont quelques touristes nous ont fait une description si emphatique et si trompeuse. Je ne tardai pas à reconnaître que le Caire est encore, à peu de chose près, tel que nous l'ont dépeint Volney, Bruce, Belzoni et Denon; les seuls qui, du moins à cette occasion, n'ont pas substitué à la réalité des descriptions fantastiques. Partout des rues étroites, tortueuses, souvent encombrées de matériaux ou d'immondices; des maisons construites avec de la terre mélangée de paille, d'autant plus tristes à voir, qu'elles n'ont sur la rue qu'une seule croisée, et encore est-elle masquée par un épais moucharabyeh. La porte d'entrée est très-basse; les deux côtés de chaque rue sont composés de murs en terre, bossués et menaçant d'une chute prochaine. Chez les autres peuples l'on se complaît à donner aux habitations un air d'aisance, ou au moins de propreté; mais dans les villes ou villages soumis à la domination des Turcs, on s'attache au contraire à cacher sa richesse et même le bien-être le plus modeste; la raison en est simple. Habituées depuis six siècles au joug des Osmanlis, aux avanies, aux extorsions de toute nature, les familles ne peuvent trouver du repos, de la sécurité que dans une misère réelle ou apparente.

L'extérieur de toutes les maisons a une certaine ressemblance avec les prisons d'une bourgade d'Europe; celles qui, dans un petit nombre de rues un peu plus larges font exception à ce piteux aspect, appartiennent à des Turcs puissants ou à de grands fonctionnaires. Elles ont au plus deux ou trois étages, terminés par une terrasse plate, glaisée ou dallée; les terrasses sont entourées de murs de cinq ou six pieds de hauteur, qui permettent aux femmes d'y respirer la fraîcheur du soir sans être vues; mais quand on pénètre dans ces demeures, on trouve quelque recherche de luxe et d'agrément; des salons en mosaïque, de grands divans et des estrades matelassées, couvertes de moelleux coussins. Le jour principal, adouci par des verres de couleur, arrive du côté du nord, ce qui, joint à un bon système de ventilation, conserve une température agréable.

La ville est divisée en plusieurs quartiers, dont un (Elyoud) est spécialement habité par les juifs; un autre *El-Nasarah* par les Coptes, les Arméniens, les Syriens; celui *El-Afrang* par les Européens. Tous les autres sont peuplés de mahométans.

Le quartier des juifs est composé d'étroites ruelles dont beaucoup n'ont pas d'issue; c'est un vrai dédale; il n'est pas facile d'en sortir sans guide. De vieilles portes ferment, pendant la nuit, les deux ouvertures par lesquelles il communique avec la ville. Ici la malpropreté a quelque chose encore de plus repoussant que dans les autres localités, et cependant les haillons dont le peuple est couvert, les insectes qui le rongent sont partout l'indice d'une profonde indigence.

Peut-être allons-nous trouver dans les bazars ce luxe oriental, ces amas de richesses, ces immenses et superbes magasins où sont entassés de beaux cachemires, de magnifiques étoffes tissues d'or; des caisses de perles, de diamants; enfin, toutes les éblouissantes productions de l'Inde et de la Chine, telles que nous les voyons dans les *Mille et une Nuits!* Hélas! j'ose à peine le dire, les bazars nous réservent une déception plus étonnante encore que toutes les autres; figurez-vous une galerie obscure, de quatre à six mètres de largeur, encombrée de gens en guenilles, de chameaux, d'ânes, de chiens et de mille objets qui gênent la circulation; une espèce de Cour des Miracles, exhalant une odeur de bête fauve qui soulève le cœur, où le jour pénètre à travers des lambeaux de toile suspendus pour intercepter les rayons du soleil; figurez-vous les parois latérales percées au rez-de-chaussée de boutiques sombres, ayant la forme d'un cachot souterrain, car elles n'ont aucune communication ni entr'elles ni avec les bâtiments dont elles dépendent; ajoutez à cette description une porte rustique, fermant à l'aide d'une serrure de bois ou d'un mauvais cadenas, laquelle, étant ouverte, laisse apercevoir la nudité intérieure de ces tanières; complétez le tableau en plaçant sur la porte de chaque boutique une sorte d'automate vivant, assis sur une table comme nos tailleurs, armé d'une longue pipe, ou d'un narghilé, et jetant des regards obliques pour protéger le petit monticule de tabac, la couffe de dattes, les épiceries communes, quelques pièces d'étoffes à l'usage des Fellahs, quelque peu de mercerie, des chasse-mouches, des galettes de pain et d'autres objets de première nécessité, et vous aurez une idée exacte des bazars tels qu'on les voit dans toute l'Égypte. Ceux du Caire n'en diffèrent pas beaucoup; seulement on peut y remarquer des boutiques occupées par des Italiens et des Maltais, qui sont un peu moins misérables que leurs voisines. Les marchands arrivent dans les bazars le matin, et les quittent le soir; ils sont impassibles, ne font paraître aucun désir, aucun empressement pour l'acheteur, et semblent indifférents aux spéculations d'intérêt.

Si vous désirez de beaux produits de l'industrie Indienne, ou des pierres précieuses, ce n'est pas là que vous les trouverez; mais, piloté par une personne instruite des mystères de cette grande cité, il vous sera possible de découvrir ce que vous cherchez dans quelque recoin du quartier juif.

Quant aux tissus pour vêtements d'hommes, on les tire d'Angleterre ou de France, aussi les fait-on payer le double de ce qu'ils coûtent à Paris.

Inutile de dire que les négociants Turcs n'exposent jamais leurs femmes aux regards du public; ceux qui professent d'autres religions ont aussi adopté l'usage d'occuper eux-mêmes leurs boutiques; le beau sexe est donc tout-à-fait étranger aux affaires de commerce, même dans la dernière classe de la bourgeoisie; mais les femmes de Fellahs ont plus de liberté, ce sont elles qui apportent et vendent dans les rues les productions de la campagne.

Malgré ce que je viens de dire de l'intérieur du Caire, on y admire quelques détails d'architecture, qui rappellent le bon goût et les agréables fantaisies des monuments arabes. J'ai vu des *moucharabychs* d'un travail charmant, composés de petits morceaux de bois, assemblés de manière à former de jolis dessins. Souvent deux beaux yeux d'odalisque rayonnent derrière ces mystérieuses jalousies, qui les protègent, comme un triple voile de dentelle, contre les regards indiscrets.

En résumé, le Caire, vu en perspective, ne manque pas de grâce dans ses profils, de beauté pittoresque dans la coupe de ses édifices et dans sa position entre les flancs brûlés du Mokattan, le rivage du Nil et les massifs de verdure qui ombragent, à l'extérieur, la moitié de son enceinte. Mais, si vous parcourez les rues, l'illusion d'optique disparaît. Il en est de cette ville comme de nos décorations d'opéra, qui perdent tout leur charme quand elles sont examinées de trop près.

La circonférence du Caire est d'environ quinze kilomètres. Mais il ne faut pas évaluer la population d'après ce grand espace, car, sauf de rares exceptions, chaque maison ne contient qu'un ménage. D'ailleurs, les cimetières qui sont nombreux, et dont je parlerai bientôt, occupent au moins le quart de cette étendue ; on porte de 250,000 à 300,000 âmes le nombre des habitants, mais je crois qu'il y a exagération.

L'on manque de données certaines pour asseoir ses calculs : les Turcs ne font pas de recensement et ne tiennent pas de registre d'état-civil ; il faudrait changer les mœurs, réformer les principes religieux, supprimer les prérogatives, le mystère du harem et les droits des maîtres sur leurs esclaves, pour appliquer à ce peuple nos institutions civiles. Ce serait la plus difficile de toutes les révolutions. Exiger qu'un musulman révèle le nombre, le sexe, l'âge des personnes logées dans sa maison, ce serait créer, du moins en principe, un droit de contrôle : Or, comment exercerait-on ce droit? Comment pénétrer dans un harem où nul autre homme que le maître ne pourrait mettre le pied sans encourir la peine de mort?

L'on ne peut pas non plus rendre obligatoire l'inscription des naissances et des décès. La même difficulté se rencontre : c'est toujours l'impossibilité d'une contrainte et d'une vérification.

Sous d'autres rapports, une pareille mesure ne froisserait pas moins ce qu'un turc regarde comme un droit sacré inhérent à sa qualité d'*homme* et de *maître*. Ses esclaves, ses femmes, ses enfants lui appartiennent, il en dispose à son gré; il les poignarde, les étrangle, les empoisonne ou les vend et n'en doit compte à personne ; c'est son bien, c'est sa chose, libre à lui d'en user selon ses convenances. Vous ne lui ferez jamais entendre qu'il en est responsable envers la société.

De louables efforts sont tentés par des philanthropes, notamment par le docteur *Clot-Bey*, pour améliorer cet état de choses, mais le succès m'en paraît bien difficile, sinon impossible. Les Turcs ne souffriront jamais qu'un homme intervienne dans leurs affaires domestiques. Leur vanité, leurs plaisirs, leur fortune, leur existence tout entière est liée à l'autorité qu'ils exercent sur leurs femmes, leurs esclaves et sur le commun du peuple. Espérer qu'ils s'amenderont, c'est les supposer assez généreux pour abdiquer un bien-être réel au profit d'une civilisation qu'ils ne comprennent pas et qu'ils méprisent. Telle est la destinée de cette nation;

elle a dû sa puissance au fanatisme et à l'abus de la force, elle ne peut, sans mettre son existence en péril, répudier les bases qui lui servent d'appui.

Méhémet-Ali, quoique d'une volonté énergique, n'osera pas tenter une telle réforme, et je doute qu'il soit réservé à un prince mahométan d'accomplir cette œuvre philanthropique.

Le vice-roi n'a pas encore pu, malgré sa défense, empêcher les inhumations dans l'intérieur du Caire, et même dans les jardins particuliers. Combien de sombres mystères, combien de crimes sont soustraits à la connaissance du pouvoir et du public par ces enterrements clandestins!

Sous le rapport sanitaire, les cimetières au milieu de quartiers peuplés et mal aérés, ont soulevé aussi de vives réclamations de la part des médecins français. Notre célèbre Pariset, pendant qu'il était en Égypte, et depuis lors, dans sa correspondance avec le vice-roi, n'a cessé de les signaler comme des auxiliaires actifs de la peste... Malgré l'évidente justesse de ces remarques, les autorités locales n'ont pris aucune mesure sérieuse. Heureusement, la force des choses produit une amélioration que l'apathie des autorités ne rend pas générale : les anciens cimetières étaient pleins, il a fallu chercher un autre emplacement; celui que l'on a adopté au sud de la ville est mal choisi; il aurait mieux valu prendre la région du nord; mais du moins il est très-vaste et ne touche que d'un côté aux habitations.

Ces lieux consacrés aux sépultures ne sont soumis à aucun réglement ; chaque famille creuse un caveau dans l'endroit qui lui convient, sans observer ni la distance ni l'alignement. Une voûte en briques ou en pierre recouvre, au niveau du sol, cette chambre sépulcrale, assez grande pour que cinq ou six cadavres puissent y être successivement déposés, et assez haute pour que les morts puissent se lever lorsqu'ils reçoivent la visite des deux anges *Mounkir* et *Nakir*.

La voûte n'a guère que vingt à trente centimètres d'épaisseur, elle est surmontée d'un petit tertre allongé et ordinairement maçonné, aux deux bouts duquel est placée une stèle en pierre, ayant la forme d'une coiffure d'homme ou de femme, suivant le sexe du défunt. Quelques versets du Coran, sont inscrits sur plusieurs de ces monuments funéraires, malgré la défense expresse du prophète. Rarement on enterre les femmes dans les mêmes tombeaux que les hommes. Les cimetières ne sont pas entourés de mur, le terrain n'est pas nivelé, les tombes sont placées çà et là à des distances inégales, et l'on peut circuler dans les intervalles comme sur une place publique ; le peu d'élévation des pierres tumulaires, leur position variée, l'espèce de désordre qui règne dans ces champs de repos et l'absence de végétation leur donnent l'aspect d'un amas de ruines.

Les explications que je viens de donner sur la construction des chambres sépulcrales doit faire comprendre qu'elles ne satisfont pas aux conditions sanitaires : les voûtes laissent passer les miasmes qui corrompent l'air, et les éboulements nombreux permettent aux chiens, aux chacals de pénétrer dans les tombeaux. Ceci, joint à l'abandon où sont tous les cimetières, dépose énergiquement contre le prétendu respect des Orientaux pour les morts.

Lorsqu'un musulman voit arriver sa dernière heure, il montre la résignation et le calme d'une âme pure : « Toute puissance est en Dieu, dit-il, » nous lui appartenons, nous retournons à lui. Hon-» neur à Dieu, notre seigneur bon et miséricor-» dieux ! » S'ils ont encore assez de force, ils font leurs ablutions pour quitter ce monde dans un état de pureté.

Tant que le moribond respire, les parents ou assistants sont froids et calmes, mais quand il a cessé de vivre, la douleur se manifeste par des cris, des contorsions, et par tous les signes d'un violent désespoir ; les femmes se frappent le sein et s'arrachent les cheveux. Si le défunt est un père de famille, on entend ces exclamations : « *O mon maître!* » *ô mon lion*, *mon dromadaire!* toi *qui portais notre* » *nourriture*, *qui soutenais le fardeau de notre exis-* » *tence!* O *appui de la maison! ô mon chéri! ô mon*

» unique ! pourquoi nous as-tu abandonnés ? que te
» manquait-il au milieu de nous ? N'étions-nous pas
» assez soumis, assez dévoués ? notre soumission, notre
» respect, notre amour n'avaient-ils pas touché ton
» cœur ? »

On procède tout de suite à l'ensevelissement et à l'inhumation, sauf les cas où le décès a lieu pendant la nuit, alors on attend le lever du soleil. Cette précipitation, recommandée par le prophète pour prévenir la putréfaction, peut avoir de funestes inconvénients.

Aussitôt que le moribond a fermé les yeux, des hommes ou des femmes, chargés de ce pénible devoir, selon le sexe de l'individu, étendent le cadadre sur une table, le rasent, l'épilent, le lavent et l'enveloppent dans un linceul de toile neuve. Les musulmans, dit le docteur Clot-Bey, attachent tant de prix au suaire, qu'en entreprenant une expédition lointaine, ils en emportent avec eux. Lorsque le corps est couvert du linceul on le place dans la bière sur laquelle on jette un drap brodé.

On n'est pas obligé d'ensevelir les hommes dans un cercueil, mais par un sentiment de pudeur ou par une conséquence de leurs précautions jalouses, les Orientaux ont soin de renfermer les femmes dans des caisses de bois. Le corps est porté à la mosquée, la tête la première, privilége dont jouissent les seuls musulmans, car ils obligent les chrétiens à porter leurs morts les pieds en avant.

Le convoi est précédé d'aveugles qui chantent un hymne triste et solennel dont le sens est tout entier dans ces paroles : *Il n'y a de Dieu que Dieu et Mahomet est le prophète de Dieu*. Viennent ensuite les serviteurs du mort, puis des *pleureuses gagées*, puis quatre hommes qui portent la bière sur leurs épaules, puis les membres de la famille et les cheiks de la mosquée. En sortant du temple, après une courte cérémonie, le cortége se dirige vers le cimetière ; le corps est placé dans le tombeau de manière que la tête soit tournée du côté de l'orient. On fait un repas autour de la tombe, les parents et les pleureuses retournent à la maison mortuaire ; l'Iman reste le dernier pour écouter l'interrogatoire que les deux anges, *Nakir* et *Mounkir*, font subir au défunt, et va rendre compte à la famille de ce qu'il déclare avoir entendu. Plus son rapport est favorable, plus il est récompensé.

Le deuil n'est pas de longue durée ; les hommes n'en portent aucun signe extérieur, mais les femmes font teindre, avec de l'indigo, leurs mains et leurs bras, et placer à l'envers les nappes, les tapis, les coussins et les couvertures du divan.

Dans une plaine de sable, entre le Nil et le Mokattan, à deux kilomètres plus loin que le grand cimetière dont je viens de parler, on aperçoit plusieurs groupes de minarets et des édifices d'une assez belle architecture qui semblent former une ville riche et moderne ; ce sont les tombeaux des

Mamelouks, parmi lesquels Méhémet-Ali en a fait élever un d'une grande dimension, pour lui et sa famille : déjà plusieurs de ses enfants y sont inhumés, notamment Tousoun-Pacha, son second fils, qui mourut de la peste à Rosette, en 1818, pour n'avoir pas voulu quitter une jeune esclave grecque, atteinte de ce terrible fléau, et dont il était éperdument amoureux. On y voit aussi la sépulture de son gendre, Méhémet-Defterdar-Bey, dont je rappellerai plus tard quelques actes de cruauté.

Plusieurs voyageurs, entre autres M. Goupil-Fesquet, dans un ouvrage écrit avec beaucoup d'esprit et d'élégance, placent le tombeau du vice-roi parmi ceux des califes; ils se trompent. Ces derniers sont au nord du Mokattan et de la citadelle, tandis que les tombeaux des Mamelouks couvrent une partie du désert situé au sud. Au surplus je dois m'associer aux éloges que les narrateurs ont faits des magnifiques mausolées construits par les califes Aioubites et Fathimites; ce sont des monuments dignes de rivaliser avec les plus belles mosquées de l'Égypte. Je citerai comme un des plus remarquables celui du sultan *Barquouq* ou Barkok, mort en 1399; aux deux bouts de la grande façade s'élèvent deux minarets à une hauteur d'aumoins quarante mètres ; et aux deux angles correspondants, sont deux magnifiques coupoles qui renferment l'une, le tombeau de ce calife, l'autre, celui de son fils. Avant que les dégradations eussent al-

téré la beauté du travail, on ne devait pas se lasser
d'admirer les détails de cette architecture dentelée
et la grille réticulaire qui interdit aux étrangers
l'accès de ces funèbres chapelles. Beaucoup d'autres édifices du même genre, espacés dans cette
partie du désert jusqu'à trois kilomètres du Caire,
composent cette majestueuse nécropole de palais,
où dorment les princes luxueux de l'Orient. Dans
la plaine du côté de *Qoubeh* on distingue le tombeau de *Malek-Adel*, frère du grand Saladin.

Le cimetière des juifs n'a de remarquable que sa
position isolée, près et au sud du Mokattan à une
lieue de la ville. Celui des chrétiens est dans la direction du vieux Caire.

L'Égypte, cachée depuis deux mille ans à l'avide
curiosité des Européens, soulève peu à peu le voile
qui dérobait à la connaissance du monde les mystères de son antique civilisation. Notre conquête a
ouvert le champ aux études philosophiques; la
domination de Méhémet-Ali, la terreur qu'il inspire
aux Arabes du désert comme aux Fellahs de la vallée du Nil, la sécurité que trouvent les voyageurs
en parcourant ce pays jadis impénétrable pour eux,
enfin, le bon esprit qu'il a eu d'imposer silence
aux préventions, à la haine des musulmans contre
les hommes professant d'autres cultes, abaissent
chaque jour la barrière qui séparait cette nation
des peuples civilisés. Des recherches regardées jusqu'alors comme d'abominables profanations, per-

mettent maintenant d'apprécier les mœurs de la Nouvelle-Égypte ; et les découvertes de Champollion le jeune, de Wilkinson, et de tant d'autres savants explorateurs, ont donné la clé de presque tous les secrets que l'ère des Pharaons avait ensevelis sous un linceul de sable et de granit.

Ceux qui visitèrent l'Égypte pendant les derniers siècles, ne purent la voir qu'à travers les cloisons d'une cage, ou dans quelques rues du Caire et d'Alexandrie. Il ne leur était guère possible de s'éloigner de l'enceinte des villes ou des rives du Nil; Volney lui-même le plus correct, le plus consciencieux des écrivains qui en ont parlé, n'a réellement vu que ces deux villes et n'alla point jusqu'aux pyramides. Aussi, combien d'erreurs et combien de lacunes dans leurs narrations! On reconnaît à chaque page de choquantes infidélités dans les descriptions de Niebuhr, de Freret, de Maillet, de Savary, de Paul Lucas, de Pocoke, de Siccard, de Norden, de Burckard, de Bruce, d'Ali-Bey ; mais si l'on tient compte des difficultés qu'ils eurent à vaincre, des dangers auxquels ils s'exposaient, on comprendra leur impuissance, elle n'affaiblira pas le témoignage d'estime dû à leurs efforts.

Depuis trente ans l'état de choses a changé grâce au vice-roi ; je me plais à lui rendre cette justice, et je le fais avec d'autant plus d'empressement que j'ai déjà eu et que j'aurai encore l'occasion de le blâmer. Cette courte période a suffi pour produire une prodigieuse quantité d'ouvrages sur l'Égypte, et cependant on n'a pas encore tout dit, parce que chaque jour apporte une nouvelle révélation. Le champ est vaste, nul ne peut en embrasser les limites, nul ne peut en saisir tous les détails. Fort peu de touristes l'ont parcouru dans tous les sens, et beaucoup se sont imposé une spécialité qui laisse à leurs successeurs une tâche laborieuse à remplir.

Ces considérations expliquent comment j'ai eu la hardiesse, après tant d'écrivains et d'observateurs habiles, de raconter à mon tour ce que j'ai vu, ce que m'ont appris les investigations persévérantes, et souvent pénibles, auxquelles je me suis livré. Elles me serviront aussi de transition pour les choses que j'ai à dire sur plusieurs matières, notamment sur les mosquées dont l'entrée était, sous peine de mort, interdite aux chrétiens.

Le nombre de ces monuments religieux est considérable en Égypte, on en voit au moins un dans chaque village. On assure qu'il en existe quatre cents au Caire, dont beaucoup tombent en ruines. Ce serait une erreur de croire que toutes les mosquées sont ornées de ces élégants minarets dont on a tant de fois décrit la forme et la beauté. Je n'ai pu en compter que quatre-vingt-quinze, et cependant, placé comme je l'étais sur la terrasse de la citadelle, la ville tout entière se déployait sous mes yeux.

On sait que les minarets, ces minces tourelles

élancées dans les airs, ont une ou deux galeries extérieures faisant saillie comme une gracieuse corbeille qui serait traversée par un obélisque. Aux premiers rayons du jour, et à la nuit tombante, les muezzins montent par un escalier en spirale sur ces balcons circulaires pour appeler les enfants du prophète à la prière. Leurs chants que vous entendez dans toutes les directions, ne manquent ni de mélodie ni de charme, et disposent les âmes à la piété; des voix limpides et vibrantes qui traversent les régions aériennes, le calme, le recueillement de tout un peuple prosterné dans les temples, pour implorer la grâce divine, ont un caractère noble, imposant qui commande le respect, réveille en nous le sentiment de nos misères, le souvenir de nos erreurs, et ranime l'espérance consolatrice d'une éternité miséricordieuse.

Il faut en convenir, les musulmans paraissent mieux que nous absorbés dans l'adoration de Dieu pendant les exercices du culte. Ces actes publics d'humilité, cette résignation absolue à la volonté du Très-Haut, cette confiance dans sa bonté, sont peut-être l'hommage le moins indigne que nous puissions offrir au Créateur, et feraient estimer les sectateurs de Mahomet s'ils pratiquaient les préceptes charitables du Coran avec autant de fidélité qu'ils en mettent à observer les formes qu'il impose.

Ils doivent prier cinq fois chaque jour : le matin, à midi, à trois heures et demie, au coucher du soleil et deux heures plus tard. Un ange inscrit les noms de ceux qui ont accompli le devoir religieux. « Publie la gloire du Très-Haut avant le coucher et » le lever du soleil, pendant la nuit et aux limi- » tes du jour afin que ton cœur soit content de lui- » même..... Tourne ton front en priant vers le tem- » ple antique qu'Abraham, aïeul d'Ismael, consacra » au Seigneur (la Caaba). En quelque lieu que tu » sois, porte tes regards vers ce sanctuaire auguste.» Telles sont les recommandations du prophète.

En commençant la prière, le musulman est debout, ayant les mains pendantes, appuyées au-dessous de la ceinture, les yeux baissés et la face tournée du côté de la Mecque. Son maintien est grave, rien ne saurait le distraire ou l'émouvoir, devant la foule qui l'observe comme dans l'isolement, il élève sa pensée vers l'Être-Suprême et semble étranger à tout ce qui se passe autour de lui. Après une courte oraison, il s'incline, récite une prière en étendant les mains, se relève, puis se prosterne, se relève encore et se prosterne une troisième, une quatrième fois, s'agenouille, baise le sol à plusieurs reprises, et termine par des salutations adressées aux deux anges qu'il suppose placés près de lui, l'un pour l'exciter au bien, l'autre pour se charger des fautes dont il pourrait se rendre coupable. La nécessité de baisser la tête jusqu'au niveau du sol pendant la prière est la principale raison pour laquelle les musulmans n'ont jamais de visière ou de saillie quelconque à leur coiffure. Les prières sont méritoires non-seulement dans les mosquées, mais aussi dans les maisons, dans les rues, dans les champs, enfin dans tous les lieux où l'on se trouve aux heures fixées ; et, à défaut d'eau, les ablutions peuvent se faire avec du sable. Elles consistent à se laver le visage, la bouche, le nez, la barbe, les mains et les bras, et doivent toujours précéder les cérémonies du culte. Aussi voit-on dans chaque mosquée un grand bassin rempli d'eau.

Ces ablutions, ainsi que les lotions recommandées pour effacer les souillures physiques du corps, sont tout simplement des choses de propreté et d'hygiène dont le législateur a eu la sagesse de faire des obligations religieuses.

Les muezzins sont pour la plupart d'anciens maîtres d'école, devenus aveugles; infirmité essentielle pour remplir leurs fonctions, car, de leurs minarets, ils pourraient voir les femmes qui se promènent sans voile sur les terrasses des maisons. Ils connaissent l'heure de la prière à l'aide d'un sablier, moyen fort imparfait, sans doute, pour des aveugles, mais des voisins ou des parents leur viennent souvent en aide. D'ailleurs, les chants d'un autre muezzin sont un avertissement et une espèce de signal. Plusieurs de ces hommes ont de fort belles voix. Leur appel du matin est en ces termes :
« *Vrais croyants, qui pensez au salut, la prière est préférable au sommeil!* » etc.

Une mosquée ne contient ni chaises, ni bancs; elle se compose d'une cour carrée entourée d'un portique couvert et au milieu de laquelle est placé le bassin destiné aux ablutions; à la suite de cette cour est la partie essentielle du temple entièrement couverte; dans les belles mosquées, on y voit des dômes, des coupoles d'une hardiesse extraordinaire, de ravissantes arabesques et un pavé en mosaïque d'une rare perfection. Une chaire toute simple, appuyée au mur, qui indique, par sa position, la direction de la Mecque, est la tribune où les imans (prêtres) vont lire les versets du Coran.

Malheureusement l'intérieur de ces édifices est tenu avec une impardonnable négligence : les hirondelles, les tourterelles, les chauves-souris et les hiboux y habitent en foule, dégradent les murs, les boiseries, voltigent incessamment d'un point à un autre et trouvent leur nourriture dans les épaisses tentures que forment les toiles d'araignées. D'un autre côté, les Turcs ne les font presque jamais réparer, dans la crainte de profaner un lieu saint. Jugez alors dans quelle pitoyable situation doit être une mosquée au bout de plusieurs siècles!

L'eau des ablutions n'est renouvelée qu'à de longs intervalles, et cependant elle se corrompt avec d'autant plus de rapidité, que des fosses d'aisance, placées non loin de là en dedans de la cour, communiquent quelquefois par des filtrations souterraines avec le bassin qui la contient. Ce fait a été reconnu et constaté pour plusieurs mosquées d'Alexandrie, lorsque, pendant mon séjour, une commission sanitaire les visita par ordre du vice-roi, pour faire disparaître les causes d'infection.

L'administration d'une mosquée, l'emploi des fonds qui sont alloués ou des legs pieux qu'elle possède, est confiée à un *nazir*, c'est lui qui nomme un ou deux *imans* pour la desservir. Leur charge est de réciter les cinq prières quotidiennes et de lire le Coran. Mais ces prêtres n'ont pas un caractère indélébile ; le nazir peut les renvoyer, et alors ils perdent leur qualité d'*Iman*. On leur accorde un traitement de vingt-cinq centimes par jour; mais depuis que Méhémet-Ali s'est emparé des biens des mosquées, avec promesse d'en supporter toutes les charges, le traitement est à peu près nominal.

Les musulmans déposent leurs babouches (souliers) à l'entrée du temple, mais on n'a jamais exigé que j'ôtasse ma chaussure ; seulement un pauvre employé, moyennant une modique et volontaire rétribution, me prêtait des pantoufles assez grandes pour que le pied tout botté pût y entrer.

Les mosquées qui, par leur importance, appellent l'attention des visiteurs, sont celle d'*El-Azhar*, ayant pour annexe un collége dans lequel on enseigne la langue arabe, quelque peu d'histoire des califes, la philosophie d'Aristote, le Coran et les usages traditionnels; celle de *Hassan*, sur la place Ro-

meyleh, au pied de la citadelle, est le plus beau monument du Caire. Elle fut construite en 1357 par *Melec-el-nazer-abou-el-Maali-Hassan-Ben-Mohamed-Ben-Ka-laoum*. C'était dans la grande nef que le chef de l'Égypte allait prier, ou que, monté dans la chaire, il prêchait ou proclamait ses édits. Celle *El-Mouacid*, dont les ornements accessoires sont d'une grande richesse; celle de *Kaitbai*, fort petite, mais plus élégante encore que la précédente, est en dehors et à l'est de la ville; celle de *Kalaoum* n'est qu'un accessoire d'un grand hôpital destiné aux malades et aux aliénés des deux sexes; elle est au nord du Caire; celles de *Ghouryh*, de *Touloum* et celle de *Barkouk* que j'ai déjà signalée comme faisant partie des tombeaux des califes.

Makrisi, fécond écrivain arabe, mort au Caire en 1442, raconte plusieurs événements qui se rattachent à la fondation de la plupart de ces mosquées; mais d'autres écrivains leur attribuent une origine différente. La difficulté de choisir entre des versions opposées où le merveilleux joue un grand rôle, m'oblige à négliger ces explications, trop longues d'ailleurs pour trouver place ici.

CHAPITRE XI

Monticules de décombres. — La citadelle. — Puits de Joseph. — Grand aqueduc. — Massacre des Mamelouks. — Méhémet-Bey.

Le grand Caire était encore, il y a moins de quinze ans, entouré de collines arides, dont plusieurs avaient plus de cent mètres de hauteur, formées par l'amoncellement successif de décombres. Les habitants, on le sait déjà, construisent avec de la boue et ne réparent jamais : quand la moitié d'une maison s'éboule, on se loge dans la partie qui reste. Celle-ci ne tarde pas à s'écrouler également, alors il faut bien déblayer la place pour y bâtir une nouvelle demeure. On porte les débris hors des murs d'enceinte, et c'est ainsi que l'on avait élevé autour de cette capitale un cercle de montagnes poudreuses. La ville étouffait dans cette triste et brûlante ceinture.

Les sultans de Constantinople accordaient annuellement une somme considérable pour que ces décombres fussent transportés jusqu'à la mer, mais les gouverneurs de l'Égypte ne prenaient aucun soin d'en débarrasser la voie publique et profitaient de l'allocation.

Méhémet-Ali et son fils Ibrahim ont fait disparaître plusieurs de ces énormes monticules pour niveler le sol entre le Caire, Choubrah et Boulach; maintenant de belles plantations couvrent l'emplacement qu'elles occupaient, mais il en existe encore beaucoup dans la moitié de la circonférence du Caire, principalement au nord de la ville.

La citadelle est assise sur un mamelon très-élevé à la pointe occidentale et à mi-côte du Mokattan. Cette forteresse, construite par le grand Saladin sur la fin du douzième siècle, et dans laquelle il avait son palais, est sans importance comme position militaire. Les trente petits canons et les douze mortiers qui la défendent sont bons tout au plus pour intimider la population. Accessible sur plusieurs points du côté du désert, elle n'est quelque peu imposante que par le rempart qui domine le Caire, et par les deux rampes, taillées dans le roc vif, qui descendent en zig-zag jusqu'aux premières rues de la Cité.

Le drogman qui nous accompagnait commença par nous montrer le fameux puits de Joseph que Rollin et de Ségur attribuent au fils de Jacob! C'est un anachronisme de trois mille ans! Ce puits a la même origine que la citadelle. On lui donna, ainsi qu'à beaucoup d'autres monuments, le nom de *Yousouf*, prénom de *Saladin*; voilà encore un exemple de ces lourdes erreurs dont fourmillent les livres d'histoire qui servent en France à l'instruction de la jeunesse. La même observation s'applique aux greniers de *Joseph*, dont je parlerai quand il s'agira du *vieux Caire*. Revenons au puits de *Yousouf*, il est quadrangulaire, taillé dans le rocher à une profondeur, que Denon évalue à 269 pieds, et que beaucoup d'autres portent à 280. On assure que le fond est au niveau du Nil, il doit même être plus bas pour recevoir par infiltration les eaux du fleuve. Le diamètre jusqu'à une profondeur d'environ 140 pieds, est de 6 à 7 mètres. A partir de ce point, il n'est plus que de deux à trois mètres jusqu'à sa base. L'eau s'élève au moyen de deux manéges à roues, l'un établi dans une vaste cavité creusée à l'endroit où le puits se rétrécit, l'autre à l'orifice. Une rampe, également creusée dans le roc, est le chemin qui conduit au premier manége; elle a environ huit pieds de large et autant de hauteur. Elle circule autour du puits en descendant et reçoit du jour par de petites ouvertures faites dans les parois qui les séparent. La pente est assez douce pour que les bœufs puissent descendre et monter sans trop de fatigue.

Cet ouvrage est certainement une chose fort remarquable si l'on prend pour terme de comparaison ceux de même nature exécutés en Europe dans des proportions mesquines. L'on ne voit pas chez nous des masses de rocher ayant une épaisseur de plusieurs centaines de mètres, sans aucune solution de continuité; et jamais il n'est venu à la pensée de nos architectes de tailler des temples, des palais, dans l'intérieur d'une montagne. Rien n'est donc plus naturel que l'étonnement qu'éprouvèrent tant de voyageurs à la vue de ce beau travail. Mais quand on a parcouru les hypogées de la Haute-Égypte, quand on a respiré à l'ombre des gigantesques ruines qu'elle offre encore aux regards du monde, le puits de *Yousouf* ne cause plus qu'une impression secondaire : on se rend compte plus facilement de son exécution. J'ai calculé que le cube total en était d'environ 70,000 pieds, ou 2,700 mètres cubes. Telle est la masse qu'il a fallu tailler au ciseau. Il est impossible d'admettre que plus de vingt ouvriers aient pu y être employés à la fois, eh bien, s'ils ont creusé chacun un pied cube par jour, ce qui n'est pas beaucoup, parce que ce rocher se coupe aisément, dix années auront suffi à l'accomplissement de l'œuvre.

La jeune fille qui, moyennant l'inévitable bacchid, nous conduisit par la galerie souterraine jusqu'à la grande cavité du manége inférieur, expliqua à notre drogman qu'autrefois il y avait un passage communiquant de ce point à l'extérieur de la citadelle et aboutissant à l'un des tombeaux élevés dans le désert. En l'année 1837, une femme disparut par cette ouverture, avec les bœufs qui faisaient marcher le manége. On ignore ce qu'elle est devenue; mais tout porte à croire qu'elle aura péri dans quelque fissure du rocher. Cet évènement motiva la fermeture du passage, non pas sans doute pour protéger la vie des femmes, mais pour les empêcher de voler leurs compagnons encornés.

La seule destination du puits de Yousouf était de fournir de l'eau aux habitants de la citadelle. Cependant M. de Ségur, dans son *Histoire universelle*, dit qu'il avait pour but, dans les temps de sécheresse, d'élever les eaux sur une colline pour les distribuer par différents canaux. C'était donc, suivant lui, un moyen d'irrigation, autant vaudrait-il prétendre que les puits de Montmartre sont destinés à arroser la plaine Saint-Denis.

Une immense construction dans laquelle, comme pour les remparts d'Alexandrie, les peuplades barbares qui chassèrent les califes arabes, ont employé sans goût des matériaux de toutes dimensions, pourvoit à l'insuffisance de ce moyen d'alimentation : c'est un aqueduc qui traverse la plaine et vient verser les eaux du Nil dans les citernes de la citadelle. Il est composé d'arcades étroites, présentant de choquantes inégalités dans leurs formes et dans leurs dimensions. Le point de départ de ce canal aérien est à côté de l'embouchure du Calidji, à peu près à moitié chemin entre le grand Caire et le vieux Caire. Là, il m'a paru élevé d'au moins 40 mètres au-dessus de l'étiage du Nil. Des machines rustiques montent l'eau jusqu'à la partie supérieure de l'aqueduc, lequel décrit de continuelles sinuosités avant d'arriver à la forteresse. Il eût été facile et plus économique de le diriger en droite ligne, mais les Turcs prétendent qu'il n'est pas permis aux hommes de suivre d'autres modèles que ceux de la nature. « Dieu n'a pas fait les rivières toutes droites; » donc, puisque les aqueducs et les canaux sont les » représentations d'une rivière, ils doivent l'imiter » en toutes choses, autant du moins qu'il est possi- » ble aux créatures d'imiter le Créateur. » Telle fut la réponse catégorique faite par un savant Osmanli à je ne sais quel ingénieur français. Ce dernier, blâmant les nombreux zig-zags du *Mahmoudieh*, qui allongent de deux lieues la distance entre *Atfeh* et Alexandrie, son interlocuteur, prenant en pitié l'ignorance ou l'impiété du jeune critique, voulut bien lui donner, avec la gravité et le ton doctoral d'un profond connaisseur, l'explication péremptoire que l'on vient de lire. Il n'y avait rien à répondre.

Le spirituel auteur du voyage de M. Horace Vernet en Orient s'exprime ainsi à propos de ce monument : « Le fameux aqueduc aux 350 ar- » cades nous présente sa perspective infinie et ma- » jestueuse, franchissant d'une seule enjambée des » quartiers et des rues innombrables, il alimente à » lui seul le vieux et le nouveau Caire. »

Je regrette de contester l'exactitude de ce brillant tableau ; mais pour que mes lecteurs puissent avoir une idée exacte des choses dont je parle, je dois faire observer que le *fameux* aqueduc n'a vraiment rien de *majestueux* : c'est une haute muraille, irrégulière, percée d'arcades d'inégale hauteur et d'inégale largeur. Il ne fournit pas une goutte d'eau au vieux Caire ; il en est éloigné d'environ deux kilomètres, et d'ailleurs cette petite ville est placée sur les bords du Nil. Il ne traverse pas une innombrable quantité de rues et de quartiers du Caire, et contourne une partie de la ville ; enfin l'eau qu'il apporte est destinée aux habitants de la citadelle et non à la population de la cité. Sa longueur totale est, d'après M. *Denon*, de 2,120 mètres, ce qui ne permet pas de porter à 350 le nombre des arcades. La plupart des voyageurs ont gardé le silence sur ce monument ; leur prudente réserve est préférable à des indications erronées.

Nous allâmes ensuite visiter le palais restauré par les soins de Méhémet-Ali ; il y demeure rarement, aimant mieux sa galante résidence de Choubrah que celle placée au centre d'une forteresse ; l'on appela notre attention sur la grande salle du Divan, célèbre par les scènes tragiques dont elle a été le théâtre. Mais ce n'est pas la même que celle tant vantée qui faisait partie du palais de Saladin. Les appartements du Pacha sont meublés à l'européenne, sans beaucoup de luxe, malgré le prix énorme auquel on prétend que lui furent vendus les objets expédiés de France. Les domestiques au service du vice-roi, même les soldats en faction, tendaient la main et demandaient le *bacchid*, comme font tous les enfants de Fellahs. Quelques piastres (pièces de 25 centimes), distribuées par nous, leur donnèrent probablement une haute opinion de notre générosité, car ils parurent fort satisfaits.

Presqu'en face de cette habitation quasi royale, Méhémet-Ali fait construire une mosquée sur l'emplacement de la salle magnifique où Saladin et ses successeurs tenaient leur divan. Elle sera fort belle : le marbre jaune d'Égypte et l'albâtre s'y marient aux riches matériaux en granit rose provenant des ruines de l'ancien palais. Mais la construction, commencée depuis vingt-deux ans, avance avec lenteur; on en donne pour motif une prédiction énonçant que le Pacha ne doit mourir qu'après l'achèvement de l'édifice.

Nous n'avons retrouvé aucun vestige d'un autre palais, habité il y a plusieurs siècles, par les souverains ou gouverneurs de l'Égypte. Un immense salon posé sur des arcades de trente pieds de diamètre et d'une hauteur prodigieuse, faisant saillie à la terrasse de la citadelle, servait encore, à la fin du XVIIe siècle, aux ouvriers chargés de broder le voile que les sultans envoyaient à la Mecque pour couvrir la *Caaba*. Peut-être les débris, s'il en existait encore, ont-ils disparu lors de l'explosion d'un magasin à poudre qui, en 1824, détruisit la presque totalité des bâtiments.

Nous étions sur la terrasse ou place d'armes de

la citadelle; de ce point on découvre toute la ville et les environs; la masse des maisons et les minarets du Caire, les massifs de verdure du vieux Caire, de Boulach, de Choubrah et de Koubeh; les villages de la vallée du Nil, le cours du fleuve dans une étendue de 40 kilomètres, les plaines où commence le Delta; la plaine de sable, appendice du désert, parsemée des tombeaux des califes, la crête du Mokattan qui ferme l'Égypte du côté de l'est, les monts Lybiens au-dessus desquels s'élèvent les pyramides qui la bornent à l'occident; tout cet ensemble compose un admirable panorama. Mais nous fûmes réveillés de notre extase par le souvenir du terrible drame accompli sur cette même esplanade qui nous offrait tant de magiques points de vue. C'est là que le 1er mars 1811, Méhémet-Ali s'est débarrassé, par un massacre, des hommes qui lui portaient ombrage. Les Mamelouks n'avaient pas tous péri dans les combats livrés à notre armée; ils formaient encore une troupe dangereuse par une brillante valeur et par une indiscipline séculaire. Méhémet-Ali les avait tour-à-tour secondés et trahis. Après les avoir combattus, il se réconcilia avec eux et s'en servit pour élever sa puissance. Mais lorsqu'il la crut affermie la fierté présomptueuse et les exigences des Mamelouks lui devinrent insupportables. Habitués depuis longtemps à exploiter le pouvoir à leur profit et sans contrôle, les beys ne subissaient pas d'une

manière assez docile le joug du nouveau despote :
il avait été leur inférieur, et maintenant il ne voyait
en eux que des soldats mutins. Leur orgueil se révolta ; ils ne purent s'accoutumer à ne plus rien
être sur cette terre d'Égypte qui fut leur domaine. Ils
conspirèrent contre les jours du vice-roi, du moins
on l'assure ; et cette conspiration, imaginaire ou
véritable, devint le prétexte de leur destruction.

Tousoun-Pacha, second fils de Méhémet, venait
d'être investi du commandement d'une armée chargée de réduire les Wahabites, ennemis du grand-
seigneur. Le vice-roi déclare qu'il veut célébrer par
une fête publique le départ du jeune général ; il
convoque à cette solennité les grands personnages,
les corps de l'armée et les Mamelouks. Tous sont
réunis dans la citadelle le 1er mars 1811. Méhémet-
Bey, ministre de la guerre, exécuteur et confident
des volontés du vice-roi, fait occuper le palais et
les autres édifices par des Arnaoutes, soldats dévoués, ou plutôt bandits achetés et capables de tout
pour de l'argent. Le Pacha est dans son divan, entouré d'hommes énergiques et sûrs. Un coup de
canon est le signal de la fête ; et la fête, c'est l'assassinat des Mamelouks groupés sur la place d'armes. En un instant la fusillade, dirigée sur eux de
tous les points, jonche le sol de leurs cadavres.
Ceux qui ne succombent pas aux premiers coups
se précipitent dans la rampe sinueuse dont les parois, taillées au ciseau et à pic, ont de quatre à cinq

mètres de hauteur; mais la porte qui communique avec le Caire est fermée! ils sont dans un affreux impasse, sans aucun moyen d'escalade, tandis que de toutes parts une grêle de balles tombe sur eux.

Ibrahim, un des chefs les plus influents des Mamelouks, se soustrait comme par miracle aux coups des assassins; il aperçoit Méhémet-Ali qui, en ce moment, quittait le divan pour se rendre dans son harem, il court se précipiter à ses pieds et lui demander grâce. Le vice-roi s'écrie : « Qu'on ôte ce chien de devant moi! » et la tête du malheureux roule sous le glaive. Deux Mamelouks échappèrent à cette boucherie en se précipitant de la terrasse sur le talus à pente rapide qui existe au pied du rempart; on nous montra la place d'où ils sautèrent avec leurs chevaux. La hauteur est vraiment prodigieuse; on ne conçoit pas comment ils ne furent pas pulvérisés. Cependant ils traversèrent la ville, et s'enfuirent dans le désert. Mais poursuivis, l'un eut le sort de ses compagnons, l'autre parvint à gagner la Syrie, et devint par la suite gouverneur de Jérusalem.

Lorsque cette épouvantable scène fut terminée dans la citadelle, les assassins allèrent égorger à domicile ceux des Mamelouks qui n'étaient pas à la cérémonie, et piller les maisons de leurs victimes.

Quelques soldats français restés en Égypte après le départ de notre armée, s'étaient mis à la solde de Méhémet-Ali; ils composaient une compagnie de quatre-vingts hommes qui lui rendit d'éminents services lors de ses luttes contre les Anglais et contre ses compétiteurs. Une quarantaine avaient survécu à ces évènements et faisaient partie du corps de Mamelouks; mais au moment du carnage, Méhémet-Bey, ministre de la guerre, qui commandait cette sanglante exécution, les avertit du danger, les fit mettre à part, et les protégea de telle sorte qu'aucun ne fut attaqué. Ce chef adorait Napoléon, en parlait avec enthousiasme, et décorait l'intérieur de sa tente de gravures représentant l'image et les grandes actions du héros.

Méhémet-Bey aimait aussi beaucoup Soliman-Pacha, il voulait l'avoir chaque jour à sa table. Il soutint constamment son énergie contre les intrigues et les complots dont notre illustre compatriote faillit souvent être victime; c'est lui qui le décida à embrasser l'islamisme, condition nécessaire pour arriver au poste honorable qu'il occupe. Eh qu'importe! lui-disait-il, une petite opération qui ne change ni le corps ni le cœur. Soyez ce que vous voudrez au fond de l'âme, mais soyez Musulman, du moins en apparence, et vous parviendrez à tout.

Lorsque Hudson-Lowe traversait l'Égypte pour se rendre à l'île de Ceylan dont il venait d'être nommé gouverneur, Méhémet-Bey s'indignait de voir quelques Français rendre visite à ce bourreau. Ah! s'écriait-il, si quelqu'un veut lui plonger un poignard dans la poitrine, qu'il ne craigne rien, il n'a qu'à venir près de moi, et je répondrai corps pour corps de sa sécurité.

En suivant la grande avenue qui conduit du Caire au vieux Caire, et presqu'en face le palais d'Ibrahim-Pacha, on peut remarquer à gauche, au bout d'une belle avenue de sycomores, un monument de moyenne dimension et d'une forme simple, c'est le tombeau de Méhémet-Bey. Je m'y suis arrêté maintes fois avec un certain intérêt. Quel dommage que l'affreuse journée, dont j'ai raconté le tragique épisode, ait flétri à jamais la mémoire de cet homme.

Avant de quitter la citadelle, on nous fit voir la caserne des cuirassiers; ces tristes cabanons où loge le premier, le plus beau régiment du Pacha, sont presqu'aussi étroits, aussi sales, aussi malsains que les huttes des villageois.

CHAPITRE XII.

Portes monumentales. — Tombe de Sulkowski. — Révolte du Caire. —
Politique de Bonaparte en Égypte. — Assassinat de Kléber.

Au lieu de retourner à notre hôtel par la route la plus directe, nous fîmes un assez grand détour vers le nord de la ville pour rentrer par *Bab-el-fotouh* (porte de la Victoire), et *Bab-el-nasr* (porte du Secours), citées comme deux beaux morceaux d'architecture. En effet, ces édifices sont dignes de leur réputation. *Bab-el-nasr* rappelle un acte barbare de Selim 1er. Lorsqu'en 1517 il eut conquis l'Égypte et pris Tourman-Bey, dernier chef que les Mamelouks s'étaient choisi, il le fit pendre au-dessus de cette porte; et, pour que ses femmes et ses enfants partageassent le plaisir que cette exécution lui avait causé, des bateleurs la représentèrent sous leurs yeux.

Mais ce qui appela surtout notre attention et nos sympathies, c'est un monument d'une éloquente simplicité qui s'élève à quelques pieds au-dessus du sol en dehors de *Bab-el-fotouh* : une seule pierre, un cype, marque la place où l'intrépide Sulkowski, aide-de-camp du général Bonaparte, périt et fut enterré. Deux mois avant cette catastrophe, qui priva l'armée de l'un de ses plus brillants officiers, Sulkowski avait reçu huit blessures au combat chevaleresque de Belbëis. Il entrait à peine en convalescence lorsque la révolte du Caire éclata. C'était le 21 octobre 1798. Des bandes de furieux, excités par les prédications des Ulémas, parcouraient la ville, massacrant les Français isolés. Ces révoltés se portent chez Ibrahim-Ghetem-éfendy, vénérable vieillard qui exerçait la charge de cadi ; ils veulent le forcer à les conduire chez le général Bonaparte ; sur son refus, il est assommé. Le général Dupuy, commandant de la place, s'avance à la tête d'un piquet de dragons dans une rue obstruée, et les engage à se retirer ; on lui répond par des coups de feu. Alors, avec sa petite troupe, il s'ouvre un sanglant passage au milieu de cette populace ; mais un couteau, fixé au bout d'un bâton, lancé par l'embrasure d'une fenêtre, lui coupe l'artère du bras ; il expire. La maison du général Caffarelli est pillée ; plusieurs membres de la commission des arts, qui s'y trouvent réunis, y sont massacrés. C'est dans ces graves circonstances que Sulkowski, accompagné d'un faible détachement, va pour reconnaître l'ennemi, l'attaque malgré la disproportion du nombre, le chasse, le poursuit, et tombe dans une embuscade. Son cheval, percé d'une lance, se renverse sur lui, et il est écrasé par le cheval du soldat qui volait à son secours.

Cependant les Français se rassemblent dans la citadelle, et Bonaparte, entendant le canon d'alarme, quitte sa résidence de l'île de *Roudah*, et vient diriger les opérations militaires. Cinq mille paysans, des nuées d'Arabes accouraient au secours des révoltés ; le général Vaux et le général Dumas les dispersent, les refoulent dans le désert. La nuit donne à nos troupes un peu de repos et le temps de faire les dispositions pour terminer la lutte. Le lendemain les rebelles, traqués de quartier en quartier, se retirent au nombre de quatre à cinq mille dans la grande mosquée *El-heazar*, dont ils barricadent les avenues. Deux compagnies de grenadiers, qui veulent les déloger, sont repoussées avec perte ; l'artillerie ne peut agir dans les rues étroites et tortueuses ; enfin les batteries de la citadelle, commandées par le général Dommartin, dirigent sur la mosquée leur feu redoutable ; les obus, les bombes, les boulets tombent sur les insurgés comme une grêle exterminatrice. Ils poussent d'affreux hurlements ; puis ils demandent à capituler. « Vous avez refusé ma clémence quand je » vous l'offrais, répond le général en chef, l'heure » du châtiment est sonnée ; vous avez commencé, » c'est à moi de finir. »

Cherchant leur salut dans le désespoir, ils tentent une sortie ; mais ils sont cernés de toutes parts ;

partout les baïonnettes de nos grenadiers leur opposent une palissade de fer, sur laquelle ils se précipitent sans pouvoir la rompre. Ils comprennent enfin l'impuissance de leurs efforts, jettent leurs armes, et crient miséricorde. Bonaparte fait grâce à la multitude. Le supplice de quelques chefs, et trois mille cadavres de leurs séides, lui paraissent une vengeance assez éclatante pour garantir la soumission définitive de cette population turbulente. Il se trompait : l'indulgence est un acte de faiblesse aux yeux des Musulmans.

Cependant le général en chef supprime le divan, dont plusieurs membres avaient été les instigateurs de la révolte, et fait publier, par les gens de loi, une proclamation qui, entre autres détails, contenait ces passages : « Les méchants mêlés à la po- »pulace ont mis la désunion entre les troupes fran- »çaises et les sujets, et cela a occasionné la mort de »beaucoup de Musulmans. Mais la main bienfai- »sante et invisible de Dieu est venue apaiser la sé- »dition ; et par notre intervention auprès du géné- »ral Bonaparte, les malheurs qui devaient suivre »la révolte ont été arrêtés. Il a empêché les troupes »de brûler la ville et de la piller, car il est plein de »sagesse, bienfaisant et miséricordieux ; il est le »protecteur particulier des pauvres, et sans lui tous »les habitants du Caire n'existeraient plus. »

Jusqu'alors la Sublime-Porte n'agissait pas ouvertement en ennemie de la France. Elle voyait avec satisfaction la ruine des Mamelouks, sur lesquels, depuis longtemps, elle n'avait qu'un pouvoir nominal, et elle attendait l'issue de la lutte pour revendiquer la plus importante province de l'empire.

Le chef de notre armée pénétrait sans doute les arrière-pensées du sultan ; mais pour détacher les masses de la cause des Mamelouks il se disait l'allié, l'ami, et en quelque sorte l'envoyé du grand Seigneur. Toutes ses paroles, tous ses actes publics tendaient à donner au peuple cette conviction. Espérait-il faire consacrer notre conquête par la Porte elle-même? Voulait-il s'emparer de l'Égypte pour son propre compte, comme l'a fait plus tard Méhémet-Ali, et la défendre ensuite contre tous les prétendants? ou bien sa pensée était-elle d'affermir sa domination dans l'intérêt de la France? Chacune de ces hypothèses peut être vraie. Quoi qu'il en soit, Bonaparte comprenait la nécessité d'étouffer les résistances locales, et de se faire aimer de la population, afin de pouvoir disposer de toutes ses forces en présence des événements ultérieurs.

Ce sont là probablement les considérations qui, ensuite, le décidèrent à rétablir le divan. Il le composa de soixante cheiks, auxquels il adjoignit un commissaire français.

A l'exemple de Mahomet, Bonaparte se posa en homme prédestiné, et, spéculant sur la crédulité

d'une nation dont l'intelligence et le libre arbitre sont paralysés par le dogme du fanatisme, il eut recours à des subterfuges qui me paraissent indignes de son génie. « Faites connaître au peuple que
»depuis que le monde est monde, il est écrit qu'a-
»près avoir détruit les ennemis de l'islamisme, fait
»abattre les croix, je viendrai remplir la tâche qui
»m'a été imposée. Faites voir au peuple que dans le
»saint livre du Coran, dans plus de vingt passages,
»ce qui arrive a été prévu, et ce qui arrivera est
»également expliqué.

»Je pourrais demander compte à chacun de vous
»des sentiments les plus secrets de son cœur, car
»je sais tout, même ce que vous n'avez dit à per-
»sonne. Mais un jour viendra que tout le monde
»verra avec évidence que je suis conduit par des
»ordres supérieurs, et que tous les efforts humains
»ne peuvent rien contre moi. » (*Expédition d'É-
gypte*, par M. Ader).

Telle est la substance de l'allocution que fit Bonaparte aux membres de ce nouveau divan.

Un pareil langage, cette espèce de charlatanisme, devait répugner au futur empereur des Français, et présentait un côté dangereux : s'il était propre à opérer momentanément un bon effet sur l'imagination des Égyptiens, on devait prévoir une réaction violente au moment de la désillusion. L'avenir prouva, en effet, que l'affection acquise à l'aide du mensonge ne résiste pas aux épreuves de l'adversité.

Le 20 mars 1800, jour de la bataille d'Héliopolis, un soulèvement plus général de la population du Caire vient rompre encore une fois le pacte d'alliance auquel on avait promis fidélité. Les Musulmans outragent, dévalisent et massacrent les Européens. Un poste, composé de cent quatre-vingts de nos soldats, qui défendait la maison occupée par le quartier-général, est assailli par dix mille hommes ; la petite garnison se défend avec vigueur; mais, faute de munitions, elle allait succomber après deux grandes journées de résistance, lorsque Kléber, vainqueur de l'armée turque, apporta un secours devenu nécessaire.

Malgré le retour au Caire de notre armée, la lutte continue avec acharnement, des barricades s'élèvent dans toutes les rues, la populace redouble de fureur. Il fallut deux fois emporter d'assaut le quartier Copte, mettre le feu aux maisons de Boulach et à plusieurs parties de la ville, et reprendre un à un tous les points occupés par les révoltés. Un mois suffit à peine pour étouffer la sédition, et cependant Mourad-Bey concourait alors loyalement avec les Français au rétablissement de la tranquillité.

Hélas! elle fut de bien courte durée : la rage dans le cœur, Jussuf-Pacha, grand-visir, premier ministre de la Porte-Ottomane, avait fui honteusement du champ de bataille d'Héliopolis ; mais n'ayant pu, à la tête de soixante-dix mille soldats secondés par les insurgés du Caire, vaincre une armée de neuf mille Français, il prêchait avec fureur, dans la Syrie, l'assassinat de leur chef. Il ne tarda point à trouver un fanatique prêt à réaliser les vœux de ce brigand. *Soleyman-el-Halebi* se faisait remarquer à Jérusalem par son exaltation religieuse ; il offre à Jussuf-Pacha de se dévouer pour tuer le chef des infidèles. Le grand-visir accepte avec joie, et fait partir l'assassin pour le Caire, porteur de lettres de recommandation, qui lui assurent la protection des prêtres et un asile dans une mosquée.

Le 14 juin 1800, Kléber, quittant la maison du général Damas pour rentrer dans la sienne, situées toutes deux au S.-O. de la place de Lesbekych, est abordé par un jeune homme mal vêtu, qui se prosterne avec humilité ; Kléber, ému à l'aspect de misère que décelait la tenue du suppliant, s'approche de lui, et se penche pour l'engager à s'expliquer. Soleyman se relève, et frappe le général d'un coup de poignard qui lui traverse le cœur. Kléber tombe en s'écriant : « Je suis assassiné. » L'architecte Protain, seul témoin de cette horrible scène, accourt pour saisir le meurtrier ; mais il reçoit six coups de poignard, et tombe lui-même sans connaissance. Soleyman se précipite encore sur le cadavre du général et s'acharne à le frapper.

Ainsi périt ce grand guerrier, ce grand capitaine, le même jour, à la même heure, où son frère d'armes, le général Desaix, était tué à Marengo. Quel étrange rapprochement dans la destinée de deux grands cœurs ! mais Desaix mourait un jour de victoire, qui couronnait une carrière de belles actions, et donnait la paix à son pays. Kléber, moins heureux, emportait avec lui, dans la tombe, la fortune de nos armes, et la haute intelligence qui présidait aux destinées de notre puissance dans ces lointains climats.

A la nouvelle de ce forfait, les soldats donnent un libre essor à leur colère, à leur désespoir, et peu s'en fallut que cette ville du Caire, souillée de tant de crimes, ne fût saccagée et offerte en holocauste aux mânes de leur chef.

Trois Ulémas, complices de Soleyman, furent décapités ; le principal coupable eut le poignet brûlé et fut empalé. La douleur ne put lui arracher un seul cri, et lorsque le pal l'eut traversé et fut placé verticalement, le supplicié promena ses regards sur la foule, et prononça d'une voix sonore les paroles sacramentelles : « Il n'y a point d'autre » Dieu que Dieu, et Mahomet est son prophète. » Il n'expira qu'au bout de quatre heures. L'exécuteur du crime était puni ; mais quel châtiment ne méritait pas l'infâme, le lâche visir qui se réjouissait à Jaffa du succès de ses machinations !

On sait que la mort de Kléber fut le prélude de

nos revers en Égypte; l'année suivante, il fallut abandonner cette conquête si chèrement payée du sang de nos braves. Mais l'armée ne voulut pas laisser sur cette terre funeste le corps de son ancien général; et, lorsque ces restes glorieux sortirent du Caire, le canon français les salua; les Turcs eux-mêmes et les Anglais rendirent un dernier hommage au héros par des salves d'artillerie. Partout sur son passage, jusqu'au rivage de la mer, les Fellahs accouraient en foule, et escortaient, les larmes aux yeux, le funèbre convoi. Plus de huit mille Égyptiens s'expatrièrent pour suivre nos soldats, et s'embarquèrent avec eux, à Aboukir, le 9 août 1801.

CHAPITRE XIII.

Une belle Sakye. — Repas de chameaux. — Préparatifs d'un départ pour Jérusalem. — Physiologie du chameau. — Les ânes et les âniers. — Femmes de harem. — Femmes du peuple. — Le mauvais œil. — Le divorce. — Les Levantines et les Européennes.

Jetons un voile sur ces époques de gloire et de douleur; occupons-nous des petits tableaux qui se déroulent incessamment sous nos yeux afin de bien connaître ces contrées dont nous étudions l'histoire et les mœurs.

L'hôtel d'Orient où nous sommes logés, regarde, comme on le sait déjà, la place de l'Esbekyeh. La façade opposée donne sur une rue passablement large au Caire, mais qui ne serait en France qu'une ruelle. Un mur d'environ trois mètres de hauteur la sépare d'un grand terrain où se balancent quelques palmiers au feuillage rare et flabellé. Des milans carnivores et des corbeaux voraces, s'envolent à chaque instant du sommet des arbres y reviennent apportant une proie trouvée dans les immondices de la ville. D'autres fouillent le sol et pénètrent dans les cavités nombreuses du terrain accidenté et défoncé. Enfin, nous distinguons beaucoup de petits tertres recouverts d'une pierre tumulaire placée horizontalement, et accompagnée d'une autre pierre posée debout à l'extrémité de celle-ci. C'est un cimetière que nous avons sous les yeux ; les pauvres masures du quartier Copte, et les constructions supérieures d'un bazar qui en dépend font suite à ce champ des morts et ne sont pas de nature à dissiper l'influence mélancolique d'une telle perspective. Nous fermons à la hâte nos croisées, et nous courons nous installer dans celles de nos chambres qui prennent le jour du côté de la façade principale.

Ici, du moins, il y a de la variété et de l'animation.

Sur la place triangulaire qui sépare notre hôtel du fossé de l'Esbekyeh, nous remarquons d'abord la plus belle sakye que j'aie vue en Égypte. Elle est construite en pierres de taille, et reçoit l'eau du Nil par un aqueduc souterrain. Du fond de la sakye l'eau est montée par un manège que deux buffles font mouvoir; elle se verse d'elle-même dans une rigole à ciel ouvert qui la conduit assez loin en suivant les sinuosités de ce fossé.

En avant de la sakye sont dressées trois tentes près desquelles nous voyons accroupis une douzaine d'Arabes du désert, assez bien vêtus ; un copte qui sert d'interprète ou de drogman est avec eux et paraît leur donner des instructions. Il porte son plus riche costume. Un sabre et deux gros pistolets sont attachés à sa ceinture.

A côté de ce groupe, il s'en trouve un autre encore plus silencieux, qui se compose de sept chameaux agenouillés en cercle autour d'un gros tas d'herbe. Chacun des convives mange avec calme et propreté sans empiéter sur la part de son voisin. Les vivres sont renouvelés trois fois et toujours consommés avec le même calme et la même satisfaction, ce qui dément un peu la réputation de sobriété de ces utiles quadrupèdes, appelés avec raison les navires du désert. Mais la course devait être longue; on veut garnir les grands estomacs des chameaux pour deux jours de marche, cela vaut mieux que de charger sur leur dos leur nourriture acanthacée.

Tout cet ensemble de chameliers, d'interprètes, de chameaux et de maisons de toile, forment l'équipage, la demeure et l'escorte de trois voyageurs partant pour Jérusalem. Les tentes sont défaites, roulées autour du petit mât qui en forme le centre et le pilier, puis attachées sur les flancs de l'un des quadrupèdes; deux autres reçoivent sur leur dos les provisions nécessaires à la caravane. Les quatre derniers servent de montures aux touristes et à leur drogman. Tout le monde sait que les chameaux ont deux bosses, la selle est placée entre ces gibbosités. Au signal du maître, l'animal se met à terre à plat-ventre, le cavalier se place à califourchon. Quand il est assis, et même quelquefois avant la fin de l'opération, le train de devant se relève, ce qui donne au cavalier une secousse capable de lui casser les reins s'il n'était pas averti. Les longues jambes de derrière se redressent à leur tour, nouvelle secousse, mais celle-ci de l'arrière à l'avant assez forte pour jeter l'homme sur le pommeau de la selle et lui briser la poitrine.

Ces minutieux détails nous amusaient et rendaient moins incomplète notre instruction zoologique en ce qui concerne le chameau et l'art de l'employer.

La journée de marche de ce gravigrade est, en moyenne, de huit lieues ; ainsi, quand les Arabes ou Bédouins comptent le nombre de journées de marche d'un point à un autre, il est facile d'en faire la réduction en mesures de longueur de l'Europe.

Les dromadaires n'ont qu'une bosse et peuvent faire jusqu'à trente-cinq lieues dans une journée. On ne les emploie pas comme bêtes de somme et il faut une grande habitude pour supporter longtemps les dures saccades de leur trot.

Le départ de ces voisins mit fin à nos observations, mais voici l'occasion d'en faire de nouvelles: une espèce de procession développée sur un demi-kilomètre de longueur, commence à défiler sous nos yeux, ce sont encore des chameaux. Mais ceux-ci, attachés les uns à la suite des autres, sont conduits par un seul homme placé en tête du convoi. Chaque animal porte une lourde charge de pierres, de poutres et d'autres matériaux de construction. C'est toute une habitation qui passe en détail. La douceur, la patience de ces pauvres bêtes excitaient notre surprise, car les coups de bâton appliqués sur le front les faisaient gémir sans qu'ils s'écartassent de leur rang. Un seul paraissait moins docile ; il avait l'écume à la bouche, signe certain auquel on reconnaît que ces ruminants sont en chaleur. Il y aurait alors quelque danger à s'en approcher.

Le chameau ne semble pas avoir été connu de l'ancienne Égypte, du moins on n'en trouve aucune mention ni dans l'histoire des Pharaons jusqu'à Amasis, ni dans les inscriptions hiéroglyphiques ni dans les signes nombreux qui servaient à exprimer les pensées, ni enfin dans les effigies peintes sur les murs des antiques monuments. Cependant on voit à l'intérieur des chambres sépulcrales la représentation d'une foule d'animaux moins importants que celui-ci. On connaît, à l'aide de ces images, la forme de la plupart des objets en usage. Des tableaux de toute nature et des scènes de la vie privée, sont gravés sur le granit ; et jamais l'art n'a offert chez cette vieille nation la silhouette d'un chameau. Faisons remarquer aussi que ce peuple avait adopté presque tous les animaux comme symboles de ses dieux ; comment le plus doux, le plus utile, le plus nécessaire de ceux dont l'homme a su tirer parti, aurait-il été oublié si alors les Égyptiens l'avaient connu? Une nation qui voyait dans tous les êtres organisés, et jusque dans les végétaux, une sorte de personnification de sa théogonie, qui élevait des temples et consacrait des villes au lion, au bœuf, au loup, au bouc, au chien, au chat, à l'ibis, même au crocodile et au serpent; qui déifiait le Nil et en général les choses utiles ou nuisibles, aurait-elle écarté de ses annales tout ce qui pouvait attester sa reconnaisssance envers ce généreux animal? Cela n'est pas croyable; et, à moins de preuves contraires qui ne sont pas encore produites, on est autorisé à croire que les habitants de l'Égypte, sous les Pharaons, ne connaissaient pas les chameaux.

Nabuchodonosor et Cambyse paraissent être les premiers qui les amenèrent dans la vallée du Nil, l'histoire affirme qu'ils en avaient pour porter les bagages.

Si l'on trouve en Égypte comme partout des bipèdes occupés du soin de nuire à leurs semblables; si les vices de quelques hommes affligent l'âme de l'observateur philanthrope, il faut convenir que, du moins, dans cette contrée, les animaux rachètent en partie par leurs qualités, les imperfections de l'espèce humaine.

Je viens de m'expliquer sur les chameaux, parlons maintenant d'une autre race de quadrupèdes non moins précieuse par les services qu'elle rend à la population.

M. Denon a dit : « Les chameaux sont les char-
» rettes du Caire, les chevaux de selle y tiennent
» lieu de voitures, et les ânes de fiacres. Cet animal,
» sérieux en Europe, toujours plus triste à mesure
» qu'il s'approche du nord, est en Égypte, dans le
» climat qui lui est propre ; aussi semble-t-il jouir
» de la plénitude de son existence. Sain, agile et
» gai, c'est la plus douce et la plus sûre monture
» qu'on puisse avoir ; il va tout naturellement l'am-
» ble ou le galop, et, sans fatiguer son cavalier, on lui
» fait traverser rapidement de longs espaces qu'il
» faut parcourir au Caire. Cette manière d'aller me
» paraissait si agréable que je passais ma vie sur
» des ânes. Peu de temps après mon arrivée j'étais
» connu de tous ceux qui les louent ; ils étaient au
» fait de mes habitudes, portaient mon portefeuille
» et ma chaise à dessiner et me servaient d'écuyers ;
» ils montaient d'autres ânes, et j'allais aussi vite
» qu'avec les meilleurs chevaux, et beaucoup plus
» longtemps. »

Ajoutons qu'il en est de même dans toute l'Égypte ; partout on peut se procurer des ânes de louage, mais au Caire et dans les villes principales on leur met une bride, une selle et des étriers en mauvais état, tandis que dans la Haute-Égypte, il m'a fallu souvent les monter à poil, ce à quoi, d'ailleurs, on s'accoutume aisément. Dans ce cas, à défaut de bride, une baguette ou un *courbache* sert à les diriger.

Presque toujours c'est un enfant de dix à douze ans qui accompagne la monture et qui fait de deux à trois lieues par heure. Quelles que soient la vitesse et la longueur de la course, le conducteur est sur les traces de son âne et le frappe dès qu'il se ralentit. Nous avons fait des excursions de quinze lieues, interrompues par quelques stations, sans que nos coureurs pédestres voulussent se reposer. Il est vrai que leurs vêtements ne les gênent pas ; ils vont pieds nus, et ne portent qu'une chemise de toile de coton bleue, dentelée par les déchirures : c'est un luxe d'y joindre un caleçon de même tissu. Leur tête est couverte d'une *takye*, petit bonnet de coton trop mince pour arrêter les rayons solaires. C'est là, au surplus, le costume général des Fellahs. Tous, hommes et femmes, vont les jambes et les pieds nus ; et si, par extraordinaire, vous en rencontrez dont le costume soit un peu moins misérable, c'est une rare exception, largement compensée par les malheureux qui n'ont pas même un haillon sur le corps.

Les Arabes du désert voyagent sur des chameaux, les grands fonctionnaires de l'Égypte, les officiers supérieurs ont des chevaux de selle, la bourgeoisie locale, les étrangers et tous ceux qui en ont le moyen, montent sur des ânes ; le peuple va à pied. Le nombre des voitures est limité à celle de la famille du Pacha et de quelques consuls ; on ne peut guère s'en servir, les rues étant trop étroites et l'Égypte n'ayant pas de routes. Disons cependant qu'une avenue longue de trois kilomètres conduit du Caire à Choubrah, maison de campagne de Méhémet-Ali, et qu'une autre facilite les communications avec le vieux Caire.

L'extrême chaleur du climat ne permet pas aux Européens de marcher ; l'âne est donc la monture indispensable : c'est sur un âne qu'on va faire ses visites, qu'on va partout, même chez le vice-roi. Un Parisien se met à rire le premier jour en voyant de telles cavalcades ; mais le lendemain il fait comme tout le monde et ne rit plus. Seulement lorsque dans nos excursions un cavalier était brusquement démonté et jeté sur le sable par la chute de sa bête, cet épisode ne manquait jamais d'exciter l'hilarité de tous les assistants à commencer par celui qui en était l'objet.

Le loyer d'un âne avec le conducteur, coûte ordinairement quatre piastres, soit un franc pour une journée entière. Mais quand vous avez payé, l'ânier tend la main et de sa voix enfantine il demande le *bacchid ;* vous ajoutez un supplément, il demande encore ; vous donnez le double, le triple, il demande toujours. Les autres enfants profitent de la circonstance : votre générosité ou votre inexpérience les encourage ; ils viennent aussi réclamer le précieux *bacchid*, plus vous en distribuez, plus vous êtes assailli. Comme vous l'êtes en France, surtout en Picardie, à chaque relai de poste par des bandes de

mendiants. Mais, en Égypte, quand la patience est
à bout, on lève le courbache ; on frappe au besoin
pour se débarrasser des importuns ; tout le monde
se retire en vous adressant un sourire pour que
vous soyez généreux une autre fois ; les coups de
nerfs d'hippopotame donnent une haute idée de
votre position sociale.

Depuis six heures du matin jusqu'à la nuit close,
une troupe d'ânes et d'âniers stationnaient devant
l'hôtel. Aussitôt qu'un voyageur paraissait à la
porte de sortie il était entouré, heurté, foulé par
une vingtaine de baudets ; des cris aigus partaient
à la fois de tous les points : Monsieur ! signor ! mi-
lord ! *bon baudet, pas bon, pas payer.* On le tirait à
droite, on le tirait à gauche ; des âniers cherchaient
à le hisser sur une selle, tandisque d'autres le tirail-
laient pour se l'approprier. L'indispensable courbache devait agir pour terminer la lutte et ouvrir
enfin un passage.

Vous pouvez remettre aux âniers des livres, des
papiers, des étoffes, ils vous les rendront fidèlement
avec la réclamation obligée d'un bacchid. Mais s'a-
git-il de vins, de vivres ou de valeurs métalliques,
il y aura probablement un léger déficit si votre surveillance n'est pas incessante. Je me souviens qu'un
jour où nous parcourions les carrières de granit entre Assouan et la Nubie, les provisions qui devaient
composer notre déjeuner, se réduisaient à un mor-

ceau de pain au moment où nous voulûmes les consommer.

Nous avons vu tout-à-l'heure une longue ligne de chameaux défilant sous nos croisées ; voici une autre procession d'une allure plus vive et composée de bêtes moins colossales. Ce sont quinze ânesses marchant à la suite les unes des autres, et précédées d'un homme bien vêtu, porteur d'un bâton à pomme d'argent et d'un yatagan. Mais quels objets bizarres sont posés sur leur dos? Vus de loin, on pourrait les prendre pour de grandes outres pleines d'encre ; à cinquante mètres ce ne sont plus que des ballons noirs, gonflés par le gaz, et dont les flancs cèdent avec mollesse à l'action du vent qui les fait onduler. En approchant davantage l'incertitude augmente encore, on ne reconnaît plus aucune forme déterminée ; le trot de la monture imprime à toutes ces énormes boules un faible mouvement ondulatoire. Enfin, l'attention redouble et nous parvenons à distinguer de petites babouches en maroquin jaune, dans lesquelles se cachent de petits pieds ; puis deux trous percés à la partie supérieure de la masse, quasi sphérique, nous font reconnaître de beaux yeux qui ne manquent pas d'expression. Plus de doute, ce sont des femmes, des odalisques, c'est le harem d'un riche turc escorté de l'impitoyable eunuque, et suivi de femmes esclaves. La dernière de celles-ci est chargée d'une mission toute spéciale, c'est elle qui, armée de ciseaux ou d'un léger rasoir, a l'honneur de faire disparaitre la pubescence de ces fleurs d'un sérail.

Un immense voile de taffetas, nommé *habbarah*, les enveloppe complètement. C'est ce vilain domino qui, ballonné par l'air, produit la forme désagréable sous laquelle il était impossible de soupçonner le corps d'une jolie femme. Celles-ci étaient mariées, car le *habbarah* était noir ; celui des jeunes filles est blanc. Le voile qui couvre la figure, à l'exception des yeux, est blanc aussi pour l'une comme pour l'autre, il est en mousseline épaisse. Sous le *habbarah*, les femmes portent d'autres vêtements dont plusieurs sont, dit-on, fort gracieux. M. le docteur Clot-Bey les a décrits, moi, qui ne les ai pas vus, j'aurais tort d'en parler.

La condition des femmes de harem n'est pas aussi triste qu'on est disposé à le croire en Europe, parce que nous en raisonnons au point de vue de nos habitudes. Elles ne regrettent ni la liberté, ni les plaisirs sans lesquels nos dames se croiraient excessivement malheureuses. Leur bonheur est de plaire à leur maitre, d'avoir des bijoux, de riches toilettes pour les étaler aux yeux des autres femmes. Leur ambition est d'être mère ; car alors, qu'elles soient esclaves ou mariées, elles ont un rang privilégié et des droits acquis. Elles peuvent, dans ce cas, exiger que le mari ou le maitre les loge et les fasse servir séparément, et celui-ci ne peut plus les répudier sans leur accorder des moyens d'existence, le tout selon ses facultés.

Elles sont généralement fort ignorantes. Nées, pour la plupart, dans l'enceinte d'un harem, leur instruction s'est bornée à la connaissance des devoirs imposés à leur sexe. Le harem a été le théâtre de leurs jeux d'enfance, de leurs peines, de leurs joies ; leurs regards ne s'étendent point au-delà des limites de ce cloître. Elles ne comprennent pas qu'il puisse y avoir une autre manière de vivre pour les femmes : la couture, la broderie, les soins domestiques remplissent leurs journées; et dans les moments de loisir, les chants, les danses des almées, les leçons qu'elles en reçoivent pour développer leurs grâces et les rendre plus séduisantes, les visites de leurs parents, quelquefois même, de leurs amis, font diversion à la monotonie de leur existence. Elles sortent pour aller au bain au moins une fois par semaine et pour rendre les visites qu'on leur a faites.

Le maître est le seul homme admis dans le harem. Cependant, un médecin est quelquefois appelé dans un cas grave ; la malade est couverte de voiles, et un eunuque assiste à la visite. Mais toute femme peut être reçue dans ces mystérieux asiles et y rester des jours entiers. Tant que les visites de dames se prolongent, le mari lui-même ne peut se présenter. Les babouches, déposées à la porte, équivalent à une défense du prophète.

Pendant les longues guerres de l'Hedjaz, du Cordofan, de la Syrie, beaucoup de ces femmes sont restées dans un cruel abandon par l'absence prolongée, ou par la mort des hommes à qui elles appartenaient. Après avoir vendu tout ce dont elles pouvaient disposer, la nécessité les livra aux désordres d'une conduite licencieuse sans les sortir de la misère. L'on m'a assuré que, même encore à présent, plusieurs trouvent le moyen de se soustraire à la surveillance et de nouer des intrigues galantes, dont le but principal est d'obtenir de faibles sommes employées en coquettes superfluités. Des femmes du peuple, et des marchandes de colifichets, sont leurs confidentes et leurs intermédiaires dans ces sortes de négociations.

Leur défaut d'instruction les place, à l'égard de l'homme, dans un tel état d'infériorité que les docteurs musulmans doutent qu'elles aient une âme. Mahomet en doutait aussi, puisqu'il n'a pas rendu obligatoire pour elles l'observation des devoirs religieux qu'il imposa aux hommes.

Les femmes des classes moyennes ne sont pas soumises à une séquestration aussi rigoureuse que les odalisques : un harem exige des esclaves, des eunuques, un grand train de maison. Les gens riches peuvent seuls se donner ces jouissances. Ceux qui n'ont pas une fortune suffisante sont bien forcés d'organiser leurs ménages sur d'autres bases; mais la distance est la même, toute proportion gardée, entre les deux sexes : les droits du mari ou du maître, la dépendance des femmes sont aussi absolus. La seule différence est que l'homme opulent s'entoure de précautions pour garantir autant que possible la fidélité conjugale.

Quant aux femmes de Fellahs, elles ont une liberté de fait assez étendue ; elles fréquentent les marchés pour acheter ou vendre des objets de consommation; elles vont chercher l'eau et se livrent à plusieurs espèces d'occupations extérieures, tandis que leurs maris travaillent sur d'autres points. Les moins pauvres sont vêtues d'un caleçon, d'une chemise blanche, d'une autre chemise en toile de coton teinte en bleu, et d'une pièce de même étoffe qui leur sert tout ensemble de *habbarah*, de voile et de coiffure Elles la placent sur la tête de manière à ce que les deux bouts tombent inégalement sur les épaules. Celui qui a plus d'étendue contourne la taille, l'autre a pour objet essentiel de cacher la figure, chose qu'elles ne manquent jamais de faire à l'approche d'un homme et surtout à l'aspect d'un Franc. Ce serait une souillure ineffaçable que de montrer dans cette circonstance les traits de son visage. Si une femme avait ainsi bravé le *mauvais œil*, elle serait méprisée, haïe et maltraitée par ses co-religionnaires ; c'est à elle qu'on imputerait tous les malheurs présents et futurs. Une personne meurt dans son village, des bestiaux crèvent, la récolte n'est pas bonne, un acte d'injuste cruauté est commis par les agents du fisc, c'est une preuve que le *mauvais œil* opère! c'est la faute de cette malheureuse sur qui s'est dirigé le *mauvais œil*! Cette grossière superstition, dont l'origine est fort ancienne, agit tellement sur les imaginations qu'une femme met plus de soin à cacher son nez et sa bouche que les autres parties de son corps.

Celles qui peuvent disposer de quelques piastres achètent un morceau d'étoffe de couleur et s'en font un voile. Elles l'attachent à la hauteur des yeux à l'aide de chaînettes en cuivre ou en argent, fixées au sommet de la tête, et qui recouvrent le gabellum. Deux gros anneaux de cuivre leur servent de bracelets et font ressortir la beauté de leurs bras. Les plus pauvres n'ont que le caleçon, la chemise bleue et le *habbarah*, toutes ont les jambes et les pieds nus.

Eh bien! ce vêtement, d'une simplicité primitive, ne manque pas d'un certain charme, il laisse à la démarche une entière liberté de mouvements et lui donne une grâce indéfinissable.

L'habitude de porter des objets pesants sur la tête est peut-être ce qui fait acquérir aux femmes de Fellahs cet équilibre, cette souplesse, ces poses à la fois élégantes et majestueuses qui font oublier les haillons dont elles sont couvertes.

Lorsqu'on les voit traversant la plaine, ou s'élevant sur les berges du Nil, portant une amphore, ayant un bras appuyé sur le côté, tandis que l'autre, décrivant un demi-cercle, va se poser gracieusement au-dessus de leur tête pour soutenir le vase, on croirait voir marcher une statue antique ou l'une des Muses grecques dont elles ont été les modèles; et l'on comprend que la Vénus noire d'Athènes ait pu avoir autant d'adorateurs que la blanche. La longue chemise flottante dessine leurs formes et en fait admirer la régularité. Elles ont les bras et les jambes arrondis, les pieds petits et potelés, la colonne vertébrale arquée, les yeux ombragés de longs cils, la poitrine fortement développée et les dents d'une éclatante blancheur. Mais leur bouche est affreuse, leur nez est trop large et un peu épaté; leur teint est bronzé, et elles rendent leur visage tout-à-fait désagréable en se faisant avec de l'indigo une grande tache entre la lèvre et le menton. La paume de la main et les ongles sont teints en rouge avec des feuilles de henné! Une préparation d'antimoine sert à peindre en noir le bord des paupières.

Ces femmes dociles, patientes, actives et courageuses, qui méritent la tendresse et la reconnaissance des hommes, sont les martyrs de notre sexe: leurs maris les emploient aux plus rudes travaux, ils en font des bêtes de somme! mais elles supportent sans murmurer les plus mauvais traitements, et n'adressent que des paroles d'affection, de respect à celui qui fait un usage aussi révoltant de son autorité.

Voyez cet homme silencieux et morose qui marche gravement, ayant pour tout embarras le soin de porter une longue pipe, tandis qu'une pauvre femme le suit chargée de plusieurs enfants qu'elle place sur ses épaules, et d'une foule d'objets amoncelés sur sa tête, sur ses bras, sur son dos; elle se traîne péniblement, elle succombe sous le fardeau. N'importe! le maître va toujours; il faut qu'elle le rejoigne, qu'elle arrive où il lui plaît de conduire son bagage. Sera-t-elle du moins, en récompense de son dévoûment, de sa résignation angélique, le seul objet des brutales caresses de son mari? Non! elle a des rivales ou elle en aura, aussitôt que l'homme égoïste à qui elle s'est donnée voudra satisfaire un nouveau caprice. Heureuse encore si elle n'est pas chassée du foyer domestique par un divorce facile dont les Égyptiens font un scandaleux abus dans la basse classe. Il est peu de Fellahs qui n'épousent successivement une dixaine de femmes, en répudiant, par le seul fait de leur volonté, celles qu'ils avaient. Beaucoup divorcent ainsi quinze fois, vingt fois. On en cite même qui changent régulièrement de compagne quatre fois par an.

On dit que l'opinion publique poursuit de sa réprobation l'homme qui répudie une femme lorsqu'elle a un enfant vivant. Cependant ce fait n'est pas rare parmi les Fellahs. L'enfant suit la mère, elle ne l'abandonne jamais, quelle que soit la misère de sa situation.

Les femmes de Fellahs sont circoncises ; leur extrême fécondité est devenue proverbiale. Des auteurs affirment qu'elles ont un penchant très-prononcé pour le libertinage ; cela peut être vrai, mais il faudrait avoir été établi quelques années en Égypte pour acquérir la certitude du fait. Les voyageurs sont trop souvent disposés à juger sur de simples apparences ; peut-être a-t-on connu, en passant, de malheureuses créatures réduites par la misère à une abjecte condition. Mais croire qu'il en est ainsi de toutes les Égyptiennes, c'est prendre l'exception pour la règle. Tout ce que je puis dire à cet égard, c'est qu'elles semblent très-réservées et dédaigneuses avec les étrangers.

Elles n'ont reçu aucune instruction, je ne crois pas qu'une seule ait appris à lire. Elles ne savent ni coudre ni faire aucun de ces petits ouvrages qui servent de passe-temps au beau sexe d'Europe.

La population féminine de l'Égypte est agréablement augmentée par des Lévantines, des Maltaises, des Grecques et des Italiennes ; mais, par déférence pour les usages du pays qu'elles habitent, elles se condamnent volontairement à une sorte de réclusion presqu'analogue à celle des femmes turques de la classe moyenne. On ne peut guère les voir que dans les réunions de familles ou aux soirées des consuls. Elles suivent pour la toilette les modes de leurs pays.

CHAPITRE XIV.

Quelques Français : Clot-Bey, Lubbert, Rousset, le colonel Varin. — Protection de nos consuls. — Danger d'un péché mignon. — Présomption, jalousie des musulmans, leur dédain pour les chrétiens. — Excentricités d'un voyageur Parisien. — Costume à la Nizam.

Le jour baisse ; l'ombre des maisons et des arbres s'allonge sur le terrain de l'Esbekyed. Nous sortons pour respirer un air tempéré, et nous sommes surpris du silence qui règne autour de nous. La foule a disparu ; on ne voit plus une seule femme du peuple. Nous apprenons que les règlements de police leur défendent de paraître sur la voie publique après cinq heures du soir ; celles qui contreviendraient à cette disposition, sans un grave motif, seraient inévitablement arrêtées. L'heure est la même pour toutes les époques de l'année, parce que la longueur des jours varie peu en Égypte. Il y fait nuit avant sept heures au solstice d'été, et il fait encore jour à cinq heures et demie au solstice d'hiver. Ceci ne surprendra personne, puisque ce pays, situé entre les 31° et 24° degrés de latitude, est de vingt degrés plus rapproché que la France de la ligne équatoriale.

L'on nous apprit également que personne ne devait circuler dans les rues du Caire pendant la nuit sans avoir une lanterne. Le contrevenant est enfermé jusqu'au lendemain dans un corps-de-garde, et ne peut se faire réclamer avant l'heure fixée pour sa délivrance. Cet avertissement n'était pas à dédaigner.

Bientôt la cloche du dîner nous rappelle. Une table entourée de quarante convives nous montre réunies toutes les variétés des physionomies européennes. A la suite d'un repas insuffisant et mal servi, nous allons passer la soirée chez M. de Lavalette, notre consul-général. Là nous faisons la connaissance de M. Benedetti, jeune homme spirituel, déjà mûr pour les affaires, et qui remplissait alors, par intérim, les fonctions de consul français au Caire. Nul n'est plus capable d'occuper ce poste et de s'y faire aimer. Nous y voyons le docteur M. Clot-Bey qui, né dans le Dauphiné, et voué d'abord à une autre profession, s'est acquis la réputation d'un praticien habile dans la science médicale et la chirurgie. Avec un beau traitement et le titre de général, il dirige l'École de médecine, établie par ses soins à Abouzabel, et envoye ses élèves dans les provinces pour traiter gratuitement les malades. C'est une des institutions les plus utiles, une de celles qui pourraient concourir efficacement à régénérer cette nation. M. Clot-Bey a publié sur l'Égypte deux volumes qui embrassent presque toutes les questions. Son œuvre serait encore plus recommandable si la position de l'auteur lui avait permis de dire la vérité sur toutes choses avec une entière indépendance. Nous retrouvons chez M. de Lavalette l'aimable et placide M. Lubbert, ancien directeur de l'Académie royale de musique. C'est maintenant, du moins par la forme, sinon par le cœur, un beau Turc, bien replet, bien moelleux, frais, rosé et compassé. Mais il est toujours de bonne humeur, toujours bienveillant, ce qui le distingue surtout de ceux dont il a emprunté le costume. M. Lubbert fait le charme des petits cercles de Français qui sont ou qui vont en Égypte. Je crois qu'il a le titre d'interprète, attaché au cabinet du vice-roi. Nous y voyons encore d'autres compatriotes au service de Méhémet-Ali : M. le colonel Marie; M. Thibaudier, capitaine du génie; M. Darnaud, qui venait d'explorer le Nil jusqu'au quatrième degré de latitude, sans pouvoir arriver aux sources inconnues cherchées depuis tant de siècles; M. Solon, jeune et savant avocat de Montauban, appelé par le vice-roi pour faire un cours de droit administratif; M. Rousset, chef de bureau à notre ministère des finances, qui s'occupait avec un zèle soutenu et une rare intelligence de réformer les abus, la grande plaie de l'Égypte, et d'organiser tous les rouages d'une bonne administration. Je doute qu'il parvienne à vaincre la résistance, à triompher des intrigues de ces Turcs égoïstes, intéressés au maintien du *statu quo*. Enfin M. Linant, ingénieur des plus capables, qui préside à la direction de tous les travaux d'utilité publique.

Beaucoup d'autres Français, parmi lesquels je citerai M. le colonel Varin, qui commande l'École de cavalerie de Ghyseh ; M. Lambert, ex-saint-simonien, qui dirige l'école Polytechnique, et, par-dessus tout, Soliman-Pacha (ancien colonel Sève), consacrent leurs talents au service du gouvernement égyptien, et font estimer la nation qui a le droit de les revendiquer comme ses enfants.

Quelques-uns de nos compatriotes sont établis comme médecins au Caire, à Alexandrie, et dans quelques autres villes. Plusieurs sont des commerçants honorables ; il en est qui occupent des emplois secondaires auprès du Pacha : je crois même que le chef de ses cuisines est un Parisien.

Toute cette colonie franco-égyptienne est l'élite de la population franque. Elle se distingue par son intelligence, sa loyauté, et par sa manière d'être. Il est rare qu'elle soit l'objet d'une plainte quelconque ; mais, quoique exempte de torts envers les autres, nos concitoyens ont quelquefois des plaintes à former, et alors ils trouvent de chaleureux protecteurs dans nos consuls. Lorsque j'étais au Caire, un Français, qui s'était mis aux gages d'un Pacha, gouverneur d'une province, fut maltraité par son maître, et s'en plaignit à M. de Lavalette. Celui-ci loue à l'instant même un bateau à vapeur, et le lendemain il arrive chez ce gouverneur, à quarante lieues du Caire, pour exiger des excuses publiques. Le Turc refuse ; alors notre consul adresse sa plainte au vice-roi, et demande la destitution et l'ordre d'exil du coupable, et une indemnité pécuniaire de dix mille francs pour la victime. Méhémet-Ali refuse à son tour. L'accusé était un homme important, un favori dévoué qui lui avait sauvé la vie sur un champ de bataille. Raison de plus, s'écria M. de Lavalette, car la question vous devient en quelque sorte personnelle ; et si je n'obtiens pas justice, c'est mon gouvernement qui la réclamera de Votre Altesse. Le vice-roi offrit une somme supérieure à celle exigée, mais à condition que l'affaire n'aurait aucune publicité. Le consul insista. « Il me faut le châtiment de votre préposé ; il me faut une réparation publique, pour qu'on sache, en Égypte comme ailleurs, qu'on n'outrage pas impunément un sujet de la France. »

La négociation dura plusieurs jours ; Méhémet-Ali reprochait à M. de Lavalette son apparente dureté pour un vieillard, sans pouvoir fléchir la volonté calme, polie, mais énergique de son adversaire. Il y avait froideur et presque rupture entre eux. Enfin, au moment où les dépêches du consul allaient porter le fait à la connaissance de son gouvernement, il reçut du vice-roi l'indemnité, le firman de destitution et l'ordre d'exil, tels qu'on les avait demandés, sans aucune restriction. Je rappelle avec plaisir ces détails, non-seulement parce qu'ils font honneur à M. de Lavalette pour qui j'ai beaucoup d'attachement, mais aussi parce qu'ils prouvent que la France, dignement représentée, peut faire respecter ses droits quand elle veut agir avec fermeté et résolution. Je sais d'ailleurs que le viceroi, revenu de sa mauvaise humeur, a donné complètement raison à M. de Lavalette.

La Suisse et les États romains n'ont pas de consuls en Égypte ; les sujets de ces deux nations sont placés sous le protectorat de nos agents, et leur causent passablement d'embarras. Un événement de peu d'importance, mais désagréable par les circonstances accessoires, s'est passé à Alexandrie quinze jours avant mon départ. Je crois devoir le raconter, parce qu'il fournit la matière d'un petit tableau de mœurs. La jeune femme d'un Fellah, autorisée par son mari pour des motifs que je n'ai pas besoin d'indiquer, était restée une nuit entière dans la maison d'un Suisse établi depuis quelques années en Égypte. Les voisins entendirent du bruit, soupçonnèrent la vérité ; et dès le point du jour, la maison fut entourée d'une populace furieuse. Les agents de la force publique interviennent ; on va chercher le *zabit-bey*, chef de la police locale ; il s'enquiert des motifs de cette émeute, et il apprend qu'une femme du pays est accusée d'avoir eu commerce avec un damné! crime affreux qui dégrade la race musulmane; tache hideuse qui doit se laver avec du sang. Le zabit-bey promet bonne justice, mais il défend les voies de fait. Par son ordre, des troupes sont appelées pour protéger la demeure du Giaour; et comme il s'agit d'instruire une procédure criminelle contre un homme protégé par la France, le fonctionnaire se rend au consulat pour se concerter sur le moyen d'éviter un scandale et un malheur.

Le consul et le zabit-bey, qui se prête de bonne grâce au vœu de notre représentant, se rendent, avec une bonne escorte, au domicile de l'accusé. Ils y restent quelque temps, et viennent déclarer à la foule qu'une perquisition minutieuse et sévère a constaté qu'il n'y avait aucune femme dans cette maison. Sur ce, le magistrat turc apostrophe les accusateurs, les traite de visionnaires, de menteurs, et fait chasser tout le monde à grands coups de bâton. Le surlendemain, pendant la nuit, on trouva le moyen de faire évader la femme : elle retourna au domicile conjugal; mais son absence avait été remarquée par les gens du village qu'elle habitait; on sut qu'une grave accusation avait pesé sur elle. Les officieux la pressèrent de questions, et se chargèrent sans doute de venger l'infraction commise aux lois du prophète, car, peu de jours après, les flots de la mer rejetaient le corps de la jeune femme sur la grève, auprès d'Alexandrie.

Telle est la scène dont j'ai été le témoin. Elle prouve que la masse du peuple égyptien est encore bien en arrière des principes de tolérance adoptés par le vice-roi. Ces malheureux, que leurs co-religionnaires traitent avec la dernière cruauté; ces ilotes déguenillés, dont l'affreuse condition excite notre pitié, se croyent des êtres privilégiés que le contact d'un chrétien avilit dans ce monde et condamne à des remords éternels; ils se regardent comme seuls dignes de s'asseoir au pied du trône de Dieu; tandis que nous, enfants du Démon, nous sommes à jamais maudits; notre souffle impur pourrait ternir la couronne d'immortalité que Mahomet a dorée pour eux. Nul doute que la jalousie ombrageuse des musulmans n'entretienne ces préventions déplorables et ces brutales antipathies. Que de temps encore doit s'écouler avant qu'une nation aussi stupide puisse jouir de tous les bienfaits de la civilisation !

Si les Français résidant en Égypte savent se concilier l'estime des classes supérieures, il n'en est pas toujours de même des voyageurs qui vont y promener leur désœuvrement. L'on m'a cité des fashionables de Paris, galants lépidoptères, qui, fatigués peut-être d'effeuiller nos délicieux parterres émaillés de fleurs et de nymphes, allèrent demander aux brûlantes régions du Nil une ardeur qui s'éteignait sur les rives de la Seine. Oubliant la grâce inimitable, la pétillante vivacité, le spirituel et coquet enjouement des sylphides qui les avaient bercés, ils ont demandé et obtenu l'autorisation d'acheter quelques esclaves du sexe féminin ; des Abyssiniennes à la peau noire, aux cheveux collés sous une épaisse couche de graisse, devinrent les odalisques de quelques élégants roués, oracles du bon ton parisien. On affubla les cariatides de robes, de chapeaux, qui les rendirent moins attrayantes, et l'on enferma la semelle épaisse, calleuse et crevassée de leurs pieds dans une chaussure qui les faisait grimacer de douleur. Nos modernes Salomon ne s'en tinrent pas là : ils promenaient publiquement leurs esclaves comme le chevalier de la Manche promenait sa dulcinée ; et l'un d'eux eut le courage de dire dans une orgie : Voilà ma femme. Cette conduite licencieuse scandalisa tout le monde. Il ne faudrait pas beaucoup d'exemples pareils pour rendre les étrangers odieux dans tout l'Orient... Quelques mois plus tard ces amateurs de négresses crurent faire un acte de générosité en déclarant à leurs esclaves qu'elles étaient libres ! libres de quoi ? de mourir de faim, de tomber dans l'état le plus abject, d'arriver au dernier terme de la dégradation de l'espèce humaine ! Voilà le service qu'ils ont rendu à ces malheureuses créatures en les flétrissant aux yeux de la foule, et en leur donnant une liberté dont elles ne peuvent faire aucun usage honnête.

En rappelant avec regret cette fâcheuse anecdote, mon but est de prémunir mes concitoyens contre les dangers de ces écarts. Je gémis des torts qui nuisent à la considération du nom français. Sachons partout, et dans toutes les circonstances, faire respecter le pays qui nous a vus naître.

La presque généralité des Européens fixés en Égypte, et même la plupart des voyageurs, portent le costume à la *Nizam*, composé d'une large culotte attachée sur les hanches, et qui descend jusqu'au dessous du genou sans que les jambes soient séparées; c'est une espèce de jupon, très-court, cousu par le bas, sauf deux trous nécessaires pour passer les jambes; celles-ci sont enveloppées de guêtres agrafées qui ne descendent pas tout-à-fait jusqu'à la chaussure. Une veste ronde, à collet droit, recouvre un ample gilet boutonné et serré jusqu'au cou. Les pieds sont fort à l'aise dans de grandes babouches en maroquin rouge. La tête est couverte du tarbouche en drap de même couleur, sous lequel on place une calotte de coton appelée takye. Cette calotte descend un peu plus bas sur la tête que le tarbouche, et laisse apercevoir une ligne blanche, étroite et circulaire. La ceinture est une bande d'étoffe multicolore et assez longue pour faire trois ou quatre fois le tour du corps. Elle lie ensemble les parties essentielles du vêtement. Un sabre bancal y est ordinairement attaché.

La veste, la culotte et les guêtres sont en drap de couleur sombre. On laisse aux cawas, aux janissaires et autres gens de service les nuances claires ou trop apparentes.

Pour endosser ce costume, il faut commencer par se faire raser la tête, condition de rigueur, si l'on ne veut pas transpirer outre mesure, car on ne se décoiffe jamais.

Cette sorte d'uniforme est beaucoup moins gênante que nos lourds habits, nos cravates, nos pantalons, nos bottes, etc. Je n'ai pas voulu déroger à mes vieilles habitudes, mais j'en ai souffert. Il a un autre avantage : les gens de la campagne craignent celui qui le porte, parce qu'ils voient en lui un véritable Turc.

CHAPITRE XV.

Les Almées. — Abas-Pacha et Sophie. — Les cawales. — Les cafés. — Passe-temps des Turcs. — Le café et la pipe. — Les chanteurs, le tarabouka. — Les Ophtalmies et leurs causes. — Les mouches. — Grand nombre d'aveugles. — Les insectes. — Les chiens. — La chirurgie barbare. — Remède infaillible, infusion du Coran.

Avant d'aller plus loin dans mes récits, je dois solliciter l'indulgence pour l'espèce de désordre qui s'y fait remarquer. Si c'est un tort aux yeux du lecteur, je le prie de réfléchir que je n'écris pas l'histoire de l'Égypte. L'historien peut classer méthodiquement, et par leur analogie, tous les matériaux de son livre, mais il me semble qu'un voyageur fait mieux de raconter les choses telles qu'il les a vues successivement. Ses matériaux, à lui, ce sont des souvenirs, des anecdotes qui se placent à mesure qu'on se les rappelle. Ceci posé, revenons à nos études sur le Caire ; continuons à décrire ce qui frappe notre attention sur ce grand théâtre de la vallée du Nil.

Tant de personnes ont parlé des almées, qu'elles sont aussi généralement connues que les bayadères indiennes; l'épithète de femme galante leur convient à toutes; il y a pourtant quelque distinction à faire entre elles. Les unes, appelées *oualem* au pluriel, et *almée* au singulier, ne dansent pas, elles chantent. Mais leur voix glapissante et monotone ne pourrait soutenir aucune comparaison avec celle de la plus médiocre de nos cantatrices. Les Turcs opulents les font chanter dans les harems pour amuser leurs femmes, et les paient généreusement. La classe la plus nombreuse de ces courtisanes, celle pour laquelle les Européens ont une prédilection, se nomment *gaouasys*. Elles exécutent des danses lascives qui laissent fort en arrière les imitations de nos plus audacieuses terpsichores de guinguette. Pendant leurs exercices, dont je renonce à décrire les tableaux par respect pour la décence, le bruit de deux instruments de musique, le *tar*, espèce de tambour de basque et le *darabouka*, autre tambour de forme conique, les anime et porte graduellement leur exaltation jusqu'au délire. C'est alors qu'elles paraissent en proie aux emportements d'une passion violente pour quelques-uns des spectateurs à qui elles adressent, sans aucune retenue, de brûlantes provocations. L'usage veut que ceux-ci leur collent, avec la salive, quelques pièces d'or sur le front. Une dame franque ne pourrait, sans se déshonorer, assister à un tel spectacle; mais les *gaouasys*, aussi bien que les *oualem*, vont donner dans les harems des leçons aux femmes et aux filles des Musulmans. C'est scandaleux, mais c'est logique. Là, le beau sexe ne peut triompher par la délicatesse des sentiments, par cette réserve timide qui agit sur nos âmes; il faut parler aux sens et non au cœur de ces hommes blasés.

Une des danseuses les plus renommées de l'Égypte est connue par les étrangers sous le nom de *Sophie*; on la dit belle, gracieuse et très-séduisante. Elle devint la favorite d'Abas-Pacha, gouverneur du Caire et petit-fils du vice-roi; mais elle ne voulut pas aliéner sa liberté, et continuait sa profession chez les gens riches qui lui donnaient au moins trois cents francs par soirée. Abas-Pacha apprenant qu'elle avait dansé dans la maison et en présence d'un chrétien, la fit arrêter et conduire à la citadelle; on l'attacha toute nue sur une planche; elle reçut cent coups de courbache. Quel fut l'exécuteur de cette cruelle flagellation? c'était Abas-Pacha lui-même! Il voulut remplir l'office de bourreau, vocation pour laquelle en effet on le croirait prédestiné, et il goûtait une jouissance, qui le faisait rire aux éclats, à taillader le corps de la sylphide. La pauvre Sophie n'en mourut pas; on assure au contraire qu'elle est toujours fort attrayante. Quand elle fut rétablie on l'exila à Esneh. Elle s'y trouvait encore à l'époque de mon passage.

Les almées sont généralement jolies tant que l'âge, les désordres d'une vie licencieuse et les boissons alcooliques dont elles font un usage immodéré, n'ont pas flétri leurs attraits. Celles dont je viens de parler occupent le premier rang dans cette caste; plusieurs ont acquis un peu de fortune. Elles sont habillées comme les plus brillantes odalisques. Mais il en existe pour tous les degrés de l'échelle sociale : les petites villes, de simples villages en possèdent un certain nombre dont le tarif descend en proportion des moyens pécuniaires de leurs admirateurs.

Autrefois celles de bas étage allaient danser dans les cafés ou tabagies fréquentées par des Musulmans; depuis que le vice-roi leur a interdit les lieux publics et en a exilé un grand nombre dans la Haute-Égypte, il faut être une notabilité du pays et les rétribuer largement pour les faire paraître au milieu d'une réunion d'étrangers.

Malheureusement, un scandale plus odieux a succédé aux agaçantes évolutions des almées, les cawales ont remplacé les bacchantes! Ces cawales sont des hommes d'une révoltante impudicité, qui prennent des vêtements de femmes et exécutent des danses obscènes avec un redoublement de fureur grossière et une effronterie qui dépassent toute limite. Ces misérables vont partout ; ils s'arrêtèrent même plusieurs fois devant l'hôtel pour donner une représentation de ces abominables orgies. Les Musulmans s'en amusent ; il faut de telles excentricités pour les faire sortir de leur apathie!

la dépravation de leurs mœurs est telle, qu'ils deviennent acteurs et complices des actes les plus dégoûtants.

Le gouvernement tolère cet excès parce que, dit-on, c'est une matière à impôt. S'il en est ainsi, mieux valait souffrir les almées, qui payaient de trois à quatre cent mille francs par année. Les contorsions et les poses voluptueuses de ces houris soulevaient l'indignation des ulémas; ils se plaignirent si fréquemment, avec tant d'énergie, au nom de la morale outragée, que le vice-roi dut céder à leurs clameurs. Ces puritains n'ont pas les mêmes scrupules pour les actes cyniques des infâmes cawales.

J'ai dit, tout-à-l'heure, qu'il existait au Caire des cafés; le docteur Clot-Bey assure qu'il y en a douze cents, cela me paraît beaucoup, eu égard à la population et à l'étendue de la ville; mais sans discuter les chiffres, essayons de donner une idée de ces établissements.

A l'angle d'une rue, voisine de notre demeure, nous voyons une porte ouverte, servant d'entrée à une grande salle obscure, malgré la fenêtre à guillotine qui lui donne du jour. Un divan, à peine recouvert de nattes en jonc, règne autour de la pièce dont le sol est un peu plus bas que le niveau de la voie publique. Tout cela est mal tenu, malpropre. Cependant, guidés par un instinct curieux, nous entrons et nous allons nous asseoir au nombre des consommateurs silencieux qui, déjà, garnissent le maigre divan et s'appuyent contre les murs à défaut de coussins. Ce sont des habitués de la moyenne classe. Quelques-uns jouent aux échecs avec de petites chevilles de bois non ciselées, de diverses dimensions, pour représenter les personnages qui composent les deux armées belligérantes; d'autres jouent à une espèce de tric-trac, d'autres laissent échapper deux ou trois paroles monosyllabiques toutes les cinq minutes avec lenteur, dans une conversation qui doit être de longue durée s'ils ont beaucoup de choses à se dire. Le surplus des assistants est immobile comme le dieu Terme. Tout le monde fume. Deux garçons, vêtus de larges pantalons jadis blancs, d'une veste jadis bleu de ciel et d'un turban séculaire, viennent de temps en temps renouveler les pipes et les narghillehs. Nous ne sommes pas oubliés dans la foule : on nous donne aussi des pipes et le café de rigueur; servi dans de petites tasses ressemblant à la moitié d'une coquille d'œuf, et posées sur des coquetiers en métal. Attendu notre qualité d'Européen, on y joint quelques morceaux de sucre, accessoire de mauvais goût aux yeux des vrais amateurs Orientaux qui s'abstiennent de ce mélange. Il en résulte un double avantage pour eux : la saveur de la boisson stimulante n'est pas affaiblie par les matières saccharines, et la dose consommée coûte environ trois centimes (cinq paras) au lieu de coûter une demi-piastre. Ils ont peut-être raison sur l'un et l'autre point : l'économie est certaine et le café, quand on s'est habitué à le prendre sans sucre, est meilleur, du moins en Égypte, car on y consomme d'excellent moka. On se borne à le concasser pour en faire une poudre granuleuse, ou bien on le réduit tout-à-fait en poussière. Dans tous les cas, le marc n'est pas séparé du liquide, et si, avant de le prendre, vous ne laissez pas au résidu le temps de se précipiter, vous avalez infailliblement ensemble le liquide et le solide. Cela m'est arrivé bien souvent, et j'avais fini par m'y accoutumer sans répugnance. Ce café est doux, agréable, et ne m'a jamais fait de mal, malgré la quantité considérable qu'on est en quelque sorte forcé de boire chaque jour. Les Francs ont adopté, sous ce rapport et pour le tabac, les usages des Musulmans ; vous ne pouvez entrer dans aucune maison sans qu'un domestique préposé à cet effet, ne vous apporte un chibouck, longue pipe, garnie d'excellent tabac de Latakie. Ce serait une impolitesse d'en agir autrement, et il y aurait une sorte d'inconvenance à refuser. Le café arrive presque simultanément. Les Turcs ne parlent jamais d'affaire sans avoir accompli à cet égard les devoirs de la bienséance, l'un en offrant, l'autre en acceptant et consommant. Quand la pipe est fumée on vous en donne une autre, à moins que vous ne refusiez formellement. Malgré soi, grâce aux exigences de l'usage, l'on devient rapidement fumeur et grand amateur de moka en

Égypte. Je restais sous ces deux rapports en arrière de mes jeunes compagnons de voyage, et néanmoins il y avait tel jour où j'avalais dix tasses de café et vidais jusqu'à dix pipes. Pour compléter mes dissertations sur ce grave chapitre, disons qu'en présence d'un très grand personnage, qui vous fait servir le *chibouck* ou le *narghilleh*, c'est faire preuve de respect et de bon goût que de se borner à tirer quelques gorgées de la fumée enivrante.

Cette digression nous a beaucoup éloignés de la tabagie dont nous faisions notre observatoire accidentel. Continuons d'expliquer ce qui s'y passe... Le tabac et le café ne sont pas les seules choses dont le débit est considérable : nous voyons servir des sorbets et des verres d'une liqueur qui a beaucoup de rapport avec l'anisette de mauvaise qualité.

Voici de nouveaux visages : deux individus entrent avec une lenteur inquiète, ils consultent le sol du pied avant de faire un pas, et tâchent de s'orienter en étendant la main droite. Ce sont des aveugles. Un des garçons les guide et les fait asseoir au fond de la salle. L'un porte un *tarabouka*, l'autre un *kemengeh*, instrument de musique à deux cordes faites en crins de cheval, et qui résonnent sur une noix de coco percée de petits trous. Nos deux artistes commencent par exercer leur talent musical; des sons monotones et sourds ne caressent pas fort agréablement nos oreilles. Mais chut! le plus jeune des exécutants entonne une chanson; nous, qui ne connaissons pas encore six mots d'arabe, nous étudions la physionomie des autres auditeurs, pour savoir si nous devons être mécontents ou satisfaits : notre amusement consiste à voir les autres s'amuser. Décidément le succès du chanteur est incontestable : dix ou douze têtes, jusqu'alors immobiles, font un mouvement en signe d'approbation, et trois ou quatre gosiers murmurent les dernières paroles du morceau qui vient d'être exécuté. Disposés à joindre notre suffrage aux leurs, comme font les trois quarts des abonnés du Théâtre-Italien qui s'égosillent à crier : *Brava! bravo! bravi!* sans avoir compris un seul mot, et sans connaître une seule note de musique, nous en fûmes empêchés par l'arrivée de quelques-uns des sales cawales dont j'ai parlé tout-à-l'heure. Ils allaient danser. Nous nous hâtâmes de régler notre compte et de sortir.

Nous consacrons ensuite quelques jours à parcourir le Caire dans tous les sens, et nous sommes étonnés du nombre extraordinaire de borgnes et d'aveugles qui se trouvent sous nos pas. Si nous y ajoutons la quantité équivalente de personnes atteintes d'ophtalmie, ayant un œil ou les deux yeux couverts d'un linge taché de matières purulentes, nous aurons un total qui représentera au moins le tiers de la population. On a discuté longtemps sur les causes de cette infirmité, et l'on discute encore sans faire faire un pas à la question ; les hommes de l'art, aussi bien que le vulgaire, n'en raisonnent que par conjectures. Il ne m'est pas donné de venir en aide à la science ; pourtant je suis bien aise de consigner ici mes remarques. La réverbération d'une lumière trop vive et d'une chaleur excessive, le kamsin et la ténuité du sable qu'il maintient en suspension dans l'atmosphère ; les émanations salines, celles que dégagent les lacs dont les eaux sont chargées de natron, la malpropreté, une mauvaise nourriture, ont été successivement accusés de produire ces déplorables effets. Notons d'abord que les écrivains de l'antiquité n'en parlent pas. Si les maladies qui affectent à ce point le plus essentiel de nos organes eussent existé, et, surtout, si elles avaient été spéciales à l'Égypte, ne les trouverait-on pas mentionnées dans les auteurs qui ont parlé de ce pays? Leur silence à l'égard des ophtalmies autorise à penser qu'alors on n'avait pas à gémir de leurs ravages. Mais les voyageurs du moyen-âge en ont dit quelques mots, et les relations de *Bruce*, de *Volney*, de *Burckard*, de *Maillet*, de *Niebuhr*, nous prouvent que l'état de choses actuel existait et n'a guère changé depuis deux siècles. C'est donc à l'invasion des Arabes et à celle des Turcomans, qu'on peut se reporter pour trouver l'origine de ces fléaux.

Si les sables, les vents, la lumière et la chaleur produisaient la cécité, les hordes errantes du désert en seraient atteintes plus fortement que les habitants de la vallée du Nil, ceux du midi plus que ceux du Delta ; mais c'est tout le contraire qui existe. La disproportion est même très-considérable à l'avantage des peuplades nomades et de celles de la Haute-Égypte. D'un autre côté, si l'habitude de coucher sur le sol, dans des huttes en terre, si l'humidité des nuits, les molécules salines, et celles du nitre, avaient l'influence qu'on leur attribue, les Fellahs qui demeurent dans les villages en souffriraient plus que la population des villes, tandis qu'ils en souffrent moins. Enfin si la mauvaise nourriture, la malpropreté et l'insalubrité des habitations en étaient des causes principales, les étrangers, qui vivent à peu de chose près comme en Europe, échapperaient aux atteintes du mal; cependant les voyageurs ne sont guères plus épargnés que les indigènes : l'un de nous a été, pendant huit jours, presque aveugle d'une ophtalmie au Caire, et moi j'ai payé mon tribut de cette nature à Alexandrie. Au surplus, le danger n'est pas grave. Quelques gouttes d'eau de Louqsor, versées trois ou quatre fois par jour sur la glande lacrymale avec le tube d'une plume, jointes à des immersions d'eau fraîche, guérissent en moins d'une semaine. Mais la négligence ou la misère des Fellahs, la superstition qui leur fait croire à l'efficacité d'une prière beaucoup plus qu'à la science des médecins, laissent prendre à la maladie un caractère sérieux : la perte de la vue en est la conséquence naturelle.

On pourrait donc faire disparaître cette triste plaie de l'Égypte; du moins on pourrait conserver les yeux aux gens qu'elle afflige; le moyen est simple et peu coûteux.

L'apathie et les préjugés des Musulmans sont seuls capables de perpétuer une affection aussi facile à combattre.

Ceci ne décide rien relativement à la cause qui la produit; on l'a cherchée partout; le scalpel de l'argumentation s'est promené sur tous les points de la question ; mais peut-être a-t-on oublié l'agent le plus actif de la propagation de cette infirmité ; il s'agit des mouches. Elles attaquent avec tant d'acharnement et de persévérance qu'il est absolument impossible de s'en garantir. On les chasse une fois, dix fois, cent fois; mais lorsque la fatigue, la transpiration excessive, anéantissent les moyens de résistance aux agressions incessantes de l'insecte ailé, on s'abandonne forcément, on laisse agir l'ennemi, on est vaincu.

Quatre mois de séjour en Égypte suffisent pour vous endurcir contre les piqûres des mouches; alors elles vous dévorent sans que vous songiez à les déranger. J'étais d'abord tout surpris d'en voir des douzaines sur la figure de M. Lubbert et de plusieurs autres compatriotes, sans qu'ils fissent aucun mouvement pour les éloigner; mais j'ai bientôt reconnu que le remède était pire que le mal. Il est vrai que dans les grandes maisons, au moment des repas, l'on a des domestiques ou des esclaves, armés de chasse-mouches, qui vous en garantissent momentanément; mais ce n'est là qu'une précaution accidentelle; le reste de la journée vous êtes la proie de ces petites sangsues.

Les gens du peuple n'y font pas attention et ne les sentent pas; et quand un homme ou un enfant est atteint de quelque maladie cutanée, quand il a sur les yeux, la bouche, le nez, etc., une plaie, un mal quelconque, les mouches s'y amassent comme un essaim d'abeilles; elles se nourrissent d'un sang corrompu, de matières infectes; puis elles vont se poser ou se reposer sur une autre figure. Ne peuvent-elles point alors avoir à leurs ailes, à leurs pattes, à leur trompe quelque partie de l'humeur visqueuse contenant les principes de la maladie? Ne peut-il pas résulter de leur piqûre une sorte d'inoculation? n'est-ce pas enfin de cette manière que l'infirmité se transmet d'un malade à une personne bien portante? J'abandonne ces idées aux hommes de l'art, aux observateurs capables d'en apprécier le côté faible ou la justesse.

Il y a beaucoup plus d'aveugles et de borgnes parmi les hommes que parmi les femmes. Cette différence ne proviendrait-elle point de ce que les femmes, du moins après l'âge de l'adolescence, se couvrent la tête d'un voile impénétrable aux insectes? un tel fait ne donne-t-il pas une certaine consistance à mes remarques?

Aussitôt que le jour fait place aux ténèbres, les cousins succèdent aux mouches et sont encore plus dignes de malédiction; car ils assiègent et harcèlent pendant les heures consacrées au repos. Pour nous en garantir, nos lits sont complètement enveloppés de rideaux de mousseline, mais on étouffe sous ces cloisons de gaze; moi, je n'y pouvais dormir, et je soulevais toujours un coin de cette espèce de linceul; c'était ouvrir la porte aux maringouins dont les légions bourdonnaient à mes oreilles. Il fallait mourir asphyxié, ou livrer la moitié du corps à leurs aiguillons. Entre deux maux je choisissais celui qui m'offrait la possibilité de vivre encore un peu le lendemain.

Des insectes d'une autre espèce concouraient avec ceux-ci à l'œuvre de destruction, ils sont encore plus incommodes, plus audacieux; ils s'introduisent partout sans égard pour le lieu, pour l'heure et pour le sexe de leurs victimes : plus le tissu de la peau est léger, plus la limpidité d'un beau sang se laisse deviner sous la transparence d'un épiderme délicat, et plus ils sont altérés et cruels. Je n'avais certes pas à souffrir de cette préférence, mais souvent une gracieuse dame française qui voulait bien nous admettre à ses soirées, excitait l'hilarité de son petit cercle en cueillant sur sa robe blanche et sur ses mains satinées, quelques-unes de ces puces effrontées qui la mettaient au supplice.

A défaut de ces abominables harpies du genre microscopique, qui peut-être descendent en droite ligne des insectes créés par le grand-prêtre Aaron, une classe d'habitants particuliers à l'Égypte aurait suffi pour troubler notre sommeil. Il s'agit des chiens qui, là, vivent à la manière des peuples nomades. Leur forme participe de celle du renard et du chacal; la couleur de leur poil est fauve. Ils n'appartiennent à personne, et semblent venus au monde pour servir d'auxiliaires aux Musulmans dans leurs persécutions contre les chrétiens. Ils sont réunis en troupes, et chaque troupe est en possession d'un quartier de la ville ou d'un village. Malheur à celui d'entre eux qui voudrait empiéter sur le domaine de ses voisins, jamais peuple ne fut moins hospitalier et ne sut mieux garder ses frontières; l'imprudent agresseur ou maraudeur se verrait à l'instant assailli, déchiré par les autres chiens en possession du territoire envahi. Ces quadrupèdes composent au Caire une cinquantaine de tribus dont chacune exploite une certaine étendue de la ville. La même organisation est reproduite sur une échelle plus étroite dans presque toutes les villes et villages; du moins j'en ai vu partout où j'ai été. Ils mangent les immondices jetées sur la voie publique, et les animaux vivants ou morts qu'ils peuvent attraper. C'est donc par des chiens que la capitale de l'Égypte est nettoyée. Sous ce rapport, ils rendent de grands services, puisque sans eux la malpropreté serait encore plus choquante, la putréfaction des bêtes mortes corromprait l'air ambiant, et la multitude des rats finirait par démolir les maisons. Toute cette race canine est douée d'un merveilleux instinct qui lui fait reconnaître un étranger, même sous le costume d'un Musulman. Ils aboient alors, et poussent des hurlements lamentables, sans toutefois oser attaquer les personnes.

Une bande de ces chiens était logée près de nous, dans les ruines d'une maison écroulée depuis six mois. Toutes les nuits, leurs aboiements, le tapage de leurs querelles nous causaient de cruelles insomnies.

Les habitants reconnaissent leur utilité, et l'on fait en sorte qu'ils ne manquent ni de vivres ni d'eau. Malgré l'extrême chaleur, ces animaux ne sont jamais atteints d'hydrophobie. La liberté dont ils jouissent serait-elle un préservatif? C'est sur quoi je n'ai aucune opinion.

On voit fort peu d'hommes boiteux, bossus, manchots ou n'ayant qu'une jambe. La raison en est bien simple : les enfants qui naissent mal conformés ne tardent pas à mourir faute de soins; les adultes, quand ils se cassent un bras ou une jambe, meurent aussi par l'inhabilité des chirurgiens qui les traitent, ou par suite de leur extrême répugnance à laisser faire une amputation nécessaire. Cette répugnance, au surplus, se conçoit aisément, quand on connaît la manière lente et barbare avec laquelle ceux qui exercent la chirurgie opèrent la section d'un membre ; ils martyrisent le malade, et ne savent arrêter l'hémorrhagie qu'en plongeant le moignon dans la poix bouillante. Il est rare qu'un pauvre Fellah survive à tant de souffrances. De là leur éloignement bien naturel à subir l'opération,... puisque d'une façon ou de l'autre il faut succomber, mieux vaut s'épargner les atroces douleurs de l'agonie.

Ce sont les barbiers qui ont usurpé la qualité de chirurgiens, et qui en remplissent les fonctions. On les a réunis en corps sous la direction d'un syndic (*djerrah-bachi*) ; ils ne font aucune étude scientifique, n'ont pas la moindre notion de l'anatomie, et n'acquièrent un peu d'expérience qu'aux dépens des malheureux qui passent par leurs mains. Espérons que le service médical, encore fort incomplet, organisé par Clot Bey, remédiera plus tard à cette affreuse situation. Mais il faut lutter contre l'abrutissement du fanatisme et contre les préventions populaires. Les efforts persévérants d'une philanthropie éclairée pourront-ils jamais en triompher? J'en doute beaucoup!... J'ai vu de jeunes médecins envoyés à Minyeh, à Siout, à Kench ; ils étaient animés du zèle le plus louable, soignaient gratuitement les malades, fournissaient les médicaments, et donnaient même des récompenses pécuniaires. Eh bien! on ne s'adressait point à eux, on les repoussait. Les pèlerinages au tombeau d'un Santon, et les conseils de quelques ignares charlatans, avaient toujours une préférence marquée sur les prescriptions de nos savants.

J'emprunte à Belzoni le récit d'une anecdote qui fera connaître, mieux que mes explications, à quel point l'ignorance et les préjugés religieux ont d'influence même sur les personnages éminents de cette nation hébétée. « Le gouverneur de Choubrah, »*Zulfur-Carcaja*, âgé de 65 ans, avait un gros »rhume. Ma femme lui conseilla de prendre un lait »de poule. La potion fut tellement de son goût, »qu'il continua plusieurs jours d'en boire. Depuis »ce temps, il demandait toujours des nouvelles de »son médecin. Un soir je lui dis que ma femme »souffrait d'un mal de côté. Il me répondit qu'il allait »me donner sur-le-champ un remède pour le faire »passer. Il se leva en effet, et se rendit dans l'in»térieur de son appartement, d'où il revint avec un »livre, qu'il portait avec un air solennel et recueilli. »Assisté du cheick de la mosquée, qui se trouvait »présent, il feuilleta le livre en avant et en arrière; »puis ils convinrent de ce qu'il y avait à faire. On »coupa en triangle trois morceaux de papier de la »grandeur de cartes à jouer; ensuite le cheick y

» écrivit quelques mots en arabe, et me les donna
» en disant qu'il fallait que ma femme attachât, par
» un cordon, un de ces morceaux de papier au
» front, et les deux autres aux oreilles. Il arracha
» aussi un morceau de la peau d'un agneau qui avait
» été immolé pour la fête du *Baïram;* il écrivit
» quelques paroles dessus, et m'engagea à faire ap-
» pliquer ce morceau sur la partie souffrante. Je les
» remerciai de leurs bontés, et emportai ces amulet-
» tes, que j'ai gardées jusqu'à ce jour comme un
» souvenir de la méthode turque de dissiper les dou-
» leurs. Il arriva que ma femme fut un peu mieux
» deux jours après : le vieux gouverneur fut en-
» chanté d'avoir pu s'acquitter de l'obligation qu'il
» lui avait. »

Depuis l'époque de cet incident, l'instruction n'est guère plus avancée, et la croyance à la vertu des amulettes n'a rien perdu de sa force. Les exorcismes sont encore en usage dans les campagnes, et les infusions d'un feuillet du Coran n'ont pas cessé d'être administrées comme le plus efficace de tous les médicaments.

CHAPITRE XVI.

La peste. — Comment elle enrichissait les gouverneurs de l'Égypte. — La peste est-elle contagieuse? — Elle est annuelle, mais variable dans ses effets. — Causes qui la produisent. — Causes qui la font disparaître.

La peste se déclare tous les ans en Égypte, dans les mois de mars ou de février, et attaque toujours quelque point du littoral de la Méditerranée avant de pénétrer plus loin. Est-elle endémique? est-elle importée de la Turquie? C'est ce qui n'est pas encore décidé; mais la majorité des personnes instruites, établies sur les lieux, admettent la dernière hypothèse. Il n'est pas facile d'acquérir une certitude contraire, ou d'avoir la preuve irrécusable de cette origine étrangère. Une quarantaine rigoureuse, imposée sur tous les points de la côte, ne suffirait pas, puisque les communications sont toujours libres par le désert.

Le vice-roi voudrait sérieusement garantir l'Égypte de ce fléau, il a pris quelques mesures utiles : un lazareth, établi en dehors des remparts d'Alexandrie, sert d'hôpital ; on y transporte les malades. L'on met en quarantaine les maisons où des cas de peste se sont déclarés ; des factionnaires interdisent les communications avec l'extérieur, et l'on brûle les vêtements, les meubles qui ont servi aux victimes de la maladie.

Lorsque, de retour de la Haute-Égypte, je rentrai dans Alexandrie, la peste y sévissait depuis deux mois, elle était bénigne. Cependant Méhémet-Ali redoublait d'activité et d'énergie pour arrêter ses progrès : Une commission sanitaire avait pour mission de rechercher et de détruire les causes d'insalubrité. Mais pour atteindre ce but il faudrait tout changer dans le pays : les hommes et les choses. Il faudrait une population instruite, industrieuse, bien logée, bien vêtue, bien nourrie, exempte de préjugés, obéissant aux prescriptions hygiéniques pour la propreté, la nature des aliments, et surtout pour la tempérance. Il faudrait déblayer la voie publique, nettoyer les maisons et les monuments, les blanchir à la chaux, faire disparaître les émanations putrides, afin que l'air ne soit plus vicié ; circonscrire et isoler les cimetières, recouvrir les cadavres de deux mètres de terre, et mille autres précautions essentielles qui, toutes, sont antipathiques aux Musulmans.

Comment veut-on empêcher les effets quand on laisse subsister les causes ? Comment conseiller au peuple, dans l'état d'abjection et d'indigence où les exactions du despotisme l'ont réduit, de faire ce que font les peuples riches et civilisés ! Non-seulement le dogme de la fatalité lui interdit la préoccupation de l'avenir, mais encore, dans le cercle étroit où on l'oblige à se mouvoir, il lui faut toute son activité, toutes ses forces pour subvenir, par un âpre travail, aux nécessités de son existence. Il vit comme il peut, au jour le jour, de la manière la plus misérable. Qu'importe l'intérêt public lorsque les individus ont tant de peine à se défendre contre les angoisses de la faim! le plus grand fléau de l'Égypte, ce sont les Turcs et la religion de Mahomet! La peste ne vient qu'en deuxième ordre ; elle est une conséquence de leur domination. Rien ne prouve en effet qu'elle eût paru avant eux ; on peut donc faire ici une juste application des remarques que j'ai hasardées au sujet des ophthalmies.

Loin de s'attacher à combattre l'épidémie, les dominateurs de l'Égypte en apprenaient autrefois le retour annuel avec satisfaction, et se réjouissaient de ses ravages; voici pourquoi : les villages et les propriétés domaniales se vendaient pour une somme payée comptant ; les acquéreurs n'avaient droit qu'à une jouissance viagère. A leur mort, les fiefs faisaient retour à la couronne, et les délégués du sultan les revendaient à leur profit personnel. « Ils » amassent par ce moyen des richesses immenses, » disait M. de Maillet, consul de France au Caire sous Louis XIV. « J'ai vu vendre trois fois dans » une semaine le même bien, rentré trois fois, en

« sept jours, aux mains du Pacha par la mort de « ceux qui l'avaient successivement acheté. » Les calamités, la dévastation, voilà ce qui convient à cette méchante race des Osmanlis! La peste était leur alliée fidèle, et l'on pourrait la regarder comme un souffle empoisonné sorti de leur poitrine, car dans toutes les contrées où ces hordes de Turcomans ont porté leurs pas, la peste les accompagnait. Voyez la déplorable condition des provinces qui gémissent encore sous leur joug fatal, toutes en sont périodiquement frappées, tandis qu'elle ne franchit point les frontières des pays limitrophes. La chaleur du climat ne peut servir à expliquer ces exceptions, puisque Constantinople est au nord de la Sicile et de l'Espagne. La peste suivrait les Turcs sur tous les points du globe; partout ils en porteraient le principe avec leur incurie indélébile et leur insouciance pour la vie des hommes.

Sans quitter l'enceinte de leurs villes, ils auraient pu voir les bons effets d'une sage prévoyance. Les Francs, sequestrés dans leurs quartiers au Caire et à Constantinople, se préservaient du danger quand ils pouvaient éviter un fâcheux contact. Croirait-on que l'épidémie enleva plus de soixante mille personnes au Caire, dans la seule année 1835, et n'atteignit qu'un petit nombre d'Européens? Croirait-on, comme l'assure M. le docteur Aubert Roche, que la mortalité fut de 54 pour cent parmi les Fellahs d'Alexandrie, et seulement de 5 pour cent dans la population franque? Quelles preuves plus certaines faudrait-il produire, si celles-là ne suffisaient pas, pour constater que l'inertie et la misère ont seules favorisé les progrès du mal. Mais les considérations d'humanité n'agissent pas sur l'esprit des Turcs, et rien ne saurait guérir l'aveuglement des populations qu'ils ont abruties. *Allah kerim!* telle est leur panacée universelle. Quand ils ont prononcé cette phrase sacramentelle, les Musulmans se croient dispensés de tout souci et de tout remords.

Le judicieux Volney a dit : « La chaleur n'est » malfaisante qu'autant qu'elle se joint à l'humidité. » L'hiver fomente la peste, parce qu'il est humide et » doux; l'été la détruit, parce qu'il est chaud et » sec. » Cette dernière remarque est d'une justesse incontestable, puisque la peste disparaît régulièrement vers la fin de juin, époque des grandes chaleurs, et n'attaque jamais la Haute-Égypte, ni la Nubie, ni les peuplades du désert éloignées des rivages de la mer. La reproduction annuelle de ces faits équivaut à une démonstration mathématique, et ne permet pas de douter qu'en effet une haute température, combinée avec la sécheresse, ne soit un excellent préservatif. Quelques personnes, guidées par un sentiment d'humanité, voulurent en administrer des preuves évidentes. Des expériences eurent lieu à Odessa, et furent renouvelées au Caire avec un plein succès ; voici en quoi elles consistèrent : On rassembla les vêtements qu'avaient portés jusqu'au moment de leur décès quatre-vingts personnes mortes de la peste; on les plaça dans une étuve chauffée à soixante degrés; ils y restèrent deux jours; après quoi on les donna à des malheureux qui, moyennant une récompense, voulurent bien s'en servir... Aucun d'eux ne fut malade... M. Krammer, consul-général de Russie, m'en a donné l'assurance formelle.

L'efficacité du calorique étant ainsi démontrée, je m'étonne que l'on n'ait pas encore expérimenté cette heureuse innovation dans les lazarets, pour acquérir une conviction entière ou constater les inconvénients, s'il en existe, qui auraient échappé aux premiers opérateurs. Quand on songe à la longueur des quarantaines, au préjudice énorme qu'elles causent à la navigation et au commerce, on doit regretter vivement un pareil oubli. Le moyen dont il est question, s'il est vrai qu'il produise les résultats indiqués, mériterait bien, ce me semble, qu'on cherchât à en faire une heureuse application.

L'opinion de Bruce sur la cause qui met un terme aux ravages de la peste, est assez bizarre pour que je puisse la reproduire sans la réfuter. Suivant lui l'influence d'une *forte rosée*, produite par la fraîcheur des eaux, amène régulièrement chaque année la cessation du fléau le *jour de la Saint-Jean*. Il veut bien ne pas attribuer ce phénomène à la générosité du bienheureux saint, mais il insiste sur l'énergie salutaire de la rosée, et sur l'invariabilité de la date où elle arrive. Après la Saint-Jean, il n'y a plus de nouveaux malades; et, si nous en croyons le célèbre voyageur, on peut mettre impunément les habits, ou porter le linge des pestiférés!

Quelle énorme distance entre les raisonnements de ce touriste anglais et la profonde sagacité de notre Volney!

Dans les premiers jours où la peste apparaît, les personnes qui en sont atteintes succombent presque toutes; mais ensuite on sauve le tiers, la moitié, et jusqu'aux cinq sixièmes des malades, à mesure qu'on voit approcher la fin de la période dans laquelle elle exerce son action cruelle.

Au surplus, toutes les années ne se ressemblent pas quant au nombre des victimes. Il s'écoule quelquefois plus de quinze années entre deux époques désastreuses. Dans l'intervalle, la peste n'a pas ce caractère affreux qui détruit les populations; elle laisse peu de trace de son passage. Alors, on la redoute médiocrement. Le docteur Gaëtani-Bey, Espagnol, médecin ordinaire du vice-roi, serait même disposé à croire que, dans ce cas, elle n'est pas nuisible à la population : « J'ai fait, me disait-il, une comparaison entre le chiffre des décès en temps ordinaire et en temps de peste; il m'a été démontré qu'à l'exception des années où l'épidémie agit avec une violence inaccoutumée, la mortalité générale était plus faible pendant la durée de la

»peste. Il est donc probable qu'elle absorbe les
» autres maladies ou qu'elle en atténue la mali-
» gnité.

» La mortalité journalière est ordinairement de
» dix-huit à vingt individus à Alexandrie ; eh bien,
» depuis que la peste a reparu, on ne compte que
» huit à douze décès par jour. »

Je traduis ces renseignements tels qu'ils m'ont été donnés par le savant médecin, bien placé pour savoir la vérité ; et j'ajoute que d'autres personnes éclairées confirmaient en partie ces énonciations. Mais on peut leur objecter que le mystère dont s'enveloppent les Musulmans, l'inviolabilité des harems, l'interdit dont sont frappées les maisons où des cas de peste se déclarent, la destruction des objets mobiliers et des hardes, joints à la facilité des inhumations clandestines, ne permettent pas de savoir exactement le chiffre de la mortalité dans les temps de peste. Des motifs d'intérêt disposent les familles à garder le silence quand un des leurs est malade, et à l'enterrer en cachette quand il succombe. Un fait de ce genre s'est passé presque sous mes yeux. Une jeune fille, morte de la peste, fut inhumée nuitamment dans une rue et près d'une maison occupée par des Fellahs. Ceux-ci, deux jours plus tard, devinrent aussi victimes de l'épidémie.

Le docteur Clot-Bey ne croit pas à la contagion de la peste. Sa longue expérience donnait beaucoup de poids à une opinion qui devint momentanément celle de plusieurs médecins associés à ses travaux. La confiance alla si loin que l'un des auxiliaires de Clot-Bey se fit inoculer la peste. Il mourut peu de jours après, mais peut-être ce fut d'une autre maladie. Ceci me rappelle que Desgenettes s'exposa aussi aux conséquences de l'inoculation et n'eut pas à s'en repentir.

Presque tous les médecins ont un sentiment contraire à celui de Clot-Bey, notamment notre célèbre Pariset qui s'est livré particulièrement à l'étude de la question. Peut-être y aurait-il moyen de concilier les savants, ce serait d'admettre qu'au déclin de la maladie, des hommes d'une grande force morale et d'une organisation privilégiée, pourraient accidentellement et dans des conditions spéciales, braver avec impunité le danger de la contagion. Je ne conseillerais toutefois à personne de faire bénévolement une épreuve de ce genre.

CHAPITRE XVII.

La superstition, les Djinns, les Éfrits. — Le mauvais œil, comment on peut le conjurer. — Les Psylles ou charmeurs de serpents. — Anciennes nations de l'Afrique. — Le voyage des Argonautes, origine des Tritons. — Autel des Philènes. — Le jardin des Hespérides et les pommes d'or. — Les Gorgones, Méduse. — Adresse extraordinaire des Psylles. — Les Psylles chez le général Bonaparte.

La peste est une plaie physique, la superstition est une plaie morale. Mais, si la première est emprisonnée dans les possessions du grand seigneur, l'autre s'étend à la surface du globe.

En France, on voit encore dans nos villages bien des gens qui croient aux sortiléges; bien d'autres qui, pour rétablir un membre fracturé ou guérir une maladie, s'adressent à des histrions, dont la science consiste à dire des paroles incomprises, à tracer des lignes avec une baguette et à vendre des drogues dont l'emploi est souvent funeste. Et ne croyez pas que des motifs d'économie soient le prétexte de ces aberrations : les charlatans de la campagne sont beaucoup plus chers que les hommes de l'art. Ne croyez pas non plus que des guérisons accidentelles viennent de temps en temps nourrir la crédulité du vulgaire. Ce serait faire honneur au hasard d'un succès rendu à peu près impossible par le traitement qu'on fait suivre au malade.

Lorsque de telles absurdités se reproduisent journellement sous nos yeux, dans le pays des lumières, peut-on s'étonner de ce qui se passe en Égypte? Les Égyptiens croyent aux Djinns. Les *Djinns* sont regardés comme des génies intermédiaires entre les anges et les hommes ; ils habitent la montagne de *Ckaf* placée au milieu de la terre comme une petite pyramide au milieu d'une table. Les *Djinns* président à la plupart des fonctions de l'homme, et l'on est persuadé que chaque quartier de la ville est sous la protection spéciale de l'une de ces intelligences célestes qui prennent alors la forme d'un serpent. Les *Efrits* sont au contraire des êtres malfaisants. Dieu les enferme pendant la durée du ramazan pour qu'ils ne puissent causer aucun dommage ; mais quand un de ces météores, appelés étoiles filantes, traverse les airs, c'est un dard que l'Être suprême lance à un *Efrit* échappé de sa prison ; aussi le Musulman ne manque-t-il pas de s'écrier : « Que Dieu perce l'ennemi de la Foi. »

Le mauvais œil dont j'ai déjà parlé est le symbole de l'envie. Gardez-vous de faire l'éloge d'une chose quelconque appartenant à un Musulman, ne dites pas en sa présence : C'est très-beau ! c'est admirable ! sans ajouter *Machallah* ! (volonté de Dieu), sinon, tout ce qui pourra arriver de fâcheux à ce même objet sera, évidemment, l'effet du *mauvais œil*. Mais les Musulmans se garantissent contre votre convoitise en disant : *bénis le prophète*. Si vous répondez : *Dieu le bénisse* ! le danger disparaît.

Ils ont encore d'autres préservatifs : une amulette, cousue à la chemise, est un talisman bien précieux lorsqu'elle contient la copie de quelques versets du Coran ou des morceaux du drap qui couvre la maison de Dieu à la Mecque. L'eau du puits de *Zem-Zem* a également une très-grande vertu contre les *Sorts*, les *Éfrits*, le mauvais œil et contre tous les pièges tendus par les autres agents du Diable.

Je ne dirai rien de la divination, de la magie, de l'astrologie, de l'alchimie, auxquelles les Égyptiens ont souvent recours. Ces fausses sciences, réduites aux proportions élémentaires de ceux qui les pratiquent, ne sont propres qu'à grossir le nombre de leurs momeries superstitieuses. Mais les Psylles méritent une mention particulière.

Ces Psylles, ces prétendus ophiogènes, avaient déjà dans la plus haute antiquité la réputation de charmer les serpents. Eusèbe, Pline, Strabon n'ont pas dédaigné de raconter une partie des choses merveilleuses qu'on leur attribuait de temps immémorial ; mais avant d'expliquer leurs exercices, recherchons leur origine.

Il n'est guère possible de mettre en doute l'existence d'une nation qui portait le nom de *Psylle*

Elle occupait un territoire situé vers le vingt-neuvième degré de latitude et le trente-sixième de longitude d'après les cartes de Danville. Ce territoire fait maintenant partie du Beylick de Tripoli.

A une époque inconnue, les *Psylles* voulurent, dit-on, faire la guerre au vent du midi qui desséchait leurs citernes. Ils partirent et furent ensevelis dans les sables, après quoi les Nasamons s'emparèrent de leurs terres (Hérodote.). Pline raconte autrement le fait et dit, d'après *Agatarchide* :

« Les Psylles ainsi nommés de leur roi Psyllus,
» dont le tombeau existe encore dans la région des
» grandes Syrtes, étaient dans l'usage d'exposer leurs
» enfants nouveaux-nés aux serpents les plus cruels;
» c'était un moyen d'éprouver la fidélité de leurs
» femmes, parce que les serpents ne fuyaient pas les
» enfants nés d'un adultère. Cette nation a été pres-
» qu'entièrement exterminée par les *Nasamons* qui
» occupent aujourd'hui ce pays. Toutefois il reste
» encore quelques individus de la race de ceux qui
» avaient pris la fuite ou qui se trouvaient absents
» dans le temps de la guerre. L'odeur de leurs corps
» était pour les serpents un narcotique mortel. »

Il y a peu d'intérêt à rechercher si le roi *Psyllus*, dont le tombeau existait encore au temps d'*Agatarchide*, avait donné son nom aux Psylles, ou si au contraire, il avait reçu le sien de la nation qu'il gouvernait. Cette dernière hypothèse est plus probable que la première : les anciens pouvaient connaître le peuple des *Psylles*, et ne pas savoir comment on désignait leur chef, de là sera née l'habitude de l'appeler le roi Psyllus. Ce nom vient lui-même à l'appui de ma supposition, car il a une désinence latine qui certainement n'existait pas dans les dialectes des peuples de l'Afrique.

Pline cite également l'autorité d'*Isigone* et de *Nimphodore* dont les ouvrages contenaient quelques détails sur les enchanteurs de serpents.

Dans la région méridionale des contrées qu'habitaient les Psylles et les Nasamons, *Calliphane* plaçait les *Androgynes* qui, disait-il, réunissaient les deux sexes. *Aristote* s'est montré encore plus crédule et plus hardi, car il ajoute que les Androgynes *ont le sein droit comme les hommes et le gauche comme les femmes.* Hérodote produit la liste nombreuse des peuples de l'Afrique entre l'Égypte et les colonnes d'Hercule ; il ne parle pas des Androgynes.

Il paraîtrait que les Psylles échappés à la ruine de leur nation, se seraient dispersés en Égypte et dans quelques parties de l'Europe ; peut-être ces émigrations ont-elles été volontaires dans l'unique but d'exercer leur adresse, comme les histrions de tous les pays. Quelle que soit la cause de leur apparition en Grèce et en Italie, soit qu'ils y vinssent comme proscrits, soit qu'ils s'y rendissent par spéculation, ils excitèrent l'étonnement, et initièrent d'autres personnes aux secrets de leur magie. *Cra-*

tès de Pergame parlait de ceux qu'on vit sur les rives de l'Hellespont, *Varron* en parlait aussi et *Pline* assure que les Marses d'Italie conservèrent la vertu de charmer les reptiles, secret qu'ils avaient appris *du fils de Circé.*

Je ne conteste pas que le merveilleux ne soit presque toujours mêlé aux récits de ces anciens auteurs. Souvent la vérité se cache sous le voile d'une allégorie plus ou moins ingénieuse, ou sous la forme de contes ridicules. Il n'en pouvait pas être autrement : les faits se transmettaient par tradition avant d'être consignés dans l'histoire, comment auraient-ils conservé leur simplicité primitive? Mais s'il était donné aux savants de remonter à l'origine de toutes les fables, je suis persuadé que chacune d'elles expliquerait un événement réel se rattachant à des peuples ou à des personnages qui nous paraissent des créations imaginaires.

Quoiqu'il en soit, tant de témoignages se réunissent ici pour attester l'existence des Psylles, soit comme nation ayant occupé un territoire voisin de la Cyrénaïque, soit comme individus appartenant à un peuple de ces contrées, qu'il est inutile d'en produire d'autres preuves.

Mais à quelle époque faut-il donc se reporter pour trouver des nations puissantes et civilisées, des villes florissantes, une belle végétation, sur cette terre aride, sur ces déserts de Barca, de Lybie; sur ces vastes continents de sable, qui s'étendent depuis le

Nil jusqu'au grand Océan, à quelle époque? Nul ne peut le dire, s'il s'agit de trouver dans nos annales une date correspondante ou un événement contemporain. Le monde est vieux, malgré toutes les affirmations contraires; est-il raisonnable de renfermer dans un cercle étroit de cent vingt générations l'existence du globe? N'est-ce pas rendre impossible la solution des hautes questions que soulève l'étude de la géologie? N'est-ce pas donner un démenti aux monuments formés par la main de l'homme dans cette vallée du Nil qui est elle-même une création moderne, une conquête de l'ancien continent sur les eaux de la mer? La chronologie universelle dont on veut imposer la croyance, nous marchande les siècles, comme si les siècles comptaient dans l'éternité. On fait naître Abraham l'an du monde 2008, 352 ans après le déluge! tandis que la date de son arrivée à Memphis correspond au règne d'un Pharaon de la seizième dynastie. On fait naître 425 ans plus tard, Moïse, contemporain de Sésostris qui appartient à la dix-huitième dynastie! Ainsi donc, un intervalle de 777 ans seulement séparerait le déluge du règne brillant de Sésostris, époque où l'Égypte était parvenue au plus haut degré de civilisation et de puissance!

C'est dans le sein de la terre qu'est écrite, non pas l'histoire du genre humain, mais l'histoire du globe. Peut-être que vingt générations d'hommes tels que Cuvier, ne suffiraient pas à classer dans l'ordre où elles ont successivement vécu, toutes les espèces d'êtres qui en ont peuplé la surface. C'est par des approximations arbitraires et par milliers de siècles, qu'il faudrait calculer la période écoulée pendant la formation des couches qui constituent l'enveloppe de notre planète.

Mais s'il nous est impossible de pénétrer les secrets que la haute antiquité cache à nos yeux, pouvons-nous du moins assigner leurs places à tous les faits importants accomplis dans la courte période explorée par les recherches de nos érudits? Hélas, non ! un horizon obscur enferme nos connaissances historiques dans un cercle étroit, au-delà duquel tout est enseveli dans des ténèbres cimmériennes.

Notre antiquité, à nous, ne date que d'hier, si nous la comparons à la véritable antiquité du monde. Le nord de l'Afrique, à l'époque où Cambyse conquit l'Égypte, étalait aux regards les vestiges nombreux d'une civilisation antérieure.

Hérodote nous a laissé la liste de vingt-cinq nations qui peuplaient encore de son temps le sol Africain depuis le Nil jusqu'à Carthage : D'abord les Ammonéens, chez qui existait le fameux temple d'*Ammon-ra*, appelé *Jupiter-Ammon* par les Grecs; les *Garamantes* et les *Asbystes*, qui combattaient sur des chars attelés de quatre chevaux, et qui apprirent aux Grecs à s'en servir; les *Erespérides*, chez qui la fable a placé le fameux jardin des *Hespérides*, où probablement les Hellènes virent pour la première fois des oranges, qu'ils prirent pour des pommes d'or. Ils occupaient une contrée située au fond du golfe de la Grande Syrte, nommé golfe de la *Sidre* par nos géographes modernes; les *Barcéens*, dont la capitale, *Barco*, fut assiégée pendant neuf mois, au temps de Darius, roi des Perses, par une formidable armée d'Égyptiens, et ne fut prise que par une ruse de guerre. Les *Nasamons*, dont j'ai déjà parlé, peuple nombreux chez qui la polygamie était en usage, mais la première nuit des noces tous les convives avaient les mêmes droits que le mari et les faisaient valoir à tour de rôle. Leur manière de prêter serment mérite d'être rapportée : Ils juraient sur les tombeaux des hommes dont la réputation était restée pure pendant toute leur existence, et ils se donnaient mutuellement la foi en buvant réciproquement dans la main l'un de l'autre. Les *Maces*, dont le pays était traversé par le *Cinyps*, fleuve qui descendait de la colline des Grâces, totalement couverte d'une épaisse forêt. Ces Maces se rasaient la tête de manière à laisser une touffe de cheveux sur le sommet : c'est encore ce que font de nos jours la plupart des Musulmans; mais ils prétendent que ce bouquet de cheveux est conservé pour que le prophète puisse les reconnaître et les séparer en les prenant par le toupet lorsqu'il ouvrira le ciel aux vrais croyants. Un autre motif de cette habitude me fut également indiqué par le reiss de notre cange : il disait qu'au moyen de cette précaution, les mahométans dont on coupe la tête n'ont pas à craindre que leur visage soit souillé par des mains impures, puisque les ennemis ou le bourreau prennent la tête par les cheveux plutôt que de toucher une partie des chairs.

A la suite des *Maces*, Hérodote plaçait les *Gindanes*, dont les femmes portaient au bas de la jambe autant de bandelettes de peau qu'elles avaient connu d'hommes. Plus le nombre des bandelettes était considérable, plus on estimait la belle qui en était parée. Puis venaient les *Lotophages* qui mangeaient le fruit du lotos et en faisaient du vin. Puis les *Machlyes* dont le territoire s'étendait jusqu'au *Triton*, fleuve considérable qui traversait le lac *Tritonis* où les Argonautes virent pour la première fois un *Triton*. Ce lac *Tritonis*, situé au sud de la petite Syrte (aujourd'hui le golfe de Cabès), avait donc alors une communication avec la mer puisque le navire des Argonautes a pu y pénétrer. Cette communication a disparu, les marais que Jason eut tant de peine à traverser pour arriver jusqu'au lac sont actuellement remplacés par une terre ferme, circonstance due sans doute à l'amoncellement des sables, charriés par le Triton, et de ceux que les vents du midi ont apportés.

C'est ici le cas de faire observer que l'amour du merveilleux a tellement multiplié les incidents du voyage des Argonautes, en a tellement dénaturé le but, les circonstances accessoires et l'itinéraire, que tout homme de bon sens a dû élever des doutes sur la réalité du fait. L'absurdité, l'impossibilité matérielle des événements a fait regarder l'expédition comme une chose purement imaginaire ; c'est pourquoi le savant Dupuis n'a vu dans les récits de Valérius Flaccus, de Diodore de Sicile, et dans les poèmes d'Appollonius de Rhodes, comme dans celui attribué à Orphée, que des fictions astronomiques.

Mais si, au lieu de faire voyager les Argonautes dans la mer Noire, de les faire revenir par le Danube et le Rhône jusque dans la mer de Sardaigne, après avoir porté leur navire *Argo* sur leurs épaules à travers ces contrées ; si au lieu d'admettre que les cinquante-quatre Argonautes allèrent chercher la *Toison d'or* ou le bélier, dans les états *du Fils du Soleil*, au *nord-est du Pont-Euxin*, et parcoururent à leur retour les côtes d'Italie, la mer Adriatique tous les rivages de la Lybie et de l'Égypte ; si au lieu d'accumuler tant d'explications contradictoires, on s'était rapproché du vrai, si l'on avait présenté l'expédition des Argonautes comme un voyage d'exploration sur les côtes d'Afrique, dans le but d'établir des relations de commerce, ou pour fonder une colonie, ou pour enlever par surprise quelqu'idole d'un riche métal, ou seulement pour étudier les arts, les sciences, les lois, les mœurs de peuples inconnus, alors on n'aurait soulevé aucune objection, alors tout était facile à expliquer, tout était logique et dans l'ordre naturel des choses : la toison d'or, ou le bélier d'or, n'était plus qu'une des statues symboliques de la divinité, telle qu'on en voyait dans plusieurs temples de Lybie, notamment au temple de Jupiter-Ammon, car on sait que *Jupiter* ou *Ammon-ra*, était représenté avec une tête de bélier; alors le roi *Ectès, ce fils du Soleil*, ne commanderait plus dans une région du nord, ce serait au contraire sous le soleil brûlant de l'Afrique qu'il aurait eu son empire; cette situation topographique convenait beaucoup mieux à ce prince d'après l'origine qu'on lui supposait : Médée elle-même ne serait plus une habile magicienne de la Colchide, qui, ce me semble, n'eut jamais la réputation de pratiquer la magie autant que les peuples Lybiens, mais seulement une femme de mauvaise conduite, initiée aux secrets dont les Psylles et plusieurs nations d'Afrique étaient dépositaires.

Cette version conforme à l'opinion d'Hérodote, lequel d'ailleurs n'admet pas les amplifications dont on a voulu embellir l'histoire des Argonautes, ne laisse rien subsister de tout ce qui blessait le bon sens. Quant au Triton mentionné par Hérodote avec réserve, tout le monde comprendra que c'est tout bonnement un des habitants des bords du lac Tritonis; les Grecs ignoraient sans doute les noms de ces peuples dans le siècle où vécut Jason, ils les ont désignés par celui du lac près duquel on les a rencontrés. Plus tard les traditions populaires et les poètes, amis du merveilleux, ont fait de ces Tritons les trompettes de Neptune.

Voilà peut-être beaucoup trop de détails sur ce sujet. Revenons à ce que le père de l'histoire nous apprend sur les nations lybiennes, et d'abord, disons une fois pour toutes que les anciens appelaient *Lybie* tout le continent africain, entre l'Égypte et le détroit de Gibraltar, où ils plaçaient les colonnes d'Hercule.

Après les *Machlyes* venaient les *Auséens,* établis sur la rive opposée du lac Tritonis, qui croyaient Minerve née dans leur pays. Les filles célébraient la fête de la déesse par des combats où plusieurs succombaient. On donnait une armure complète avec un casque à celle qui s'était le plus distinguée dans la lutte. Les femmes ne demeuraient point avec les hommes et n'appartenaient à aucun. Les rapports de sexe à sexe étaient libres de part et d'autre. Quand les enfants, élevés par leurs mères, sortaient de l'adolescence, on les conduisait dans une assemblée d'hommes renouvelée tous les trois mois, et celui auquel un enfant ressemblait le plus en devenait le père légal.

Au sud des Auséens, habitaient les *Maxyes* qui se rasaient le côté gauche de la tête et laissaient croître leurs cheveux sur le côté droit, comme font encore de nos jours certains officiers du royaume de Dahomey, sur la côte de Guinée à sept cents lieues de distance du point occupé par les *Maxyes*.

Venaient ensuite les *Zanèces*, qui faisaient la guerre montés sur des chars conduits par leurs femmes ; puis les *Gyzantes* qui se peignaient avec du vermillon, et faisaient un grand commerce de miel, puis enfin les *Atlantes* qui peuplaient la partie orientale de l'Atlas.

Je ne dois pas omettre la Cyrénaïque, l'une des principales subdivisions de la Lybie. *Cyrène*, la capitale, était une ville importante, l'armée qui venait de conquérir Barca n'osa pas l'attaquer. Avant cette date les Cyrénéens avaient dispersé et presque détruit une armée égyptienne commandée par Apriès, prédécesseur d'Amasis, qui fit alliance avec eux en épousant une cyrénéenne.

Il est à présumer que postérieurement à Hérodote, les Carthaginois et les Cyrénéens subjuguèrent la plupart de ces peuples, c'est du moins ce qui résulte implicitement des démêlés qui s'élevèrent entre Carthage et Cyrène sur la limite de leurs possessions ; les nations intermédiaires avaient perdu leur indépendance, autrement il n'y aurait pas eu confinité. Pour terminer le différend, les parties convinrent de choisir chacune deux hommes qui partiraient, en même temps, les uns de Carthage, les autres de Cyrène, et de prendre comme ligne de démarcation le point où ils se rencontreraient. Deux frères, appelés *Philènes*, furent choisis par les Carthaginois et marchèrent si vite qu'ils avancèrent sur les terres des Cyrénéens avant de joindre leurs antagonistes. Ces derniers, furieux, voulurent les faire reculer, et, ne pouvant y parvenir, ils les tuèrent. Pour immortaliser le dévoûment de ces généreuses victimes qui préférèrent la mort à la honte de trahir leur patrie, Carthage fit élever sur leurs tombeaux des autels où l'on sacrifiait comme aux divinités, et qui subsistèrent plusieurs siècles à une petite distance du rivage, au fond du golfe de la grande Syrte. Mais au temps de Strabon ces monuments avaient disparu.

Une partie de la Cyrénaïque s'avance en demi-cercle dans la Méditerranée et forme le côté oriental de ce golfe; c'est dans ces parages que les Lagides avaient fondé trois villes : Bérénice, Arsinoé et Ptolémaïs.

La carte de Danville indique l'emplacement de cette Bérénice tout près de l'endroit où était, dit-on, le jardin des Hespérides, par 32 degrés 05 de latitude et 18 de longitude, méridien de Paris. D'autres villes du nom de Bérénice existaient sur la mer Rouge. Il y avait aussi plusieurs Ptolémaïs, la plus célèbre est aujourd'hui Saint-Jean-d'Acre.

L'Égypte et la Lybie ont prêté aux Grecs presque toutes les divinités de leur théogonie; ces pays ont été en outre le théâtre de la plupart des événements sur lesquels on a composé tant de fables. Il n'entre pas dans ma pensée d'en faire une nomenclature ni d'en rappeler l'origine, mais je dois dire quelques mots de l'histoire des Gorgones, parce qu'elle me paraît se rattacher à celle des Psylles.

Ces Gorgones étaient trois sœurs : Méduse, Euryale et Sténo ; elles habitaient les environs du lac *Tritonis*. Diodore prétend qu'elles étaient guerrières, circonstance qui se rapporte exactement à la nation des *Auséens*; Pline en parle comme de femmes sauvages, ce qui se concilierait encore assez bien avec le caractère guerrier des filles *Auséennes*. Palephate assure que les Gorgones régnaient sur trois îles ; qu'elles avaient une statue de Minerve, haute de quatorze coudées; que Méduse refusa de la livrer et que Persée la tua. Ceci n'a rien non plus de contraire au sens des indications précédentes. Fourmont suppose que les trois sœurs étaient trois vaisseaux ayant à leur proue des figures de femmes coiffées de serpents. Pausanias raconte que Méduse était fille de Phorcus, et dit qu'après la mort de son père elle lui succéda dans le gouvernement d'un peuple qui habitait près du lac Tritonis.

On ajoute que le sang de la Gorgone devint du corail; que Pégase en naquit ; et que des gouttes tombées dans les déserts de la Lybie produisirent des serpents. Tout cela prouve qu'avant l'expédition des Argonautes, Persée avait quitté l'île de Sériphe avec d'autres aventuriers pour en faire une dans un but analogue. Il ramena peut-être vivante ou morte, une de ces femmes belliqueuses qu'il avait eu à combattre et qui savaient se composer une sorte de parure avec les serpents. On peut même supposer, non sans vraisemblance, que Persée fit graver sur son bouclier la tête de Méduse, entourée de serpents, pour rappeler ses exploits et le pays qui en avait été témoin.

Quant au sang de la Gorgone métamorphosé en corail, ce passage fait allusion à la découverte de bancs de coraux sur les côtes de Lybie, découverte qui devint bientôt l'objet d'un commerce avantageux aux Grecs. La naissance de Pégase est une allusion encore plus transparente si l'on veut bien se rappeler que les Grecs apprirent chez les Lybiens l'art de dompter les chevaux, et de les atteler aux chars de guerre. On peut encore admettre que Pégase est l'emblême de l'agilité des chevaux que les Grecs ramenèrent de ces contrées.

D'après une version de la fable, Neptune aurait fait violence à Méduse dans un temple de Minerve; Virgile dit que la tête de la Gorgone était représentée sur la cuirasse de la déesse. Et si nous en croyons Homère, elle était gravée sur le bouclier d'Agamemnon.

Enfin, Pausanias nous apprend que l'on conservait à Tégée des cheveux de Méduse dans un temple de Minerve; donc ces cheveux n'avaient pas été changés en serpents; donc les serpents ne furent ajoutés au fait principal que comme un emblême du pays de la Gorgone. Les Psylles, les enchanteurs de serpents, avaient sans doute causé une grande surprise, une grande terreur aux Grecs, qui par suite de leurs exagérations ordinaires, peuplaient toute la Lybie de serpents. Dès-lors, quoi de plus naturel que d'adopter les reptiles comme figure symbolique de cette contrée?

De cet ensemble de circonstances et d'explications, on peut conclure que la réputation des Psylles remonte à une époque antérieure même aux temps héroïques, et qu'elle a été la raison première des histoires allégoriques modifiées et variées suivant l'imagination des narrateurs.

J'ai lu, je ne sais plus dans quel auteur, que les magiciens chargés par un roi d'Égypte de lutter contre *Aaron* étaient des Psylles; cela est possible, mais ne pouvant citer mon autorité je ne présente ceci que comme un souvenir confus.

Le serpent a joué un grand rôle dans la théogonie de tous les peuples; mais alors les fables se rapportaient aux constellations du grand et du petit serpentaire; elles n'étaient plus que des allusions à la marche des corps célestes. Ce n'est pas ici le lieu de m'en occuper.

Les Psylles habitant l'Égypte, passent pour les plus habiles, et prétendent qu'un homme qui ne serait pas de la race pure de leur ancienne nation, tenterait en vain de les imiter. On en rencontre quelquefois dans les rues du Caire, légèrement habillés, ayant le cou et les bras entourés de serpents, et portant de larges besaces en cuir pour y renfermer ceux qu'ils font sortir ou sont censés faire sortir des maisons. Ils constituent une corporation, et reconnaissent un chef qui se prétend descendu du grand cheick *Reyfajye*.

Malgré la juste prévention et la surveillance dont ils sont l'objet au moment de leurs jongleries, beaucoup de personnes raisonnables leur croient aussi bien que le vulgaire, un don particulier pour charmer les serpents et pour s'en faire obéir. Les reptiles sont nombreux dans l'Égypte, et comme les murs des habitations ne sont que de la boue desséchée, ils s'y introduisent aisément.

Lorsqu'on veut purger une maison de ces hôtes dangereux, on appelle un Psylle. L'enchanteur, armé d'une courte baguette, visite les localités, crache sur le sol, fait claquer sa langue, et prononce la formule suivante :

« Je vous abjure, par Dieu, si vous êtes dehors
» ou dedans, de paraître ; je vous l'ordonne par le
» plus grand des noms ; si vous êtes obéissants, pa-
» raissez, si vous désobéissez, mourez ! mourez !
» mourez ! »

On ne tarde pas à voir un serpent sortir de quelque fissure de la muraille, ou ramper sur le sol.

On suppose que souvent ils trouvent moyen d'introduire dans les maisons explorées par eux, un ou deux serpents dont ils ont arraché les dents avant de procéder à leurs évocations ; ils les cachent sous les aisselles et sous leur bonnet (takye), pour les jeter dans les pièces obscures, où ensuite il leur est facile de les trouver. La dextérité de ces hommes est telle, qu'on ne saurait avoir la preuve de leurs fraudes.

« On peut, dit M. le docteur Clot-Bey, leur faire
» honneur de l'enchantement, sans avoir besoin
» de recourir à la supposition d'un secret imagi-
» naire. »

M. Denon, avant d'expliquer les conditions plaisantes qu'on lui imposait pour l'initier aux grands mystères de ces jongleurs, *pour lui souffler l'esprit*, conditions qu'il ne voulut pas accepter, parce que le mystagogue devait lui cracher dans la bouche, raconte en ces termes une expérience faite dans la maison et en présence de Bonaparte :

« On mit les Psylles à l'épreuve ; ils se répandi-
« rent dans les appartements ; un moment après
» ils déclarèrent qu'il y avait un serpent, ils recom-
» mencèrent leurs recherches pour découvrir où il
» était, prirent quelques convulsions en passant
» devant une jarre placée à l'angle d'une des cham-
» bres du palais, et indiquèrent que l'animal était
» là ; effectivement on le trouva. Ce fut un vrai tour
» de Comus ; nous nous regardâmes et convinmes
» qu'ils étaient fort adroits. »

M. Hamont, qui certes, a trop d'habileté pour être aisément dupe de charlatans, rapporte une anecdote, que je vais transcrire parce qu'elle donnera une idée de l'adresse extraordinaire des Psylles :

« Je ne sais s'il faut croire aux Psylles, j'ignore
» si ces hommes possèdent réellement la vertu d'at-
» tirer et de maîtriser les serpents, comme il en est
» qui subjuguent, par leur regard seul, des ani-
» maux féroces; je rapporterai ce que j'ai vu : En
» 1841 je demeurais au Caire. Je vis deux Arabes
» cheminant ensemble et faisant l'offre d'enlever
» des maisons les serpents qui pouvaient s'y trou-
» ver; j'arrêtai l'un de ces hommes et je l'invitai à
» m'accompagner, lui déclarant qu'il existait dans
» ma demeure un ou deux reptiles dont je voulais être
» débarrassé. Arrivé chez moi, j'enjoignis au Psylle
» de se déshabiller, craignant, lui ai-je dit, qu'il
» n'y eût de la supercherie dans le métier qu'il
» exerçait.

» L'Arabe ôta son bonnet, ôta deux robes, et
» après s'être montré tout nu de la tête aux pieds,
» il me demanda la permission de conserver sa che-
» mise. J'y consentis, mais après avoir acquis la
» certitude qu'aucun serpent n'avait été caché dans
» des plis qu'on aurait pu pratiquer à la chemise.

» Le Psylle ôta son turban, jeta ses robes, et
» nous montâmes ensemble. Personne n'était en-
» tré... Parvenus au haut de l'escalier, j'examinai
» encore mon oracle, je le palpai sur tous les points
» et je l'introduisis dans une chambre à coucher,
» séparée d'une autre par une porte vitrée. Voici,

» lui dis-je, en montrant cette dernière, l'apparte-
» ment où se trouvent les reptiles ! ouvrez, mais je
» désire que vous n'entriez pas. S'il est possible, de-
» meurez à la porte de la chambre. J'espérais, en
» mettant cette condition, suivre plus facilement
» les manœuvres du Psylle et laisser moins de prise
» au charlatanisme, si l'opérateur était un fourbe.
» Il ne fit point d'opposition. Deux de mes amis
» étaient venus me voir, je les invitai à rester près
» de moi et à suivre très-exactement les mouve-
» ments de l'Égyptien. Le Psylle commença. Armé
» d'une baguette très-flexible, il avait retroussé ses
» manches et se promenait autour de la première
» chambre en affectant beaucoup de gravité. Il re-
» gardait le plafond, invoquait le cheick Reyfajye,
» son patron, puis il appelait un serpent. Tout-à-
» coup sa figure s'anima, il devint rouge, et dans
» cet état, en brandissant sa baguette, il adressait,
» en son langage, force imprécations contre le rep-
» tile qu'aucun de nous n'apercevait. Le Psylle
» crachait au mur, puis il ordonna au serpent de
» se présenter. Tout cela se faisait sous nos yeux, à
» nos côtés, et je déclare que l'Égyptien n'a pas
» franchi les limites que je lui avais assignées. Sans
» changer de place, le Psylle porta le haut du corps
» en avant, de manière à pouvoir examiner l'inté-
» rieur de la chambre ; de la main droite il condui-
» sait en haut, en bas la baguette qu'il portait de-
» puis le commencement de ses opérations. Le

» voilà! cria-t-il, le serpent est à moi! Mes deux
» amis et moi, nous regardâmes dans l'apparte-
» ment, et nous vîmes ramper, sur les dalles de la
» deuxième chambre, un long serpent de couleur
» jaune. L'enchanteur nous défendit d'approcher,
» et seul, il alla prendre le reptile qu'il saisit un
» peu derrière la tête, après avoir trois fois craché
» dessus. L'Égyptien annonça qu'un autre serpent
» existait encore dans le même lieu; il répéta les
» premières manœuvres, et, après quelques ins-
» tants, un autre reptile, mais plus petit que le pre-
» mier, apparut également. »

Les Psylles ont dressé des serpents avec lesquels ils font des tours pour amuser les spectateurs. Ils changent en bâton la vipère *hajé* en lui crachant dans la gueule et serrant la tête avec la main. L'animal s'allonge, devient raide et immobile. Ceci explique comment Aaron changea sa verge en serpent ainsi que les magiciens du roi.

CHAPITRE XVIII.

Querelles entre Fellahs. — La plus grosse de toutes les injures. — Le bourreau conduisant une fille au supplice. — Les Santons et leurs priviléges. — Les bains. — La police du Caire. — Comment on punit les contrevenants. — Le Calidji, grande solennité annuelle. — Lettre du Calife Omar au Nil.

MM. Bisson et moi, juchés sur nos quadrupèdes aux grandes oreilles, nous parcourions journellement les quartiers du Caire. A chaque pas, dans les rues aboutissant aux bazars, il fallait nous ouvrir un passage à travers les groupes de Fellahs, hommes et femmes, qui encombraient la voie publique. Ces gens se disputaient presque toujours, faisaient un tapage étourdissant, s'agitaient, se menaçaient violemment et n'en venaient jamais aux voies de fait. Les querelles étaient si fréquentes, l'exaspération atteignait un tel degré, les injures s'échangeaient avec tant de force, que maintes fois nous nous arrêtâmes pour être témoins d'une lutte qui nous paraissait inévitable ; mais les adversaires se séparaient et nous en étions pour nos frais de curiosité. Le Fellah est né pour recevoir des coups et ne sait pas en donner; c'est le privilége de ses maîtres.

La langue Arabe, du moins l'arabe que parlent les Fellahs, n'est pas désagréable à l'oreille par la manière dont les femmes savent l'exprimer; elles ont l'heureuse habitude de n'employer que des paroles caressantes, et de paraître humbles et respectueuses. Mais cette langue est dure dans la bouche des hommes : leur voix glapissante, les sons âcres et gutturaux qu'ils en tirent et la rapidité du débit, donnent une physionomie très-animée à la conversation. Dans leurs disputes, ils épuisent toute la force de leurs poumons à débiter des injures contre l'adversaire, contre sa famille et contre les aïeux jusqu'à la sixième génération, personne n'est épargné; et quand le paroxisme de la colère est arrivé, quand la série des outrages a été parcourue, il en reste un à prononcer, un seul, mais celui-là est tellement affreux que je ne puis faire comprendre jusqu'à quel point il avilit un digne enfant du prophète. Cette grossière et sanglante injure, cette abominable flétrissure morale, consiste à appeler son ennemi *Fils de Chrétien*. C'est là le dernier terme et le plus énergique effort de la fureur.

Nous traversons la principale rue du quartier franc; un spectacle étrange frappe notre attention : c'est un homme, à figure sinistre, qui conduit une femme de moyenne taille entièrement voilée. Cet homme est le bourreau, ou plutôt un des bourreaux du Caire ; il répète de temps en temps une phrase qui signifie : *Voici une fille que je vais mettre à mort parce qu'elle a voulu assassiner sa mère.......* Après avoir ainsi promené la coupable, à pied dans la ville, il la conduisit au Nil, lui brisa l'épine dorsale d'un coup de genou, la mit dans un sac et la jeta à l'eau. Cette pénible rencontre ne faisait aucune impression sur les autres spectateurs, personne ne se dérangeait de ses occupations pour regarder ou pour faire des questions.

Le Coran ne reconnaît pas de saints, et pourtant il y a beaucoup de saints en Égypte. On les appelle Santons. Quelques-uns, pendant leur vie, ont été charitables et vertueux, ou se sont imposé une conduite austère par dévotion ; mais la plupart étaient des hommes privés de leurs facultés intellectuelles. Appliquant dans son acception étroite cette moralité de l'Évangile : « *Bienheureux les pauvres d'esprit, le royaume du ciel est à eux !* » Les musulmans sanctifient les fous et les idiots ; non-seulement ils rendent un culte à ceux qui sont morts, les vivants jouissent de toutes les prérogatives de la sainteté. Les Égyptiens supposent que l'âme de ces malheureux a quitté d'avance son enveloppe terrestre pour se réunir à l'être suprême : « Leur esprit est au ciel, dit le peuple, leur corps seul reste en proie aux misères de ce monde. » Si de tels préjugés font honneur à l'humanité du peuple, les actes qui en sont la conséquence excèdent les limites de la raison. L'homme insensé étant un saint aux yeux de la foule, il peut faire les choses les plus extravagantes, les plus cyniques sans craindre le blâme ; dans toutes les circonstances, les musulmans ont pour eux une vénération, un dévouement à toute épreuve.

Les bénéfices du métier engagent beaucoup d'individus à simuler la folie. Ils appellent sur eux l'attention du public par leur tenue et par la bizarrerie des moyens qu'ils emploient. Les uns dansent toujours, d'autres agitent constamment la tête, la font aller dans tous les sens comme si leur cou n'était qu'une ficelle ; d'autres ne parlent jamais, d'autres répètent sans cesse les mêmes paroles ; quelques-uns restent debout, même en dormant ; il en est qui s'attachent les membres avec des cordes et des chaînes. Beaucoup vont dans un état de nudité complète ; tous sont d'une malpropreté repoussante. Ils vivent d'aumônes qu'on leur apporte. La charité des jeunes filles et des femmes veille avec une touchante sollicitude sur ces êtres dégradés.

Plusieurs Santons venaient journellement se placer à la porte des principales mosquées du Caire. Il en était un parmi eux qui paraissait descendu au dernier degré d'abjection morale et physique : il avait les yeux rouges et sanguinolents, une barbe mêlée et crasseuse, le corps couvert d'une espèce de lèpre. Pour tout habillement il portait un haillon sur les reins. Eh bien, malgré cet état hideux, de jeunes femmes, après lui avoir donné de l'eau, du pain, des fruits ou des sucreries achetées de leurs faibles économies, lui baisaient les mains, la figure, les bras et les jambes avec respect et s'en allaient toutes joyeuses quand le saint ne les avait pas repoussées. On assure que les dames de harem, aussi bien que les femmes de Fellahs, s'abandonnent publiquement à des actes de luxure avec ce même Santon pour mettre un terme à leur stérilité. Personne n'en est scandalisé, au contraire une femme se trouve honorée de recevoir une caresse de ces favoris du ciel. Ces malheureux, comme on peut en juger, ont beaucoup de rapport avec les *Fakirs* de l'Inde et les *Bonzes* de la Chine. Quand un Santon meurt, les Musulmans riches lui font élever un tombeau auquel est jointe une mosquée pour rendre des honneurs à sa mémoire. On voit dans toute l'Égypte de ces sortes d'oratoires, surmontés d'une coupole, et protégés par des sycomores; ils sont ordinairement isolés dans la campagne, mais il en existe aussi dans les villes. Des fondations pieuses qui, par leur immense utilité, méritent des éloges sans restriction, attachent un réservoir d'eau, parfois même une citerne, à chacun de ces tombeaux. Par là, du moins, les Santons après leur mort rendent service à l'humanité. Tout le monde peut se servir de la petite sébile, posée sur une pierre au pied de la citerne, la remplir en poussant un bouton et se désaltérer en buvant une excellente eau qui ne fait jamais de mal.

Lorsque nous étions à Esneh, un charlatan dont le peuple avait fait un saint, vint à bord de notre cange pour nous offrir ses services, comptant bien, disait-il, sur notre générosité. Nous causâmes longtemps avec lui par l'entremise de notre drogman, et demandâmes quelles espèces de services il pouvait nous rendre : « Je puis tout, répondit l'adroit coquin, » grâce à ma profession, et grâce à mes vertus, ajou- » tait-il en riant, j'ai ici un pouvoir illimité. Voulez- » vous des provisions de bouche ? voulez-vous des » étoffes ? voulez-vous des amulettes en grande répu- » tation ? parlez, je vous garantis un rabais de cin- » quante pour cent! » Ses offres allèrent plus loin : à l'en croire il disposait des plus belles femmes du pays et voulait nous déléguer temporairement ses droits à la bienveillance des plus séduisantes houris. N'osant pas nous prêter à cette substitution, et craignant le danger d'un contact entre les damnés et les colombes du Paradis, nous eûmes le mérite du chaste Joseph, et nous laissâmes dans toute leur pureté les futures compagnes du prophète. Si Mahomet daigne, dans sa mansuétude, nous tenir compte d'une telle abnégation, il y aura pour nous une place entre les maudits et les élus.

Quelques verres de punch ayant encore augmenté les dispositions expansives de notre saint homme, il raconta en détail ses tours de passe-passe, et nous donna une représentation abrégée des grimaces, à l'aide desquelles il a le bonheur de passer pour un insensé dans la capitale de la haute Égypte. Tant d'abandon lui avait acquis notre reconnaissance, il en reçut une preuve éclatante ; quatre piastres de vingt-cinq centimes lui parurent une rétribution énorme, elles nous ont valu dans sa bouche le titre d'émir, et des bénédictions qui doivent nous purifier jusqu'à la fin de nos jours.

Les bains de l'Égypte ont eu dès la plus haute antiquité une grande réputation ; Homère les a célébrés. Ils sont encore de nos jours un agréable délassement pour les classes aisées. Les médecins les recommandent comme condition essentielle d'une bonne hygiène. Mahomet, comprenant l'utilité des fréquentes immersions pour la santé des habitants, en a fait une obligation religieuse afin d'être plus sûrement obéi,... S'il eût parlé à l'intelligence de tant de peuples ignorants dont il a réformé le culte, on ne l'aurait pas écouté.

Les Musulmans des hautes classes se baignent donc par dévotion au moins une fois par semaine et toutes les fois qu'ils ont satisfait le plus ardent de tous les désirs sensuels ; le peuple se lave dans le Nil ou dans les canaux. Les femmes de harem font aussi un fréquent usage des bains, et s'y rendent d'autant plus volontiers qu'elles y jouissent d'un peu de liberté : elles y trouvent d'autres femmes, les causeries sont agréables ; on ne redoute pas alors la surveillance des maitres ou des eunuques. C'est dans les bains publics que les belles recluses parviennent quelquefois à nouer des intrigues galantes. Là aussi, elles font faire par une esclave une opération difficile à expliquer, mais qui offre une certaine analogie avec celle que font les barbiers sur le visage des Européens.

Il existe au Caire soixante-dix établissements de bains ; tous ne sont pas également bien tenus et luxueux. La description suivante que j'emprunte à Savary et dont je supprime les détails parasites, fera connaître ce qu'était il y a soixante ans et en quoi consiste encore aujourd'hui un therme de premier ordre, et la manière de s'y baigner : « Les » bains chauds ont conservé dans l'Égypte leur agré- » ment et leur salubrité. Le besoin d'être propre » dans un climat où l'on transpire abondamment » les a rendus nécessaires...... Le premier apparte- » ment que l'on trouve en entrant au bain, est une » grande salle ouverte au sommet, afin que l'air par » y circule librement. Une large estrade, couverte » de tapis et divisée en compartiments, règne à l'en- » tour ; c'est là que l'on dépose ses vêtements. Au » milieu de l'édifice, un jet d'eau qui jaillit d'un » bassin, récrée agréablement la vue.

» Quand on est déshabillé, on se ceint les reins » d'une serviette, on prend des sandales et l'on en- » tre dans une allée étroite, où la chaleur com- » mence à se faire sentir. La porte se referme

»vingt pas on en trouve une seconde, et l'on
»suit une allée qui forme un angle droit avec la pre-
»mière. La chaleur augmente, ceux qui craignent
»de s'exposer subitement à une plus forte dose, s'ar-
»rêtent dans une salle de marbre qui précède le bain
»proprement dit. Ce bain est un appartement spa-
»cieux et voûté. Il est pavé et revêtu de marbre :
»quatre cabinets l'environnent. La vapeur sans
»cesse renaissante d'une fontaine et d'un bassin
»d'eau chaude, s'y mêle aux parfums qu'on y
»brûle. Les personnes qui prennent le bain sont
»couchées sur un drap étendu, où, la tête appuyée
»sur un petit coussin, elles prennent librement
»toutes les postures qui leur conviennent. Cepen-
»dant un nuage de vapeurs odorantes les enveloppe
»et pénètre dans tous les pores.

»Lorsque l'on a reposé quelque temps, qu'une
»douce moiteur s'est répandue dans tout le corps,
»un serviteur vient, vous presse mollement, vous
»retourne; et quand les membres sont devenus
»souples et flexibles, il fait craquer les jointures
»sans efforts, il masse et semble pétrir la chair,
»sans que l'on éprouve la plus légère douleur.

»Cette opération finie, il s'arme d'un gant d'é-
»toffe, et vous frotte longtemps. Pendant ce travail,
»il détache du corps du patient tout en nage, des
»espèces d'écailles, et enlève jusqu'aux saletés im-
»perceptibles qui bouchent les pores. La peau de-
»vient douce et unie comme le satin. Il vous con-

»duit ensuite dans un cabinet et vous verse sur la
»tête de l'écume de savon parfumé.

» Le cabinet où l'on a été conduit offre un bassin
» avec deux robinets, l'un pour l'eau froide, l'autre
» pour l'eau chaude. On s'y lave soi-même; bientôt
» le serviteur revient avec une pommade épilatoire,
» qui dans un instant, et sans douleur, fait tomber
» le poil aux endroits où on l'applique. Les hommes
» et les femmes en font un usage général en Égypte.

» Quand on a bien lavé, bien purifié, on s'enve-
» loppe de linges chauds, et l'on suit le guide à tra-
» vers les détours qui conduisent à l'appartement
» extérieur. Ce passage insensible du chaud au froid
» empêche qu'on en soit incommodé. Arrivé sur
» l'estrade, on trouve un lit préparé ; à peine y est-
» on couché qu'un enfant vient presser de ses doigts
» toutes les parties du corps, afin de les sécher par-
» faitement. On change une seconde fois de linge,
» et l'enfant rape légèrement avec la pierre ponce
» les calus des pieds. Il apporte la pipe et le café. »

Ce qu'on vient de lire est la description d'un
bain complet qui coûte à peu près deux francs,
mais la plupart des baigneurs vont tout simplement
suer dans l'étuve, et donnent quatre ou cinq sols
en sortant.

La police du Caire, placée sous l'administration
supérieure du Divan qui siége à la citadelle, est
exercée par des agents dont le chef a le titre de
Zabit-bey. Ses fonctions ont beaucoup de rapports

avec celles de nos commissaires de police et s'étendent sur toute la ville. Un autre fonctionnaire d'un ordre moins élevé que le Zabit-Bey, a la surveillance spéciale des marchés; c'est le magistrat de la rue. Il se promène accompagné de quelques auxiliaires portant des balances, des poids et des bâtons. Cet ensemble constitue le personnel de la justice, le moyen de constater les délits et d'assurer la prompte exécution des jugements ; le marchand surpris en fraude, soit sur le poids de la marchandise, soit sur le prix auquel les légumes sont taxés, est à l'instant même étendu par terre, sur le ventre, et reçoit le nombre de coups de bâton qu'il plaît au *Mohtessel* (c'est le nom du juge ambulant), de lui faire appliquer. Convenez que c'est là un système admirable pour assurer l'observation des règlements de police et punir les délinquants ! On évite les frais d'huissier, d'avoué, de greffier ; les honoraires des avocats; on épargne à l'accusé les lenteurs, les déplacements ; la magistrature est dispensée du soin de faire des enquêtes, de rechercher les preuves du délit ; elle n'est pas exposée à commettre de fatales erreurs sur l'individualité des coupables, et l'autorité publique n'a pas le désagrément de dresser un procès-verbal de carence quand elle procède à l'exécution des jugements contre des gens qui ont disparu. D'ailleurs le Fellah n'hésiterait pas à recevoir cinquante coups de bâton plutôt que de payer une amende de cinquante centimes...

Vous voyez donc bien que le bâton est un instrument économique et civilisateur !..... Je propose d'en faire un des attributs de Thémis.

Des corps-de-garde assez nombreux, mais très-mal gardés, des agents de bas étage qui surveillent les lieux publics, des patrouilles qui circulent le soir à l'instar des rondes de nuit de la police parisienne, forment le complément du personnel aux ordres du Zabit-Bey. Quant à la police politique, je crois qu'elle consiste dans le dévoûment intéressé des principaux fonctionnaires et des officiers supérieurs turcs qui entourent le vice-roi.

Le Caire est traversé dans toute sa longueur par un canal, appelé *Calidji*, que le sultan *Melek-el-Naser-Mohammeh* fit creuser en l'année 72 de l'hégire correspondant à l'année 693 de notre ère. Il a son point de départ dans le Nil, en face l'île de *Roudah* et tout près du grand aqueduc dont j'ai parlé. Tant que dure la crue du Nil, l'eau arrive dans le canal; alors il pourvoit aux besoins des habitants; après avoir quitté la ville, il se dirige dans les plaines situées à l'orient de la branche de Damiette et les arrose. Mais quand le niveau du Nil n'est plus assez élevé pour que le fleuve puisse alimenter le *Calidji*, c'est-à-dire pendant sept ou huit mois de l'année, cet immense fossé est à sec et devient un réceptacle d'immondices peuplé de reptiles. Comme le fond n'en est pas nivelé, il s'y trouve beaucoup d'endroits creux où l'eau croupit jusqu'à ce qu'elle soit évaporée.

L'ouverture du canal est une grande solennité, elle a lieu tous les ans à l'époque où la hauteur du Nil atteint la limite fixée pour l'inondation, ce qui arrive ordinairement du 15 au 20 août. Des salves d'artillerie, des fanfares, des illuminations sont le prélude de la fête et se marient aux chants des Fellahs. Le fleuve est couvert de barques pavoisées et toute la population joyeuse assiste à la cérémonie. Le vice-roi, escorté de la garnison et de tous les grands fonctionnaires de l'État, vient donner le signal; on jette dans l'eau un mannequin, comme dans l'antiquité on y jetait la représentation en osier de la tête d'Osiris, et bientôt la digue est rompue à coups de canon.

Cette solennité devait être bien imposante lorsque le vainqueur des Pyramides y présidait avec son brillant état-major et ses immortelles légions. C'était le 18 août 1798; une foule immense accourue de toutes parts se joignait aux cent mille personnes sorties du Caire, et saluait de ses acclamations le héros qui promettait à l'Égypte l'indépendance et le bonheur. Par un hasard providentiel, le Nil était monté au degré le plus favorable pour les irrigations. Exploitant avec habileté une circonstance aussi heureuse, distribuant de l'argent au peuple et de riches présents aux Beys, Bonaparte avait excité l'enthousiasme et l'admiration.

« Nous voyons bien, disaient les Arabes, nous
» voyons bien que vous êtes l'envoyé de Dieu, car
» vous avez pour vous la victoire, et le plus beau
» Nil qu'il y ait eu depuis un siècle. » Mais le désastre
irréparable de notre flotte à Aboukir faisait dans
l'âme du général français une cruelle diversion à la
joie causée par cette allégresse passagère.

Reportons-nous à douze siècles en arrière pour
être témoins d'une scène moins imposante mais
non pas moins curieuse.

Amrou, lieutenant du calife Omar, venait de
conquérir l'Égypte, lorsqu'arriva l'époque de l'accroissement du Nil; le fleuve augmentait peu et
tout faisait présager une mauvaise année. Les
Égyptiens voulurent jeter dans le Nil une jeune
vierge, richement parée, prétendant que ce sacrifice, en usage sous les Pharaons, était toujours
suivi d'une crue rapide et d'une abondante récolte.
Amrou ne voulut pas que cet acte barbare fût consommé, et objecta qu'il n'avait jamais eu lieu sous
la domination des Lagides ni sous celle des Romains, pendant une période de dix siècles. Il rendit compte de cet incident à Omar, et le calife lui
répondit : « O Amrou, j'approuve votre conduite et
» la fermeté que vous avez montrée ; la loi mahométane doit abolir ces coutumes barbares. Lorsque vous aurez lu cette lettre, jetez dans le fleuve
» le billet qu'elle renferme. »

Le billet dont il s'agit était ainsi conçu :

« Au nom de Dieu, clément et miséricordieux,
»le Seigneur répande sa bénédiction sur Mahomet
»et sur sa famille. Abd-Allah-Omar, fils de Khettah,
»prince des fidèles, au Nil : *Si c'est ta propre vertu
»qui t'a fait couler jusqu'à nos jours en Égypte,
»suspends ton cours ; mais si c'est par la volonté du
»Dieu tout-puissant que tu l'arroses de tes eaux, nous
»le supplions de t'ordonner de les répandre encore. La
»paix soit avec le prophète! Le salut et la bénédiction
»reposent sur sa famille!* »

Le lieutenant d'Omar exécuta en grande pompe les ordres de son maître, et, si l'on en croit un historien arabe, les eaux montèrent de plusieurs coudées.

CHAPITRE XIX.

Fondation du Caire. — Les Califes. — Origine des Mamelouks. — Masr-Fostat, soit le vieux Caire. — Babylone d'Égypte. — La tente d'Amrou. — Grotte où la sainte famille s'était réfugiée. — Mosquée d'Amrou. — Dominateurs de l'Égypte depuis 2425 années. — Greniers de Joseph. — La sœur d'un bey éprise d'un chrétien et condamnée à mort. — Soliman-Pacha. — Réponse de Clot-Bey à Ibrahim-Pacha. — L'île de Roudah. Les Hébreux, le berceau de Moïse. — Le Nilomètre. — Village de Ghyseh. — Le colonel Varin-Bey. — L'école de cavalerie. — Les fours à poulets ou les couvoirs.

Beaucoup d'écrivains s'accordent à dire que le fondateur du grand Caire était général des troupes de *Moëys*, le premier des califes fathimites, qui vivait vers le milieu du dixième siècle. Une telle énonciation n'est pas suffisante : on pourrait s'étonner de voir un général au service d'un puissant monarque fonder la capitale de son empire. Suppléons au silence de mes devanciers.

Moez-ledin-Allah, le même prince que l'on désigne sous le nom de *Moëys*, régnait en Afrique. La Sicile et la Sardaigne faisaient partie de ses États. La ville de *Tlemcen*, actuellement comprise dans nos possessions africaines, était sa capitale. *Moez le-din-Allah*, fit passer en Égypte une armée de cent mille hommes commandée par *Giauher*. L'Égypte fut conquise rapidement et sans résistance. Le siège de son gouvernement était alors à *Masr-Fostat*, que nous appelons le *vieux Caire*. *Giauher* campait avec son armée entre cette ville et les derniers mamelons du Mokattan. Par ses ordres, un mur fut construit pour entourer et protéger les troupes. Cette enceinte se peupla de maisons, de mosquées, et eut bientôt l'aspect d'une ville. *Giauher* la nomma la Victorieuse (*El-Caherah*), en souvenir de sa facile conquête. Lorsque les négociants vénitiens furent autorisés à s'y établir, ils changèrent *El-Caherah* en *Cairo*.

Telles sont, si nous en croyons M. de Maillet, la véritable origine du grand Caire et l'étymologie de son nom.

Meez-le-din-Allah, qui régnait depuis dix-sept ans en Afrique, commença ainsi la dynastie des califes fathimites en l'année 969, et dota la future capitale de l'Égypte des bienfaits de la civilisation moresque qui brillait déjà en Espagne. Le Caire devint promptement la métropole des sciences et des arts dans l'Orient. Elle ne jouit pas longtemps de cette belle renommée! *Meez-le-din* n'eut pas toujours des successeurs dignes de lui. Deux siècles plus tard, *Salah-el-din* (le grand Saladin) s'empara de leur empire et fonda la dynastie des califes ayoubites. Son règne fut pour ce pays une époque de gloire et de prospérité. Mais un de ses successeurs fit acheter, en l'année 1230, quelques milliers de ces millions d'esclaves que Djenguiskan faisait vendre sur les marchés de l'Asie, et en composa un corps militaire, auquel on conserva le nom de Mamelouk (esclaves).

A l'exemple des gardes prétoriennes, les Mamelouks, originaires du Caukase, de la Mingrélie, de la Géorgie et de la Circassie, ne tardèrent pas à dicter des lois à leur souverain. Ils déposèrent son successeur, et, dès l'année 1250, ils égorgèrent sous les yeux de saint Louis le dernier rejeton de la race de Saladin. Depuis lors, l'Égypte était restée en proie à la tyrannie, aux déprédations de ces étrangers. Ils se recrutaient par de nouveaux esclaves amenés des mêmes contrées, car les Mamelouks n'ont jamais eu de lignée, leurs enfants ne vivaient pas, ou bien, par de rares exceptions, s'ils parvenaient à l'âge viril, leur race s'éteignait à la troisième génération. Si les Mamelouks eussent épousé des femmes indigènes, il n'en eût pas été ainsi, mais l'orgueil de ces esclaves despotes leur faisait dédaigner de telles alliances.

Ils n'épousaient ou ne prenaient pour concubines que des femmes étrangères, comme eux, au climat inhospitalier de l'Égypte.

Cette milice turbulente, sans autre lien social que l'intérêt du moment, ennemie de toute espèce de règle, qui ne soupçonnait pas même l'utilité et la force des institutions civiles, avait pour guides le caprice, la cupidité, l'ambition, et pour moyen la violence. Quarante-sept chefs, successivement élus par les Mamelouks, dans une période de 267 années, et auxquels ils donnaient le titre de Sultan, moururent presque tous égorgés ou empoisonnés.

La conquête de l'Égypte par Sélim Iᵉʳ, en 1517, n'apporta qu'une amélioration momentanée à la malheureuse condition de ce pays. Les Mamelouks, à l'aide de vingt-quatre Beys choisis dans leurs rangs, restèrent les maîtres de l'administration, et continuèrent à traiter les Égyptiens en peuple conquis. Les *Pachas* envoyés depuis lors par les Sultans de Constantinople, n'avaient qu'un pouvoir nominal; ils étaient les instruments craintifs et dociles d'une soldatesque insolente qui les tenait enfermés à la citadelle du Caire et qui les étranglait impunément.

Cette anarchie subsista près de six siècles. Elle fut étouffée par notre domination éphémère de 1798 à 1801, et remplacée par l'usurpation de Méhémet-Ali qui organisa le désordre sur d'autres bases.

Dans une pareille situation, il n'était pas possible de voir florir les arts et les sciences. Le Caire pouvait-il devenir un foyer de lumières sous le joug d'une troupe inintelligente et barbare?... Les causes de sa splendeur avaient disparu avec les princes qui en élevèrent les beaux édifices.

La création du canal nommé Calidji et que Bruce appelle le *fleuve Trajan*, j'ignore pourquoi, car Trajan était mort depuis six siècles lorsque le canal fut creusé, avait accru rapidement la population du Caire. Les maisons se groupèrent sur les deux rives, et lorsque les croisés, sous la conduite d'Amaury, roi de Jérusalem, vinrent en 1167 assiéger Masr-Fostat (le vieux Caire), et que le visir *Chaour* y eut mis le feu plutôt que de la livrer aux Chrétiens, les habitants de la place incendiée allèrent s'établir définitivement au nouveau Caire. *Masr-Fostat*, cité fort importante, avantageusement située sur les bords du Nil, brûla pendant cinquante-quatre jours et fut presqu'entièrement consumée. Elle ne s'est jamais relevée de cette catastrophe; la ville fondée par *Meez-le-din* hérita de tout ce que sa voisine et sa rivale venait de perdre. C'est à ces causes qu'il faut attribuer l'accroissement extraordinaire et rapide du Caire malgré le désavantage de sa position.

M. de Ségur, dans son histoire universelle, dit que l'ancienne *Memphis s'appelle maintenant le Caire*. Son erreur est si matérielle que je me borne à la signaler. Bruce dont la faute est moins excusable, puisqu'il a traversé l'Égypte, assure que le Caire est sur l'emplacement de l'ancienne *Babylone;* d'autres voyageurs ont répété la même assertion sans aucun commentaire. Ils se sont tous trompés, car la forteresse que Ptolémée le géographe a mentionnée sous le nom de Babylone, et dont il reste encore des vestiges, occupait l'emplacement qui devint plus tard la ville de *Fostat*, et non pas celui du grand Caire qui en est distant d'environ deux lieues.

On ignore à quelle époque remonte l'origine de cette même ville nommée *Babylone* ou *Fostat*; mais son heureuse position à l'endroit où l'Égypte commence a être resserrée et comme encaissée entre le Mokattan et les monts Lybiens, permet de supposer qu'il y a eu de tout temps sur ce point une place fortifiée; elle devait être le poste avancé de Memphis du côté de la Basse-Égypte, et pouvait interdire ou protéger la navigation du fleuve.

Quoiqu'il en soit, la Babylone-Égyptienne dont il est question existait avant la fondation d'Alexandrie. Déjà Memphis, dévastée par les Perses, offrait l'image d'une immense ruine; les habitants devaient s'empresser de fuir ce théâtre de tant de dévastations, et le triste tableau de tant de palais et de temples écroulés. Ils se rapprochaient du Delta pour avoir sous les yeux une nature plus riante et de vastes plaines cultivées. Les émigrations furent encore plus nombreuses à l'époque où le siége du gouvernement fut transféré dans les murs d'Alexandrie. Les hautes classes de la population abandonnèrent Memphis, réduite à l'état de nécropole pour chercher les jouissances et la fortune au sein de la jeune capitale. A peine elle sortait du berceau et déjà elle se levait comme une reine fastueuse, resplendissante de richesse et de beauté.

La désertion n'a été ni simultanée ni générale, j'en conviens : des collèges de prêtres et une partie du petit peuple résistèrent à l'entraînement de l'exemple, comme pour assister, en s'amoindrissant chaque jour, à l'anéantissement total de l'antique et glorieuse métropole des Pharaons.

La Babylone d'Égypte n'eut jamais la prétention de rivaliser avec son homonyme, la fille merveilleuse de Sémiramis ; peut-être même avait-elle dès le principe le nom de *Masr* qui veut dire *lieu par excellence*, et n'a-t-elle reçu que pendant l'occupation des Perses le nom de Babylone qu'elle conserva sous les Grecs et les Romains. En tout cas, cette ville avait acquis une assez grande importance puisque, les gouverneurs de l'Égypte, pour les empereurs de Constantinople, y faisaient leur résidence.

Vers l'année 644 (23ᵐᵉ de l'hégire), le Calife Omar, vivement sollicité par les Égyptiens, envoya son lieutenant Amrou à la tête d'une armée pour joindre cette conquête aux provinces de son empire. Amrou vint assiéger *Babylone* défendue par Makaukas, gouverneur de l'Égypte pour l'empereur Héraclius, et s'en rendit maître. Tous les auteurs racontent que pendant le siège une colombe avait fait son nid sur la tente d'Amrou. Le général arabe ne voulut pas déranger l'oiseau favori de Vénus ; il courut s'emparer d'Alexandrie, laissa intacte la tente qu'il avait occupée devant Babylone. Delà est venu le mot *Fostat* qui signifie *tente* et qu'on ajouta au nom *Masr* sous lequel les Arabes désignaient cette ville. Ainsi *Masr-Fostat*, soit le vieux Caire, est bien la même cité que la Babylone d'Égypte, sauf les accroissements temporaires qu'elle avait reçus avant la fondation de *Masr-el-Caherah*.

Il existe encore à Fostat un quartier appelé Babylone ; il forme un carré long, séparé du reste de la ville et entouré d'une forte muraille. On y voit une belle porte qui fut la principale entrée de la forteresse; elle est enterrée d'au moins dix mètres dans le sol, circonstance qui prouve combien s'est élevé sur ce point le niveau du terrain et même le niveau du Nil, car, autant que j'ai pu en juger par un examen incomplet, les eaux du fleuve arrivent maintenant pendant l'inondation, à un point plus élevé que la base du monument. La porte est flanquée de deux grosses tours, hautes d'environ dix mètres au-dessus du cintre, dont une partie est encore visible. Tout ce quartier entouré d'un rempart, est habité par des Coptes, chrétiens hérétiques à la manière d'*Eutichès*, c'est-à-dire qu'ils n'admettent en Jésus-Christ, qu'une seule nature..... Une église desservie par un de leurs prêtres contient une petite chapelle souterraine où, d'après la tradition, la sainte famille se serait retirée pendant quelques jours lorsqu'elle fuyait, dit-on, les persécutions d'Hérode. La chapelle, sorte de caveau, est décorée d'un autel. Le tout est d'un aspect fort misérable et n'inspire qu'un intérêt équivoque, car la plupart des visiteurs chrétiens regardent comme apocryphe l'événement auquel ce lieu doit sa célébrité. Il est vrai que saint Mathieu fait voyager la sainte famille en Égypte pour soustraire le Christ au massacre ordonné par Hérode; mais il est également vrai que, d'après saint Luc, la Vierge, l'Enfant-Jésus et saint Joseph, auraient constamment habité Béthléem et Nazareth pendant l'enfance de Notre-Seigneur, et se seraient rendus tous les ans à Jérusalem. Ces deux versions contradictoires, dues à des écrivains sacrés, autorisent au moins le doute. A défaut de ces différences notoires entre deux apôtres, combien d'autres motifs rendent invraisemblable la petite histoire débitée par les Coptes ! Est-il vrai qu'Hérode, pour faire périr un enfant qui venait de naître, commanda le massacre de tous ceux nés depuis deux ans ! Est-il vrai qu'on ait pu se rappeler après plusieurs siècles les lieux temporairement habités en Égypte par une famille obscure, venue de la Judée, vivant de secours, à laquelle personne ne faisait alors attention, et dont sans doute on ignorait même le nom. Mais ces digressions m'écarteraient trop de mon sujet. Laissons donc *la grotte de la Vierge* jouir à Fostat d'une réputation de sainteté bien ou mal acquise, et faisons un court pèlerinage à la mosquée d'Amrou. Comprise autrefois dans l'enceinte de la ville, elle est maintenant en dehors des habitations. C'est le plus ancien monument construit par les Arabes en Égypte, puisque Amrou l'a fait édifier pendant les premières années de son administration. Il est même probable que la mosquée occupe la place où était la fameuse tente dont j'ai parlé.

Cette mosquée, à peu près abandonnée, avait la forme commune à toutes les autres, mais d'une plus grande dimension. La vaste cour est entourée de deux cent cinquante colonnes toutes dissemblables; elles composent plusieurs rangs de galeries couvertes, et sont en marbre d'un travail incorrect; la fontaine des ablutions et la chaire existent encore, mais plusieurs bâtiments où étaient des bains, un *okel* ou caravansérail, un abreuvoir, etc., ont disparu. Aujourd'hui l'ensemble n'a rien de remarquable et menace ruine de toutes parts. Cependant, lorsque cette cour, ces galeries étaient pavées en mosaïque, lorsque quinze cents lampes étaient suspendues aux poutres transversales qui posent sur les colonnes, lorsque la main du temps n'avait pas mutilé les blocs de marbre blanc, rose, bleu, jaune, et gris perlé qui les composent, cet édifice devait offrir à l'intérieur un coup-d'œil imposant.

Dans les années où la crue du Nil est tardive, le vice-roi s'y rend en grande cérémonie accompagné des ulémas, des cheicks et de toutes les autorités civiles ou militaires. Cet usage, et surtout le nom de son fondateur, font encore de la mosquée d'Amrou un objet de vénération pour les musulmans et de curiosité pour les voyageurs.

Pour terminer l'historique abrégé de *Masr-Fostat*, rappelons que depuis la conquête d'Amrou, c'est-à-dire depuis l'année 644, les califes y faisaient leur séjour, du moins ceux qui habitèrent l'Égypte, car les princes Ommyades, descendant par Omar de la famille des Caraischs, parents de Mahomet, et les califes Abassides, qui leur succédèrent, se contentaient d'avoir un gouverneur en Égypte. Ahmed-Ben-Touloun, à qui ce gouvernement avait été confié par un calife Abasside, se rendit indépendant, et fonda la dynastie des Toulounides, vers l'année 870. On raconte des choses si étranges sur les richesses, le luxe, la magnificence de cet usurpateur, qu'il est impossible de démêler la vérité au milieu de tant d'exagérations. Ses successeurs furent remplacés par les Iskhides, qui furent à leur tour renversés par les Fathimites, en 960. C'est alors que les souverains de l'Égypte ont transféré au Caire le siège de leur gouvernement.

A ces cinq dynasties si nous ajoutons celle des Ayoubites commencée par Saladin en l'année 1171, et qui s'éteignit en 1250, puis les quarante-sept sultans élus par les Mamelouks entre 1250 et 1517, puis la domination des Turcs de Constantinople, qui se rendirent maîtres de l'Égypte à cette dernière date et qui conservèrent jusqu'en 1708 un pouvoir chancelant subordonné aux caprices des Mamelouks, puis notre domination passagère, puis, celle de Méhémet-Ali, nous aurons la succession complète de tous les gouvernements qui pesèrent sur l'Égypte depuis la conquête des Arabes en 644. Et, si à ce résumé, nous joignons les Grecs du bas-empire, les Romains, les Lagides et les Perses, nous verrons se compléter une période totale de deux mille quatre cent-vingt-cinq années, pendant laquelle les nations étrangères ont donné des maîtres à l'Égypte, sans que ce malheureux pays ait pu être un seul jour gouverné par un prince indigène.

Entre Masr-l'ostat et Boulach se trouvent les célèbres magasins appelés les *greniers de Joseph* que par la similitude du nom, plusieurs écrivains ont attribués à Joseph, fils de Jacob. Il est bien certain cependant qu'ils ont une origine beaucoup moins ancienne. Ces greniers sont tout simplement de grands terrains entourés de murailles en briques crues, souvent réparées, et hautes de quatre à cinq mètres : « Ce qu'ils ont de véritablement beau, »c'est la voûte, mais elle ne leur est pas particu- »lière, puisque c'est le ciel même. En effet ils n'ont »pas d'autre couverture. C'est pour cette raison que »tous les ans on déduit à ceux qui en ont la garde »une certaine quantité de mesures de grains, en »considération de ce que les oiseaux, qui s'y ren- »dent en très-grand nombre, peuvent en manger »dans le cours de l'année » (de Maillet).

Les magasins divisés en sept vastes cours, contiennent le blé, l'orge, les lentilles, les fèves et autres denrées amoncelées à une prodigieuse hauteur, et couvertes de nattes. Les portes se ferment avec des serrures de bois; et, attendu que tous ces approvisionnements appartiennent au vice-roi, on appose sur les serrures un cachet de limon du Nil empreint du sceau du Divan.

Une maison d'assez belle apparence devant laquelle nous passions en allant les visiter, nous rappelait un tragique évènement qui coûta la vie à une jeune et jolie femme : c'était la sœur d'un bey au service de Méhémet-Ali; elle demeurait dans cette maison et s'amusait à regarder les passants à travers le treillage dentelé d'un moucharabyeh qui donne sur la rue; derrière ce voile épais elle ne craignait pas les regards des curieux; mais si elle n'était pas vue elle voyait, et à force de voir elle remarqua un jeune italien et conçut une violente passion pour cet étranger. Elle parvint à connaître son nom, sa demeure, et se rendit secrètement auprès de lui. Malgré le mystère dont ses démarches étaient entourées, on eut des soupçons, et des agents la surprirent dans la maison de l'Italien. On la conduisit prisonnière à la citadelle, et sur un simple doute, on la condamna comme présumée coupable d'avoir eu des liaisons avec un chrétien. Cependant, par égard pour le père et le frère de la jeune femme, le vice-roi offrit de la leur rendre et les engagea à lui pardonner. L'orgueil de ces deux hommes triompha des sentiments de la nature; ils résistèrent aux instances de Méhémet-Ali, et dirent que le sang de la criminelle pouvait seul laver la tache faite à l'honneur de leur famille. On suspendit l'exécution du jugement dans l'espoir de fléchir ces âmes de bronze; rien ne put changer leur résolution. Enfin on remit la victime entre les mains d'un homme qui la conduisit, seule et à pied, depuis la citadelle jusqu'au vieux Caire. La pauvre fille ignorait tout. Cependant la vue de son conducteur l'effrayait; elle lui adressait des questions pressantes sans recevoir de réponse..... Quand elle arriva en face de sa demeure, elle voulut y rentrer, mais l'impitoyable gardien lui dit : Marchez encore! et lui plaça une main sur l'épaule. O mon Dieu! où me conduisez-vous? que voulez-vous de moi? Pourquoi mon frère n'est-il pas venu m'accompagner? J'ai peur! Dites-moi de grâce qui vous êtes et quels sont vos projets? A toutes ces demandes que l'infortunée répétait avec angoisse, son compagnon restait impassible et marchait toujours. Parvenu en face de l'île de Roudah, il la fit monter dans une barque, et tandis qu'elle le suppliait à genoux d'avoir pitié de sa frayeur et de lui expliquer son intention, il lui brisa l'épine dorsale, la mit dans un sac de cuir et la jeta au Nil. Le fleuve s'ouvrit et se referma. Un faible remous indiqua pendant deux secondes la place où le cadavre était descendu, et tout fut dit.

J'ai passé maintes fois, et toujours avec un serrement de cœur à l'endroit même où fut accompli ce barbare sacrifice, et je ne puis encore étouffer un sentiment d'indignation contre le misérable qui en fut la cause : il connaissait d'avance le sort réservé à la malheureuse femme : des indiscrétions, peut-être volontaires, l'avaient instruit du moment fixé pour son départ de la citadelle, et de la route qu'on devait lui faire parcourir; c'était à la tombée de la nuit. Rien n'était plus facile que de l'enlever quand elle traversait le grand espace qui sépare le Caire de l'île de Roudah. La distance est de sept à huit kilomètres. On peut même présumer qu'à l'aide d'une faible somme, le bourreau se serait volontiers prêté à la rendre... une grosse pierre, mise dans le sac fatal, eût alors remplacé le corps de la victime... On n'a rien fait, rien tenté pour la sauver.

L'ancienne ville de Masr-Fostat (le vieux Caire), réclame à d'autres titres un souvenir reconnaissant; c'est là qu'habite notre illustre compatriote, Soliman-Pacha, organisateur de l'armée régulière du vice-roi, et l'un des hommes de guerre les plus capables formés à l'école de Napoléon. Sa haute fortune n'a pas changé son heureux naturel. C'est toujours le soldat intrépide, loyal, généreux. Tout Français est sûr d'en recevoir un accueil cordial. Sa maison, grande et belle, sans un luxe parasite, est dans une charmante situation, sur les bords du petit bras du Nil qui contourne la moitié de l'île de *Roudah*. Soliman-Pacha s'est fait musulman pour mettre un terme aux complots tramés contre ses jours, par les envieux et les fanatiques. Mais il peut dire comme Henri IV : « Je suis de la religion » de ceux qui sont braves et bons. » Il a dû adopter les usages des Turcs de la haute classe, et se composer un harem dont le personnel est peu nombreux. Un Polonais fort instruit, monsieur le colonel Schouchs, un jeune Lyonnais, ex-républicain, qui figura dans la révolte de 1834, appelé maintenant Sélim-Effendi, et quelques officiers dévoués qui l'accompagnèrent dans ses campagnes, sont tout à la fois ses secrétaires, ses aides-de-camp et ses amis.

MM. Clot-Bey, Hamont, Fesquet et d'autres voyageurs modernes ont raconté les anecdotes de sa carrière; le duc de Raguse a parlé en homme spécial de son génie militaire. Ne voulant pas reproduire des détails que le public connaît déjà, je me bornerai à mentionner un fait que je tiens de Soliman-Pacha lui-même ; c'est qu'avant de se compromettre dans un complot ayant pour but d'enlever le maréchal Ney, ce qui le força à s'expatrier, il s'était fait courtier-marron à Paris : « Que voulez-»vous, me disait-il avec une aimable bonhomie, je »ne voulais pas reprendre le service militaire sous »les Bourbons, et, ne pouvant plus guerroyer, je me »suis fait marchand de sucre et de café. »

Un Turc en grande faveur disait un jour au vice-roi, devant Soliman-Pacha : « *Notre ami préfère la société des Francs à celle des Osmanlis* » C'est qu'avec les Francs il y a plus à gagner qu'avec vous, répondit Soliman.

Cette brusque franchise me rappelle un trait que j'aime à citer, car il prouve que nos compatriotes en Égypte savent faire respecter leur dignité personnelle aussi bien que l'honneur de leur patrie. En 1828, pendant la guerre des Russes contre les Turcs, Clot-Bey se rendit chez Ibrahim-Pacha. Le prince, quand il le vit entrer dans son salon, s'écria en présence de plusieurs beys : Ah! voilà le *cawas* Clot ! C'était une injure gratuite et grossière, car les *cawas* sont des domestiques que les musulmans font courir devant leurs voitures ou leurs chevaux. Un moment après Ibrahim-Pacha adressa la parole à Clot-Bey, et lui demanda s'il savait quelque chose de nouveau : « Je ne sais rien, répliqua M. Clot; » seulement j'ai entendu dire que le *cawas* Nicolas » venait de donner au sublime sultan une rude » leçon de politesse et une terrible correction. »

En face du vieux Caire, le vieux Nil se divise en deux branches, qui se rejoignent plus bas et forment l'île de Roudah ; c'est le plus agréable site de toute l'Égypte. Les traditions populaires assurent que Moïse y fut sauvé par la fille d'un Pharaon. Si l'événement principal est vrai, c'est-à-dire s'il est vrai que Moïse ait été abandonné sur le fleuve et recueilli par une princesse du sang, la tradition pourrait être conforme à la vérité. Les Hébreux auxquels on avait assigné la terre de *Gessen*, ont pu, en se multipliant, franchir les limites de leur concession et se rapprocher du Nil pour avoir un sol plus fertile ; il n'y aurait donc rien d'étonnant qu'ils eussent occupé toute la contrée à l'orient du Delta, depuis Tanis jusqu'au Mokattan. Dans ce cas, je le répète, la mère de Moïse aurait pu habiter un village voisin de Roudah. J'ajoute que la fuite des Hébreux par la vallée de l'Égarement, qui débouche presqu'en face de Memphis, prouve qu'effectivement ils peuplaient la rive droite du Nil jusqu'à cette hauteur.

Mais d'autres difficultés m'embarrassent : On dit que Moïse naquit 1571 ans avant notre ère, c'est précisément l'année où Ramsès III (le grand Sésostris) monta sur le trône. On dit que Moïse fut sauvé par Thermutis, fille du Pharaon. Sésostris était encore trop jeune pour que cette princesse pût être sa fille. D'ailleurs, un soubassement du temple d'*Hator* à *Ibsamboul* en Nubie, nous a conservé les noms de six filles de Sésostris, elles s'appelaient Hem, Men, Tmaou, Isenofré, Amen, T-Mai, donc il n'est pas raisonnable de regarder Sésostris comme le père de *Thermutis*. On m'objectera sans doute que l'événement peut se rapporter au règne de Ramsès II, frère et prédécesseur de Sésostris, cela est possible. Je fais cependant observer que Ramsès II n'a régné que quatre ou cinq ans; il mourut jeune et ne doit avoir eu que deux enfants décédés tous deux avant leur père. C'est ce qui résulte des découvertes faites par Champollion dans les inscriptions de *Gourna*, de *Silsilis* et de *Calabschi*. Il faudrait donc admettre que *Menephtha* I*er*, père de Ramsès II et de Sésostris, était aussi le père de *Thermutis ;* mais s'il en était ainsi, cette princesse serait la sœur de Sésostris. On sait, en effet, qu'il avait une sœur dont l'image est sculptée sur la statue colossale de ce Pharaon, qui se trouve au Capitole; seulement il faut noter que l'inscription la désigne sous le nom de *Hont-reché*.

L'orthographe des noms propres présente quelquefois des dissemblances énormes ; et il ne serait pas impossible, à la rigueur, que les Hébreux eussent appelé *Thermutis* la même femme nommée *Hont-reché* sur les monuments Égyptiens. Disons donc qu'il peut y avoir identité de personne entre ces deux noms disparates.

Mais les Pharaons de la dix-huitième dynastie, à laquelle appartiennent les trois que je viens de désigner, habitaient la ville de Thèbes; comment alors expliquer le séjour ou du moins la présence accidentelle dans l'île de Roudah à 130 lieues de Thèbes, d'une fille de Menephtha I*er*? Dira-t-on qu'elle y avait un palais, ou des jardins? ou qu'il y existait de belles promenades? ou que son habitation était à Babylone, située à une très-petite distance, ce qui, alors, donnerait une haute antiquité à cette ville? Tout cela peut être exact ; néanmoins, comme les indications de la Bible sont insuffisantes, et que les monuments historiques se taisent sur tant de faits insérés dans les écrits attribués à Moïse, je dois abandonner à d'autres le soin de décider la question.

Cléopâtre avait un palais dans l'île de Roudah, un auteur Arabe, dont le nom m'échappe, assure qu'elle s'y arrêta plusieurs jours avec César, lorsqu'ensemble ils remontèrent le Nil jusqu'à Syène.

On y voit encore une partie du rempart en briques dont l'île était entourée, et qui paraît être de construction romaine. *Makaukas*, gouverneur de l'Égypte, pour Héraclius, après avoir défendu Babylone contre Amrou, s'était retiré à Roudah pour entamer des négociations, preuve certaine que ce point était fortifié. Amrou y créa des chantiers de construction, et le sultan *Nedim-eddin*, le même que les Mamelouks égorgèrent en présence de Louis IX, avait fait construire ou restaurer une forteresse qui commandait le cours du fleuve à la pointe orientale de l'île, et qui existe encore. C'est dans son enceinte que se trouve le fameux Nilomètre (Mekias) établi pour indiquer tous les ans le degré des inondations. Il existait autrefois des monuments de ce genre à Memphis, à Syène et dans plusieurs autres localités. Mais comme, depuis leur construction, le sol du Nil s'était exhaussé aussi bien que le sol de la plaine, il en résultait un accroissement apparent dans la hauteur des eaux: la base de l'échelle servant à les mesurer ne variait pas tandis que le territoire s'élevait partout. L'accroissement n'était donc pas réel. Pour établir les choses dans une situation vraie, Amrou fit construire dans l'île de Roudah le Nilomètre dont nous nous occupons.

L'esprit ombrageux et jaloux des musulmans entourait de mystère les choses même qui en comportaient le moins. Mais à l'égard du Nilomètre ils avaient un motif d'en interdire l'accès d'une manière absolue, parce que, dans les années où la crue du Nil n'arrivait pas à un degré convenable, ils trompaient le peuple en publiant des bulletins erronés sur les progrès quotidiens de l'inondation. C'était un moyen de prévenir les inquiétudes ou de les calmer, et d'imposer aux fermiers un prix exagéré pour le fermage des terres données à loyer; ce prix était réglé une année d'avance en raison des apparences plus ou moins favorables de la récolte.

La difficulté de voir le Mekias était donc tellement grande, que *Pocoke* est je crois le seul voyageur qui ait pu en approcher avant le dix-neuvième siècle.

J'ai obtenu facilement la permission de le visiter; c'est une colonne ronde, posée au milieu d'un bassin quadrangulaire, dont la base est au niveau du fond du Nil, et dont le chapiteau est dégradé. Des lignes horizontales et des signes de convention indiquent les points où les eaux se sont élevées chaque année depuis plus de douze siècles. Les murs du bassin sont bien construits, et portent gravés sur les quatre faces des versets du Coran.

A l'autre extrémité de l'île, c'est-à-dire à la pointe occidentale, Mourad-Bey, qui commandait les Mamelouks en Égypte pendant les campagnes de notre armée, avait une villa et un beau jardin. Sur leur emplacement, Ibrahim-Pacha a créé un autre jardin fort bien dessiné, embelli par une magnifique végétation, et où l'on voit les plantes exotiques et indigènes les plus rares.

Sur l'autre rive du Nil se trouve le village de *Ghyseh*, célèbre pour avoir prêté son nom aux trois pyramides qu'on aperçoit assises à la pointe occidentale des monts Lybiens, célèbre aussi par notre victoire de 1798, car c'est entre ce village et celui d'*Embabeh*, que la bataille fut livrée. C'est à Ghyseh que j'ai connu le colonel Varin, il y commande l'école de cavalerie, c'est aussi un Français digne d'avoir Soliman-Pacha pour supérieur et pour ami. La jeune demoiselle du colonel Varin-Bey venait d'épouser un de mes anciens correspondants, M. Escudié, que j'ai revu avec un grand plaisir. Il est impossible d'être plus obligeant, plus aimable que cette intéressante famille l'a été envers nous.

Peu de jours avant notre arrivée, M. Escudié,

voulant conduire au Caire sa jeune femme, s'embarquait avec elle dans un bateau pour traverser le Nil ; ils tombèrent tous deux à l'eau, madame Escudié fut promptement sauvée, mais le courant, très-rapide, entraînait son mari qui malheureusement ne savait pas nager. Un des mariniers se jette dans le fleuve pour lui porter secours, il était au moment de le saisir, lorsqu'il vit flotter plus loin le chapeau du naufragé ; il abandonna l'homme pour le chapeau, attendu, a-t-il dit, que le chapeau avait une valeur certaine, et qu'il n'était pas bien sûr de recevoir un bacchid équivalent ! M. Escudié courut un danger imminent par la cupidité de ce Fellah, type de presque tous les gens de son espèce.

L'école de cavalerie de Ghyseh peut contenir plus de six cents élèves ; c'est un bel établissement, bien tenu et bien administré, du moins, en ce qui dépend de Soliman-Pacha et de Varin-Bey. Les Fellahs y deviennent assez rapidement de bons cavaliers, et manœuvrent avec ensemble et précision, mais on a de la peine à les habituer au joug de la discipline. Les absences irrégulières et les désertions sont assez fréquentes, souvent aussi quelques vols se commettent pour des objets de peu de valeur. C'est le penchant naturel des Fellahs ; ils résistent difficilement à la tentation de dérober ce qui se trouve à leur portée. Ils ne s'en prennent point aux choses d'une certaine importance, car alors le châtiment serait plus certain et plus rigoureux.

Supposons que le hasard mette sous leur main un sac d'argent, ils ne prendront pas le sac, mais deux ou trois pièces disparaîtront en un clin-d'œil, et seront cachées dans la bouche du voleur; c'est là qu'ils tiennent leur petit trésor.

Les fautes de toute nature et les larcins sont punis à l'aide d'un bâton. Varin-Bey a le droit d'en faire appliquer deux ou trois cents coups; si le délit en comporte davantage il en réfère à Soliman-Pacha, qui porte ordinairement la dose à cinq cents. Enfin, dans les cas graves on remonte jusqu'à Ibrahim-Pacha; alors le minimum est de mille coups. Nous ne comprenons pas, nous autres Européens, comment un homme peut recevoir mille coups de bâton, fortement appliqués sur la plante des pieds, sans avoir les pieds et les jambes pulvérisés, mais l'habitude de marcher sans chaussure sur un sol brûlant, donne à la peau des Fellahs une épaisseur et une dureté extraordinaires. La nature leur a ainsi placé une énorme semelle, tout à-fait insensible, au moyen de laquelle ils sont garantis contre les cailloux, les épines et contre la piqûre des scorpions, aussi bien que les pauvres gens de nos campagnes le sont avec des sabots. Varin-Bey au moment où défilait devant lui un escadron de ses élèves, nous en fit remarquer un, qui peu de jours auparavant avait reçu une correction de cinq cents coups, et s'était immédiatement replacé sur son cheval pour continuer les manœuvres.

Une bonne musique est attachée à l'établissement. Toutes les fois que nous nous trouvions à Ghyseh le vendredi, qui est le dimanche des musulmans, nous entendions avec plaisir les airs français, les morceaux d'opéra, assez bien exécutés par ces musiciens arabes.

Les bâtiments de l'école sont élevés sur l'emplacement où Mourat-Bey avait sa maison, circonstance qui ajoutait pour nous l'attrait d'un souvenir aux autres causes d'agréable distraction dont nous fûmes redevables à l'obligeance du commandant.

Le village de Ghyseh jouit en outre de quelque renommée pour ses fours à poulets, appelés en Égypte *Mahmalfarougy*. Je n'ai pas pu les visiter, mais comme j'ai vu ceux de Louqsor, je placerai ici ce que je dois dire de ces utiles établissements ; un *Mahmalfarougy* est un bâtiment construit en briques et en boue dans une excavation assez profonde pour qu'il soit abrité. Il a environ trois mètres de hauteur et de longueur, et deux mètres et demi de largeur. Il est divisé en deux cases superposées. C'est dans la case inférieure que les œufs sont placés. On en met ordinairement trois ou quatre mille à la fois, et c'est dans le compartiment supérieur que l'on allume un feu modéré pour entretenir une température de trente-deux degrés de Réaumur. L'homme préposé à la direction du travail pénètre dans la case du rez-de-chaussée par une ouverture qui sert de communication entre les deux étages; il place les œufs sur trois rangs, en ayant soin de les séparer du sol par un lit d'étoupes et de paille. Ensuite il allume le feu et le renouvelle trois ou quatre fois par jour, en l'augmentant un peu pendant la nuit à cause du refroidissement de la température. L'ouvrier doit pénétrer tous les jours à plusieurs reprises dans le couvoir pour retourner les œufs et les préserver d'une chaleur trop forte.

Une période de vingt à vingt-cinq jours suffit à l'incubation. A mesure que les poulets cassent la coquille, on les fait sortir par une petite ouverture spéciale, et on les livre à des femmes qui les nourrissent pendant trois semaines et les élèvent sans le secours des poules. Une seule femme ne peut cependant en soigner plus de quatre cents à la fois.

La proportion des œufs qui n'éclosent pas est du tiers au quart de la totalité.

Dès qu'un *mahmal* est ouvert, ce qui a lieu dans les mois de février et de mars, les habitants vont y porter leurs œufs. Il est d'usage de leur rendre cinquante poulets pour cent œufs. La différence du produit reste au propriétaire du four pour les frais d'incubation et pour son bénéfice.

Les hommes qui dirigent les couvoirs forment une corporation dont les membres appartiennent aux mêmes familles, car ils ne veulent initier que leurs enfants aux secrets de leur profession. C'est ainsi qu'ils perpétuent à leur avantage l'espèce de monopole dont ils jouissent. Au surplus c'est un métier fort pénible. Tous ces hommes sont excessivement maigres, ils ont la peau brûlée, les yeux caves et l'air souffrant. On ne saurait contester l'utilité de leur industrie, car elle produit annuellement plus de trente millions de poulets. Le père *Sicart*, voyageur du dix-huitième siècle, en évaluait le nombre à plus de cent millions.

Les petits poulets ne se comptent pas quand on les vend, on les mesure au *boisseau*. Le prix varie entre deux à quatre piastres le boisseau (de cinquante centimes à un franc).

La grande chaleur de l'Égypte ou quelques circonstances du climat de ce pays, ne permettent pas aux poules de couver, c'est donc la nécessité qui fit rechercher un moyen factice de suppléer au moyen naturel. C'est peut-être à l'imitation des autruches et des crocodiles qui déposent leurs œufs dans le sable brûlant, que les Égyptiens ont créé des fours pour l'incubation des poulets.

Cette industrie est très-ancienne, mais Aristote en a le premier expliqué les conditions. Pline et Diodore de Sicile en ont aussi parlé comme d'un art pratiqué de tout temps dans la vallée du Nil.

CHAPITRE XX.

Bataille d'Héliopolis. — Souvenirs d'Héliopolis, grands hommes qui la visitèrent. — Culte qu'on y célébrait. — Obélisque. — Joseph et Putiphar. — Village de Mataryeh, maison où demeurait la sainte famille. — Hôpital d'Abou-Zabel, Clot-Bey. — Une noce. — A quel âge on marie les filles, quelle est leur dot. — Consommation du mariage. — La circoncision et l'excision. — Remarques sur Abraham et sur sa postérité.

Nous explorâmes pendant deux jours les campagnes situées au nord du Caire; cette contrée mérite à plusieurs titres d'arrêter les pas d'un voyageur.

Trois gros villages : *Matarieh*, *El-Kanka* et *Abou-Zabel*, sont espacés dans une plaine de quatre lieues de diamètre qui s'étend depuis la ville jusqu'à la limite de la terre de Gessen.

C'est dans cette plaine qu'en l'année 1800 le Grand-Visir était venu camper avec ses soixante-dix mille soldats, lorsqu'à l'instigation de l'Angleterre, il violait un traité conclu par ses délégués à *El-Arick* avec les plénipotentiaires français.

Impatients de ramener en France l'armée que Bonaparte lui confia le lendemain de la bataille d'Aboukir, le général Kléber avait souscrit à des conditions honorables, et promis l'évacuation de l'Égypte. Le Visir Jusuf les avait également acceptées et déjà nos troupes faisaient leurs dispositions de départ ; mais les agents anglais persuadèrent au général turc qu'il lui serait facile d'écraser une poignée de braves : il éluda l'exécution du traité, fit traverser à son armée le désert qui sépare l'Égypte de la Syrie, tandis que l'amiral anglais *Keith*, faisait notifier à Kléber le refus de ratifier les conventions d'*El-Arick*. Il exigeait que l'armée française mît bas les armes, livrât ses vaisseaux, ses munitions et ses bagages. Kléber fit imprimer et distribuer à ses compagnons de gloire l'infâme lettre contenant les prétentions de l'ennemi. Il ajouta ce post scriptum : *Soldats, on ne répond à une telle insolence que par la victoire : préparez-vous à combattre.*

L'armée turque ne tarda point à paraître, et couvrant l'espace qui sépare *Matarieh* de *Kanka*, elle s'appuyait sur ces deux villages; c'est là que Kléber, avec neuf mille hommes, attaqua ces 70,000 Musulmans, les dispersa, et les anéantit ; le Visir s'enfuit dans le désert accompagné seulement de cinq cents cavaliers, et laissant tous ses bagages au pouvoir des vainqueurs.

Héliopolis occupait une grande partie de cet espace ; on croit même que Matarieh fut construit sur les ruines de cette brillante cité, où les législateurs de la Grèce allèrent puiser des leçons de sagesse et de science. Orphée, Lycurgue, Solon, Pythagore, Platon, Thalès, Eudoxe apprirent à Héliopolis et à Memphis les principes des lois et les mystères sacrés de la théogonie qu'ils firent adopter par leurs concitoyens. Hérodote lui-même y recueillit sur l'Égypte la plupart des faits qu'il transmit à la postérité, et tout le monde sait que Manethon, auteur d'une histoire d'Égypte, composée d'après l'ordre de Ptolémée-Philadelphe et dont malheureusement il ne nous reste que des extraits, était grand prêtre d'Héliopolis.

A la fin du xvii° siècle, M. Maillet reconnut encore quelques tronçons de colonnes et des sphynx mutilés provenant sans doute des monuments d'Héliopolis. Mais de nos jours, des couches de sable et le limon du Nil recouvrent les derniers vestiges de cette ville opulente et du temple magnifique où le Dieu, principe de toute lumière, était adoré.

Macrobe affirme que plusieurs peuples d'Italie avaient emprunté aux rites des prêtres d'Héliopolis l'usage de faire une certaine assimilation entre les phase de la vie humaine et celles de l'année solaire. Au commencement de la période, c'est-à-dire au solstice d'hiver, on représentait le soleil par un enfant nouveau-né, au printemps, l'astre avait pour symbole un jeune homme (c'était l'Adonis des Phéniciens), en été, l'emblème était un homme robuste, ayant des attributs indicateurs de la force, tels par exemple qu'une figure de lion, une massue, etc. (les Grecs en ont fait leur Hercule); on représentait l'hiver, ou plutôt le jour en hiver, par un vieillard auquel une analogie ingénieuse ne laissait qu'un cheveu sur la tête.

Beaucoup d'autres symboles servaient aussi à caractériser la divinité, car le soleil changeait de forme suivant celles des constellations qu'il traversait dans sa course annuelle; mais ce n'est pas ici le lieu d'une plus longue dissertation sur cette matière. Je dirai seulement que parfois, un œil au bout d'un sceptre était l'emblème de cet astre, souvent appelé *œil de l'univers* par les anciens.

Les générations, pour qui ces mystères étaient sacrés, les sanctuaires du culte où on les enseignait, les palais, les temples, le culte lui-même, tout a disparu ! Un seul obélisque resté debout après tant de siècles et tant de ruines, marque la place où ces grandes scènes se sont déroulées. Nul doute que cette aiguille de granit, plantée là comme un jalon de l'antiquité, n'ait été un des beaux accessoires du grand temple où les peuples venaient offrir leurs vœux, leurs tributs, et leur hommage au Dieu visible, au roi des cieux, bienfaiteur de l'humanité.

Hérodote nous a laissé la description d'une des fêtes qu'on y célébrait. Il raconte en la qualifiant lui-même de conte populaire la prétendue histoire du Phénix qui venait déposer, dans le temple du Soleil à Héliopolis, le corps de son père enveloppé de myrrhe. Ces détails et cette fable ridicule ne méritent pas d'être reproduits.

M. Champollion-Figeac nous apprend que l'obélisque d'Héliopolis fut élevé par Osortasern, dont le règne est antérieur à la naissance d'Abraham.

L'an du monde 2276 d'après la Bible, 620 ans après le déluge et 1728 avant notre ère, Joseph, fils de Jacob, fut vendu à Putiphar, eunuque et général au service d'un Pharaon. Cet événement arriva sous les rois pasteurs qui composèrent la dix-septième dynastie, époque funeste où des peuples barbares se rendirent maîtres de l'Égypte, et détruisirent beaucoup de monuments des siècles antérieurs.

L'Histoire-Sainte nous dit que Joseph épousa la fille de Putiphar, prêtre d'Héliopolis. J'ignore si ce Putiphar est le même personnage à qui Joseph avait été vendu comme un esclave, et je n'ai aucun moyen d'éclaircir le fait. Seulement on pourrait s'étonner de voir un eunuque devenir le beau-père de Joseph; mais quand on est doué d'une foi assez robuste pour croire, d'après la Bible, que l'eunuque Putiphar avait une femme, ne peut-on pas croire aussi qu'il avait des enfants?

Le village de *Matarieh*, situé à deux lieues du Caire, sur une partie de l'emplacement d'Héliopolis, est célèbre par le séjour qu'y fit, dit-on, la sainte famille; les Coptes ont élevé une chapelle sur les ruines de la maison qu'elle habitait, et l'on nous fit voir une fontaine où la Vierge allait laver les langes de l'enfant Jésus. Cette fontaine est la seule de toute l'Égypte. Mais il est fort probable que l'eau y arrive par infiltration d'un petit lac rempli tous les ans par les débordements du Nil.

La tradition ne se borne pas à perpétuer le souvenir d'un fait simple et naturel en lui-même; elle y ajoute une histoire merveilleuse capable de faire suspecter la vérité de tout le reste : elle porte que l'enfant Jésus, la sainte Vierge et Joseph, poursuivis par les satellites d'Hérode, se réfugièrent sous un sycomore; que l'arbre s'entr'ouvrit et se referma, cachant les trois fugitifs dans son sein; qu'il se rouvrit ensuite après le départ de leurs persécuteurs. Un vieux sycomore, rejeton de celui-ci, existe encore, au milieu d'un jardin, près de la chapelle, et n'a pas cessé d'être en grande vénération parmi les musulmans et les chrétiens.

Abou-Zabel n'était naguère qu'un hameau; mais il acquit de l'importance par la création d'un hôpital et d'une école de médecine, due aux soins persévérants de Clot-Bey. Notre compatriote eut à vaincre bien des obstacles pour réaliser ce projet philanthropique. Le premier de tous était l'impossibilité d'avoir des professeurs français parlant l'arabe pour disserter avec les élèves; venait ensuite la prohibition du Coran au sujet des études anatomiques. Elles sont formellement interdites par le prophète. Cependant comment former de bons médecins sans un cours d'anatomie. Il fallut de longues négociations avec les Ulémas pour obtenir une autorisation tacite de disséquer, et avec les élèves pour vaincre peu à peu leur répugnance.

Malgré les succès des moyens curatifs employés dans l'hôpital, il faut souvent recourir à la force matérielle pour y conduire ou pour y garder les malades. On est même obligé d'en enchaîner quelques-uns sur les lits pour éviter leur évasion. Les préparations thérapeutiques d'un savant docteur chrétien leur paraissent de la magie ; ils les croyent infectées d'un souffle satanique. Mais ce qui les préoccupe par dessus tout, c'est la crainte d'être soumis, après leur mort, aux outrages du scalpel.

En traversant Kanka, nous rencontrâmes une foule joyeuse qui obstruait notre chemin : c'était une noce. Nous profitâmes de l'occasion pour apprendre les détails d'une pareille cérémonie.

Dans un pays où la femme est l'esclave du mari, où la polygamie est en usage, où le divorce est facile, le mariage n'a ni le caractère ni les conséquences des unions contractées sous l'empire de nos lois. Le musulman épouse une fille qu'il n'a jamais vue. Le cœur n'est pour rien dans ces alliances précaires ; c'est une simple question de jouissances sensuelles pour l'homme. La femme n'est à ses yeux qu'un instrument de plaisir ; il l'achète pour peu de chose, sauf à la répudier si elle ne lui convient pas.

Les mariages s'arrangent entre les familles, et presque toujours sans consulter les futurs conjoints. La mère, ou la plus proche parente de la fiancée, donne quelques indications sur les qualités physiques et morales.

Les filles n'apportent pas de dot, c'est au contraire le mari qui doit assurer un douaire dont l'importance est de 10 à 20 francs pour les gens du peuple, et s'élève quelquefois à 1000 francs pour les riches.

Si les fiancés appartiennent à la classe élevée, les parents du futur vont voir la jeune personne qui reste voilée, et la font causer pour pouvoir juger de son intelligence.

Le mariage est une sorte d'obligation morale pour un musulman : les préjugés sont tels contre les célibataires, qu'ils ne sauraient habiter une maison particulière, et sont forcés de vivre dans un *okel* (Clot-Bey). Un mahométan a le droit d'épouser quatre femmes, et d'avoir un nombre illimité de concubines.

On marie ordinairement les filles entre neuf et douze ans, même quand elles ne sont pas plus développées qu'une jeune fille ne l'est à cet âge dans nos climats. Cet usage suffirait pour attester la dépravation des Orientaux : la facilité de pouvoir prodiguer leurs caresses à de nouveaux objets, sans éprouver le piquant de la résistance, les épuise et les rebute. Ils usent, avant d'être hommes, toutes les cordes de la sensibilité. De là, cette disposition à chercher en dehors des conditions ordinaires quelque moyen de réveiller le désir dans ces corps étiolés, dans ces âmes blasées. Il n'est pas rare de voir un homme de quarante à cinquante ans épouser une enfant qui n'a pas accompli sa dixième année.

Lorsque les arrangements relatifs au mariage sont faits entre les familles, la noce est ordinairement renvoyée à huit ou dix jours; dans les deux ou trois nuits qui précèdent l'époque fixée, le mari se livre à des rejouissances avec ses amis, leur donne des festins, et fait illuminer sa demeure; le tout en proportion de ses moyens. Puis il va passer une journée entière dans un bain public.

La future est également conduite au bain accompagnée de parentes et d'amies et la tête ornée d'une couronne. Là, elle est peignée, parfumée, et épilée pour la première fois (Clot); si elle appartient à une famille opulente, elle marche sous un dais précédée de musiciens et d'almées. Le jour du mariage on la mène processionnellement à la demeure de son mari. Elle est entièrement couverte d'un voile épais. Le cortége marche lentement et fait de grands détours afin de prolonger la durée de la fête. Quelle que soit la misère de sa position, la mariée est parée de bijoux empruntés aux gens riches qui ne refusent jamais, en pareils cas, de mettre leurs diamants, leurs habits de luxe et même leurs chevaux à la disposition du nouveau ménage.

Arrivés à la maison du marié, les invités y font un repas, puis tout le monde se retire, laissant le couple en tête-à-tête. Alors seulement le voile tombe. C'est le moment décisif où le musulman aperçoit enfin, pour la première fois, le visage de sa femme. Que de mécomptes détruisent dans cet instant suprême les doux rêves de l'illusion.

L'homme s'assure ensuite de la pureté de sa compagne. Si l'épreuve est satisfaisante, un mouchoir ensanglanté en est le témoignage irrécusable. On le présente le lendemain à tous les parents, à tous les invités ; puis on le montre aux habitants du voisinage (Clot, Hamont, de Maillet).

Mais si la fille n'a pas été chaste jusque là, ou si quelque vice de conformation autorise un doute, elle est à l'instant même chassée par le mari, et devient, ainsi que sa famille, l'objet du mépris public. On a vu, en semblable circonstance, des pères furieux assommer la malheureuse créature, ou la précipiter dans le Nil.

C'était donc un cortége de ce genre que nous avions sous les yeux à Kanka ; mais la tenue des personnages décelait leur profonde misère, et ne justifiait que trop bien les différences notables dans le cérémonial. Au lieu d'almées, c'étaient des Fellahs, vêtus de leur chemise bleue, et armés de gros bâtons, qui précédaient l'héroïne de la fête. Ils simulaient un combat avec tant de gaucherie et de maladresse, que leurs exercices ne devaient guère amuser les spectateurs. La musique se composait d'un seul *tarabouka*, sur lequel un vieillard frappait avec ses mains. Les femmes poussaient des cris discordants, et les enfants nous fatiguaient de leurs demandes de *bacchids*. Quant à la mariée, elle était couverte d'un voile blanc en calicot, orné de bijoux empruntés à quelque bey du canton. Elle devait être fort jeune à en juger par sa petite taille.

Nous rencontrons dans les rues du Caire un autre cortége d'un aspect moins misérable, accompagnant un jeune garçon magnifiquement habillé et coiffé d'un turban en cachemire rouge; il est soutenu par des esclaves sur un cheval richement enharnaché. Cet enfant tient sur la bouche, avec la main, un mouchoir brodé. Plusieurs musiciens le précèdent dans sa marche. Il est suivi par des femmes qui poussent de temps en temps un cri assez semblable au cri aigu d'un paon, et jettent à la figure des passants quelques gouttes d'eau de rose; des lutteurs presque nus, et des cawales qui exécutent des danses obscènes, font partie de l'escorte; le tout est précédé d'un homme porteur d'une boîte contenant les ustensiles du barbier chargé de faire l'opération; car tout cela est le prélude d'une circoncision. On promène ainsi le jeune garçon dans

les rues voisines de sa demeure avant de le conduire
à la mosquée. A son retour du temple on fera un
repas copieux, et après le repas la circoncision sera
pratiquée; ensuite il recevra les compliments des
convives. Huit jours plus tard il ira au bain, et
commencera en quelque sorte une nouvelle existence. La circoncision marque le point de partage
entre deux époques de la vie; celui qui a subi l'o-
pération n'est plus traité comme un enfant. On
donne une direction plus sérieuse à ses études, et
l'on commence à l'initier aux pratiques de la religion.

Mahomet n'a pas ordonné la circoncision; ce
n'est donc pas un acte religieux obligatoire; mais
l'usage y soumet tous les musulmans, hommes et
femmes. Elle s'opère presque toujours sur les enfants des deux sexes âgés de six à neuf ans. On la
regarde comme une précaution d'hygiène et de propreté à l'égard des hommes; mais, quant au beau
sexe, on dit qu'elle a pour objet de modérer le
tempérament.

L'habitude de circoncire est tellement ancienne
en Égypte, qu'il est impossible d'en trouver l'origine. Les premiers habitants qui vinrent de Méroé
et de la Nubie-Supérieure s'établir dans la vallée
du Nil, apportèrent probablement cette coutume;
en tout cas elle remonte à une très-haute antiquité;
l'examen des momies a fait reconnaître que tous les
individus momifiés avaient été circoncis.

Dans le dix-septième chapitre de la Genèse, Dieu dit à Abraham : « Vous circoncirez votre chair, afin
»que cette circoncision soit la marque de l'alliance
»que je fais avec vous. L'enfant de huit jours sera
»circoncis parmi vous ; et, dans la suite de toutes
»les générations, tous les enfants mâles, tant les
»esclaves qui seront nés en votre maison, que tous
»ceux que vous aurez achetés, et qui ne seront
»point de votre race, seront circoncis. Tout mâle
»dont la chair n'aura point été circoncise sera ex-
»terminé du milieu de mon peuple, parce qu'il aura
»violé mon alliance. »

Je suis très-loin de croire que Dieu ait daigné exprimer de la sorte sa divine volonté au père des Hébreux ; c'est un affreux blasphème d'oser prêter au créateur les brutales passions des hommes. C'est un odieux mensonge de soutenir que Dieu lui-même a consacré l'esclavage et ordonné l'extermination des peuples. Mais à part l'intervention directe de la divinité, ce passage mérite attention. Il prouve qu'au temps d'Abraham la circoncision était en usage dans l'Égypte ; car Abraham ne se fit circoncire qu'après avoir séjourné à la cour brillante des Pharaons.

Les Hébreux ont donc emprunté cette coutume aux Égyptiens. D'autres nations l'avaient emprun-
tée avant eux ; Hérodote, qui écrivait il y a vingt-trois siècles, me paraît le démontrer d'une manière évidente.

« Les Colchidiens, les Égyptiens et les Éthio-
» piens sont, dit-il, les seuls hommes qui se fassent
» circoncire de temps *immémorial*. Les Phéniciens
» et les Syriens de la Palestine, conviennent eux-
» mêmes qu'ils ont appris la circoncision des Égyp-
» tiens ; mais les Syriens qui habitent les bords du
» Thermodon et du Parthénius, et les Macrons leurs
» voisins, avouent qu'ils la tiennent depuis peu des
» Colchidiens. Or, ce sont là les seuls peuples qui
» pratiquent la circoncision, et encore paraît-il
» qu'en cela ils ne font qu'imiter les Égyptiens.

» Comme la circoncision paraît, chez les Égyp-
» tiens et les Éthiopiens, remonter à la plus haute
» antiquité, je ne saurais dire laquelle de ces deux
» nations, la tient de l'autre ; à l'égard des autres
» peuples, ils l'ont prise des Égyptiens, par le com-
» merce qu'ils ont eu avec eux. Je me fonde sur ce
» que tous les Phéniciens qui fréquentent les Grecs
» ont perdu la coutume qu'ils tenaient des Égyp-
» tiens de circoncire les enfants nouveaux-nés. »

Il résulte de ces passages que la plupart des peuples en rapport avec l'Égypte ont adopté l'usage
antique dont nous parlons, mais du moins aucun
n'avait condamné à mort les récalcitrants ; il fallait
le despotisme sanguinaire des législateurs hébreux,
pour appliquer la peine capitale à une infraction
innocente ! il fallait l'audace ambitieuse de ces im-
posteurs pour imputer à Dieu de pareils actes de

barbarie. Mais si nous faisons un retour sur nous-mêmes, si nous consultons les annales de quelques nations chrétiennes qui se prétendent civilisées, ne verrons-nous pas des atrocités aussi révoltantes ? N'a-t-on pas égorgé et brûlé des millions de malheureux qui refusaient le baptême ? Quand donc les ministres de tous les cultes honorés sur la terre reconnaîtront-ils que leur mission est une mission de paix, et que leur devoir est de réunir toutes les âmes dans un sentiment commun d'humilité, de faire adorer et surtout de faire aimer la divinité, au lieu de lui prêter les vices et les fureurs qui font haïr et mépriser le genre humain ?

La Genèse explique aussi comme quoi le prince du pays des Sichimites avait enlevé Dina, fille de Jacob et voulait l'épouser ; comme quoi les frères de Dina consentirent à ce mariage à condition que le ravisseur se ferait circoncire ainsi que tous les mâles de son peuple ; et comme quoi, trois jours après que l'opération eut été faite et pendant la maladie qui en est la suite, les fils de Jacob, violant le traité conclu, entrèrent dans la ville l'épée à la main et massacrèrent toute la population ! ! ! Et ce sont là les hommes qu'on nous présente comme modèles ! Ce sont là les chefs des douze tribus du peuple de Dieu ! ! ! et l'on réclame notre admiration, nos hommages pour ces bandits ! et l'on appelle saint le livre qui consacre et glorifie ces horreurs, et beaucoup d'autres aussi dignes d'une réprobation universelle, aussi propres à inspirer le dégoût!!

Bruce a consigné dans son ouvrage, de longues explications sur la circoncision et l'excision, telles qu'elles se pratiquent parmi les peuples de l'Abyssinie; et il a mêlé à ces récits beaucoup de choses hasardées sur les faits qui se rattachent à l'introduction de cette coutume dans cette partie de l'Afrique. Je laisserai de côté tout ce qu'il raconte au sujet des enfants d'Ismaël, de Samson, de Salomon, de la reine de Saba et d'une foule de petits peuples qui nous sont parfaitement inconnus ou qui portent actuellement d'autres noms. Je passerai également sous silence les détails relatifs à la circoncision parce qu'ils sont d'accord avec ce que j'en ai dit. Mais je rapporterai les observations de ce voyageur au sujet de l'excision qui s'opère sur les femmes. Notons d'abord que par ce mot excision, l'on entend la suppression des nymphes. Voici d'après Bruce, quels en sont les motifs et l'utilité.

« Pour en revenir à la circoncision, je m'étais ima-
» giné que l'extension du prépuce l'avait fait inventer;
» mais après beaucoup d'observations, j'ai bien vu que
» ce ne pouvait pas être ce motif-là. Il en est cependant
» tout autrement pour l'excision des femmes. Cette
» partie si sensible, si délicate que la nature a parfaite-
» ment recouverte dans nos climats, croît et s'allonge
» dans le midi de l'Afrique d'une manière si extraor-
» dinaire qu'elle n'y est propre qu'à inspirer du dé-

» goût, et peut-être à produire d'autres inconvénients
» opposés au but même de la nature. Aussi comme
» la population a été dans tous les temps et dans
» tous les pays, un des objets les plus dignes de l'at-
» tention des législateurs, on a jugé qu'il était né-
» cessaire de retrancher une portion de ce qui devrait
» lui nuire par une excroissance difforme. Tous les
» Égyptiens et les Arabes, toutes les nations du midi
» de l'Afrique, les Abyssiniens, les Gallos, les Agows,
» les Gafats, les Gongas, soumettent leurs filles à
» l'excision avant qu'elles soient nubiles. »

La raison que donne notre auteur pour justifier l'excision à l'égard des femmes du midi de l'Afrique, peut être vraie, mais elle ne l'est pas quant aux femmes de la vallée du Nil. Leur conformation ne diffère point de celle du beau sexe de nos climats.

Une coutume plus extraordinaire encore que celle-ci et que je n'ai vue relatée dans aucun ouvrage, est observée en Nubie et dans quelques contrées limitrophes. Je vais essayer de dire en quoi elle consiste sans effaroucher les oreilles pudiques.

Lorsque l'excision est opérée sur une jeune fille, des femmes expertes, en cette matière, ont l'art de rapprocher les chairs et de les faire rejoindre solidement au moyen d'appareils et d'un traitement qui dure moins de deux mois. Les parties sexuelles se trouvent fermées sauf un étroit passage nécessaire aux fonctions naturelles. La jeune fille reste donc un être incomplet jusqu'à l'époque de son mariage. C'est alors seulement que les matrones lui rendent, au moyen d'une incision, ce qui lui manquait pour être une femme. Plus tard, si le mari est dans la nécessité de faire une longue absence, il peut se garantir contre les actes d'infidélité en faisant renouveler sur sa femme la cruelle opération qu'elle a subie dans son enfance. Tant de personnes m'ont affirmé l'existence et la généralité de cet usage que je raconte le fait avec une entière conviction.

Comme on le voit, l'égoïsme jaloux des hommes qui peuplent les contrées orientales, ne recule devant aucun moyen pour rendre tout-à-fait insupportable la malheureuse condition des femmes. Ils les traitent en toutes choses avec plus d'inhumanité que nous ne traitons les animaux domestiques.

CHAPITRE XXI.

La forêt pétrifiée.

Malgré l'enthousiasme qu'inspirent les ruines monumentales de la vieille Égypte, je ne crains pas d'affirmer que des ruines plus extraordinaires, encore plus dignes d'exciter l'étonnement et d'appeler notre pensée au-delà des limites du connu, existent dans les déserts dont la vallée du Nil est environnée. J'aurai peut-être l'occasion de dire quelques mots des tombelles que Belzoni a vues, des vestiges du temple d'*Ammon-ra* (Jupiter Ammon), du fleuve sans eau, de la vallée de l'Égarement, des hypogées de Samoum, des inscriptions gravées sur les rochers du désert arabique et de quelques autres objets non moins propres à piquer la curiosité. Pour le moment, je ne veux m'occuper que d'une chose sur laquelle aucun voyageur, aucun savant ne s'est encore, ce me semble, expliqué d'une manière satisfaisante. Il s'agit des fossiles végétaux. On en trouve dans plusieurs parties de ces contrées, et si les voyageurs n'ont pas étudié à fond ces étonnants phénomènes, si plusieurs se sont mépris sur les causes qui les ont produits, on ne doit sans doute en accuser que les difficultés qui s'opposaient à leurs explorations.

Avant le dix-neuvième siècle, il n'était guère possible de pénétrer dans les déserts sans une nombreuse escorte, fort coûteuse, et quelquefois insuffisante pour faire face aux dangers. Le célèbre Denon avait raison de dire : « L'Égypte est une terre » couverte de tout temps du voile du mystère, et » fermée depuis deux mille ans à tout Européen. » Depuis Hérodote jusqu'à nous, tous les voyageurs, » sur les pas les uns des autres, ont remonté rapi- » dement le Nil, n'osant perdre de vue leurs bar- » ques; ne s'en éloignant quelques heures que pour » aller, avec inquiétude, à quelques cents toises vi- » siter rapidement les objets les plus voisins. »

Ce peu de mots explique pourquoi, avant Méhémet-Ali, tant de voyageurs ont parlé de l'Égypte d'une manière si contradictoire et si infidèle, que l'ensemble de toutes leurs publications n'en donne qu'une idée imparfaite.

Ne soyons donc pas étonnés que Volney lui-même ait commis une grave méprise en affirmant que le bois pétrifié *était un vrai minéral*. Denon, mieux placé que Volney, grâce à la présence de notre armée pour explorer les environs du Caire, ne s'est pas hasardé à dépasser la limite du territoire ; aussi se borne-t-il à consigner cette observa-

tion : « Dans le désert, il y a des vallées, des bois
»pétrifiés ; il y a donc eu des rivières, des forêts :
»ces dernières auront été détruites ; dès lors, plus
»de rosée, plus de brouillards, plus de pluie, plus
»de rivière, plus de vie, plus rien. »

Voilà les seuls passages où j'ai cru reconnaître
que ces deux savants ont voulu faire allusion aux
fossiles dont je m'occupe. Quant aux autres écrivains du dernier siècle, je crois qu'aucun d'eux n'en
a fait mention.

Mais depuis trente ans une foule d'Anglais et de
Français ont visité l'Égypte ; nous possédons une
collection nombreuse de relations publiées pendant
cette période. Eh bien, c'est à peine si l'on y trouve
quelques mots sur les pétrifications. La raison de
cette lacune est facile à concevoir. On va en Égypte
pour y visiter quelques monuments, quelques ruines connues d'avance. On reste six ou huit jours à
Alexandrie, autant au Caire. On court aux Pyramides ; puis, accablé par la chaleur, on recule devant les fatigues de courses plus longues, plus pénibles. On revient en Europe directement ou par
la Syrie ; puis, avec les ressources d'une plume facile, d'une imagination féconde, on publie un livre
qui a la prétention d'éclairer les lecteurs sur l'É-
gypte ancienne et moderne.

Il faut pourtant distinguer, de ces opuscules, les
ouvrages de MM. Clot-Bey, Hamont, Cadalvène, et
surtout ceux de MM. Champollion-le-Jeune et

Champollion-Figeac. Mais, plus ces auteurs étaient bien placés pour nous instruire sur toutes choses, plus on doit regretter qu'ils aient négligé des faits qui, selon moi, mériteraient une étude approfondie. M. Clot-Bey en a bien dit quelques mots, mais la manière dont il s'exprime dissimule la portée de la question. Ce savant docteur n'aurait-il donc vu qu'imparfaitement la grande forêt pétrifiée? Serait-il, à cet égard, dans la même situation que la plupart des touristes qui croient l'avoir parcourue, et qui n'en ont aperçu que l'extrême limite? Car, lorsque les Européens s'y font conduire, les guides s'arrêtent à deux ou trois lieues du Caire; là, ils montrent quelques cailloux d'une espèce équivoque, et disent : Voilà ce que c'est que la forêt pétrifiée !

Une circonstance heureuse a favorisé nos courses dans cette direction. Soliman-Pacha, qui déjà l'avait sillonnée dans plusieurs sens, voulut la visiter encore. Nous nous y rendîmes avec lui, accompagnés d'un piquet de soldats spécialement attachés à son service, et précédés par des chameaux portant les tentes du général et les vivres nécessaires à notre petite caravane.

Quittant la route de Suez, à trois lieues du Caire, nous nous dirigeâmes vers le nord-ouest. Après deux heures de marche, on fit halte sur un plateau élevé qui commandait tout le désert environnant; nous nous trouvions à peu près à la hauteur du

Mokattan ; et, quoique les nombreuses ondulations du terrain nous cachassent beaucoup de petites vallées qui rident ce désert, un large panorama, d'une triste monotonie, se déroulait sous nos yeux. Mais, dans cette nature désolée, quel inépuisable sujet de méditations !

C'était le commencement d'une forêt pétrifiée, qui, dit-on, a plus de vingt lieues de longueur et de cinq à six de large. Une couche de cailloux ferrugineux, recouvrant le sable et les roches calcaires, donnait une couleur noirâtre à l'ensemble du tableau. Cette couche était composée de branches pétrifiées et pulvérisées. Quant aux troncs des arbres, ils étaient là, gisants comme des cadavres dépouillés, couchés dans tous les sens, et tellement rapprochés les uns des autres, que leurs branchages devaient se toucher lorsqu'ils étaient debout.

Chacun de nous s'éloigna dans le désert, pour faire isolément des recherches ; partout nous trouvâmes les mêmes fossiles, partout le même désordre dans le gisement, partout la même physionomie.

Une étendue de cinq à six lieues carrées, se trouvant explorée en quelques heures, nous mesurâmes la longueur et la grosseur des souches. Beaucoup avaient plus de vingt mètres, et quelques-unes jusqu'à trente, entre la racine et le point où l'on pouvait remarquer une diminution sensible dans le diamètre. Toutes étaient brisées en plusieurs tronçons, placés à la suite les uns des autres comme des anneaux de serpent. Les inégalités du sol, et le poids énorme de ces masses pétrifiées, ont produit les cassures, et en produisent aisément d'autres quand on veut mouvoir les blocs, car la matière est fragile ; mais les ruptures sont toujours à angles droits, sans déchirures, et présentent des surfaces unies.

La pétrification s'est faite par la mer ; c'est elle qui métamorphosa en pierres cette prodigieuse quantité d'arbres. Mais depuis la retraite des eaux, la partie qui touche au sol est devenue du fer. Malheureusement ce fer n'est ni malléable ni ductile. On attribue cette seconde transformation à l'action de la chaleur centrifuge qui a opéré d'une manière uniforme. Tous les arbres sont du fer dans la moitié de leur épaisseur, et de la pierre dans l'autre moitié. Du reste, la matière primitive de ces étonnantes pétrifications ne saurait être douteuse : c'était du bois, il est impossible de le nier. On distingue parfaitement la partie ligneuse et l'écorce. On reconnaît celui qui était mort avant d'être renversé et couvert par l'eau salée ; des milliers de petits trous indiquent le passage des vers qui le rongeaient, et l'on retrouve, quoique pétrifiée comme tout le reste, la poussière de leurs déjections et celle produite par la putréfaction antérieure. Enfin, tous les caractères sont conservés à tel point, qu'une objection serait un acte de folie. J'ai rapporté plusieurs échantillons dont l'examen le plus superficiel suffit pour asseoir la conviction. Il serait même facile de constater de quelles essences étaient les bois dont j'ai pris des fragments. Ils semblent appartenir aux espèces qui croissent dans nos climats; mais j'ai trop peu de connaissance en ces matières pour oser l'affirmer. Toutefois, je ne hasarde rien en déclarant que la forêt dont il est question n'était pas composée de palmiers ainsi que l'ont annoncé MM. Clot-Bey et Alex. Dumas. Volney, dont j'ai cité l'opinion, n'a pas vu ces prodiges; il oubliait donc sa circonspection ordinaire en affirmant que le hasard avait seul donné à des minéraux les formes d'un végétal pétrifié. Le jeu de la nature peut produire des analogies apparentes et trompeuses, et si la question se bornait à quelques arbres, à des vestiges épars sur la terre d'Égypte, malgré le témoignage de mes sens, je douterais. Mais il ne s'agit point ici d'une production monstrueuse, accidentelle, il ne s'agit point d'un exemple isolé. C'est par millions qu'existent les arbres pétrifiés; c'est une surface de cent lieues carrées qu'ils couvrent de leurs débris, depuis le sommet du Mokattan jusqu'aux portes de Suez. Le sable qui ensevelit tout dans la vallée du Nil, ne les a pas recouverts, excepté dans les bas-fonds, parce que cette contrée est beaucoup plus élevée que le niveau de l'Égypte. Si des vents y portent du sable, des vents contraires les renvoient au point de départ, ou le chassent dans une autre direction, jusqu'à ce qu'il tombe dans la mer Rouge, dans la Méditerranée ou dans un lieu abrité.

Aucun de ces arbres n'est resté debout, et tous ont perdu leurs branches et leurs racines; elles sont là couchées au pied et sur les flancs des colosses dont elles faisaient partie. Mais elles ne pouvaient résister aussi longtemps à la destruction; la place qu'elles occupaient, leurs formes, leurs dimensions sont encore indiquées sur le sol par de petits morceaux de scories pulvérisées.

Il est donc certain que ces plaines arides, ces rochers, ces montagnes furent ombragés par d'immenses forêts. Il est certain que les mers ont ensuite envahi toute cette contrée, qu'elles ont déraciné, renversé et pétrifié ces millions d'arbres; que plus tard les eaux se sont retirées et que, plus tard encore, la force du calorique a opéré une nouvelle pétrification.

De ces modifications successives il résulte un fait non moins évident, non moins fertile dans ses conséquences, c'est la jonction de la mer Rouge et de la Méditerranée.

Mais avant ces révolutions d'autres phénomènes encore plus étonnants s'étaient accomplis : le Mokattan et les monts Lybiens s'étaient formés, cette double chaîne de montagnes qui, sur une longueur de quatre cents lieues entourent l'Égypte et la Nubie, renferment dans les masses calcaires dont elles se composent et jusqu'à leur base, des amas de coquillages marins. Donc la mer occupait l'espace où ces montagnes se sont élevées, après cette création gigantesque, l'eau salée a fait place à l'eau douce, car les sommets du Mokattan furent garnis d'une végétation riche, en même temps que les plaines environnantes étaient couvertes de bois, c'est à la suite de ces grands travaux de la nature, que la mer envahit de nouveau ce continent ; puis qu'elle se retira, laissant le désert pour cimetière à tout ce que la terre avait produit antérieurement à ce dernier cataclisme.

Si Volney s'est trompé en parlant des pétrifications parce qu'il n'a pas pu, comme il l'explique lui même, s'écarter des rivages du Nil, il a du moins apprécié avec justesse la nature du terrain et des minéraux qui constituent le sol Égyptien : » La
»charpente de l'Égypte entière, depuis Syène jus-
»qu'à la Méditerranée est, dit-il, un lit de pierre
»calcaire, blanchâtre et peu dure, *tenant des co-*
»*quilles dont les analogues se trouvent dans les deux*
»*mers voisines.* Elle a cette qualité dans les pyrami-
»des et dans le rocher Lybique qui les supporte.
»On la retrouve même dans les citernes, dans les
»catacombes d'Alexandrie, et dans les écueils de
»la côte où elle se prolonge. On la retrouve encore
»dans la montagne de l'est (Mokattan) à la hauteur
»du Caire, et les matériaux de cette ville en sont
»composés, enfin, c'est cette même pierre calcaire

» qui forme les immenses carrières qui s'éten-
» dent de *Saouadi* à *Manfalout* dans un espace de
» vingt-cinq lieues.

Que de siècles n'a-t-il pas fallu aux éléments
pour opérer tant de métamorphoses séparées entr'elles par des intervalles incalculables ?

On s'attacherait vainement à poursuivre la solution d'un tel problème. Il n'est pas donné à l'esprit
humain de pénétrer les mystères d'une créat...
spontanée, Dieu seul possède le secret de ses
œuvres. Je ne hasarderai pas une dissertation sur
des choses qui dépassent les limites de notre intelligence, faisons toutefois observer que les savantes théories de *Beudant* sur la formation des montagnes et, en général, de la croûte du globe, ne
sauraient ici recevoir leur application. Les montagnes de l'Égypte ne sont pas un produit immédiat
de la chaleur centrifuge, puisque, dans ce cas,
c'est-à-dire dans le cas où elles se seraient élevées
par une force intérieure, les bancs de coquillages
paraîtraient à leur sommet. Ils étaient dans le
principe à la surface du terrain ; or, si le sol avait
été soulevé de manière à créer des montagnes, les
dépôts fossiles, les détritus de poissons, auraient
conservé leur situation relative : Les couches successives se présenteraient dans le même ordre
qu'elles avaient en se formant, et les coquillages
en seraient la première au lieu de se trouver sous

des lits de rochers qui ont quelquefois plus de deux cents mètres d'épaisseur.

Les observations consignées par l'illustre Cuvier dans son ouvrage sur les fossiles, démontrent que tous les points du globe ont été successivement, et à plusieurs reprises, submergés par la mer, elle y a séjourné assez longtemps pour y former des dépôts d'un volume énorme comme par exemple le banc de craie qu'on trouve en Champagne dont l'épaisseur excède cinq cents mètres sur quelques points. Trois ou quatre couches, produites par la même cause, sont quelquefois superposées et séparées entr'elles par d'autres, ayant jusqu'à deux cents pieds de hauteur, formées pendant la période qui s'écoulait entre le départ et le retour des eaux salées. Qu'est-ce que la durée de la vie humaine, qu'est-ce que notre misérable phase historique, à côté des myriades de siècles dont ces accablantes révélations nous prouvent le passage ? Le temps ne manque pas à la nature, mais il manque à l'homme pour méditer sur son néant !

CHAPITRE XXII.

Désert entre l'Égypte et la Syrie. — Il avait moins d'étendue au temps d'Abraham. — Le lieu où les Hébreux passèrent la mer Rouge est maintenant loin du rivage. — Le grand fleuve Corys. — Divers noms de la mer Rouge. — Changement du climat sur tout le littoral de l'Afrique. — Changements analogues sur plusieurs autres points du globe. — La reine de Saba. — Observations géologiques. — Constitution du sol aux environs de Paris. — Causes du déplacement des eaux et des révolutions terrestres. — L'axe de la terre change de position. — Les 463,000 années des Chaldéens.

Comme on vient de le voir, le désert entre Suez et l'Égypte a été une terre fertile. Il en fut probablement de même de toute la partie du continent qui n'était pas submergée et qui s'étend de Gaza au Caire et du mont Sinaï à la Méditerranée. Cette grande solitude avait un horizon plus borné au temps d'Abraham, les détails historiques sur la vie de ce patriarche et l'épisode relatif à sa servante Agar en font foi ; nous voyons que, sauf son excursion en Égypte, Abraham ne s'est guère écarté du petit territoire situé entre Gaza et la mer morte. Il paraît avoir habité successivement *Gerara*, *Bersabée* et *Hébron* qui sont encore marqués sur nos cartes. C'est à Gerara que demeurait Abimélech, roi des

Philistins, c'est à Bersabée qu'Abraham eut le triste courage de chasser sa concubine Agar, et son fils Ismaël, sous le prétexte d'obéir à Dieu, c'est à Hébron qu'il reçut la sépulture à coté de sa femme Sara. Isaac habita également cette contrée, et la Genèse assure que ces deux pasteurs étaient riches; qu'ils avaient beaucoup de serviteurs et de nombreux troupeaux.

Les Iduméens occupaient un canton encore plus rapproché des limites Égyptiennes. Il est donc hors de doute que ces localités actuellement comprises dans le grand désert, où quelques familles de Bédouins trouvent à peine de quoi ne pas mourir de faim, n'étaient pas alors frappées de stérilité.

Le désert a envahi une partie notable de la terre de Canaan, terre promise, pour laquelle les Israélites ont commis tant d'atrocités. Il s'est également agrandi du côté de l'Égypte et de tout le territoire laissé à découvert par la retraite de la Méditerranée et de la mer Rouge; sans parler de la situation des choses antérieurement à la période historique, il est facile de constater que l'isthme de Suez était autrefois moins large. Le point où s'effectua le passage de Moïse est de nos jours, à plusieurs lieues du rivage. Les observations judicieuses que M. le colonel Gallice a faites en ma présence ne permettent pas d'en douter. Nous avons d'ailleurs d'autres motifs de penser que les deux mers tendent constamment à s'écarter l'une de l'autre : Hérodote nous apprend que l'on parcourait en quatre jours de navigation (ce qui suppose environ 82 lieues de longueur) le canal qui joignait le Nil à la mer Rouge. Et il ajoute : » Pour aller de la mer septentrionale » (la Méditerranée), jusqu'à la mer australe (mer » Rouge), on prend par le mont *Casius* qui sépare » l'Égypte de la Syrie : c'est le plus court. De cette » montagne au golfe Arabique, (mer Rouge), il n'y » a que mille stades, mais le canal est d'autant plus » long qu'il fait plus de détours » Hérodote parle ensuite du grand fleuve Corys qui se jetait dans la mer Erythrée (mer Rouge), et dont il ne reste pas de trace (1).

Aujourd'hui la distance est d'au moins trente lieues en ligne directe d'une mer à l'autre, elles se sont donc éloignées de quelques lieues depuis Hérodote qui, pourtant, écrivait près de onze siècles après Moïse.

Si, de ces latitudes, nous remontons vers le nord après avoir franchi la chaîne du Liban, nous y verrons d'autres ravages produits par une cause analogue : l'empire de Zénobie et Palmire, sa luxueuse et belle capitale, sont remplacés par des mers de

---

(1) Les Hébreux ont quelquefois désigné la mer Rouge sous les noms de *Yam Suph*, d'*Édom* est d'*Idumée*. Bruce présume que son nom actuel vient d'Édom qui signifie *Rouge*. A ces quatre noms il faut ajouter celui de *Bahar Qolzoum* qui lui est donné par les Arabes actuels, et les trois autres noms que je viens de citer d'après Hérodote.

sable ! Nous verrons les rivages de l'Euphrate et du Tigre, les contrées fertiles, les florissantes campagnes de Ninive, de Babylone, de Persépolis étouffées et ensevelies sous le brûlant manteau de ce terrible agent de la destruction !

Mais revenons sur nos pas, et portons nos regards vers les côtes africaines à l'occident de la mer Rouge, depuis *Suez* jusqu'au cap *Guardafui*, appelé le promontoire *Aromatum* par Danville. Quel aspect nous présentent ces plages arides, brûlées par un soleil incandescent? Pas de culture, pas d'eau, pas de végétation, sur un rivage de plus de six cents lieues. Cependant il y avait là des peuples nombreux et civilisés qui, si nous en croyons le voyageur Bruce, faisaient un commerce actif avec l'Inde dès le temps où *Cush*, petit-fils de Noé, alla s'établir à *Méroé* et dans l'Abyssinie. Je ne crois guère à cette migration des descendants de Noé, telle du moins qu'elle nous est racontée ; mais les erreurs de la vulgate, les écarts d'imagination de ceux qui voulurent expliquer l'origine de l'homme, n'infirment pas la vérité du fait principal relativement à l'existence, fort ancienne, de nations industrieuses, agricoles et commerçantes sur cette partie du continent africain. C'était là que régnait cette fameuse reine de Saba, dont on a raconté le voyage à Jérusalem et les liaisons galantes avec Salomon ; c'était là qu'était Ophir, qui fournissait la myrrhe, le baume et l'encens. C'est de là que sortit cette formidable armée d'un million de combattants, que les Hébreux prétendent avoir détruite ; et c'est peut-être aussi de là qu'étaient venus ces pasteurs *Hiskos*, qui s'emparèrent de l'Égypte, la conservèrent pendant deux cent soixante-dix années et composèrent la dix-septième dynastie des Pharaons.

Quelle que soit la valeur de ces conjectures, il est incontestable que la grande étendue des côtes africaines, à l'occident de la mer Rouge, était arrosée par beaucoup de petites rivières. « On ne pou-
» vait pas y naviguer deux jours sans trouver de
» l'eau. (Bruce) » On l'appelait *Ber-el-Ajam*, ce qui, dans la langue des Arabes pasteurs, signifie *eau de pluie*; on l'appela ensuite par corruption *Amia, le pays de l'eau*. Il faut croire qu'elle n'avait pas encore perdu tous ces avantages lors des conquêtes d'Alexandre, puisque les Ptolémées y bâtirent ou restaurèrent plusieurs villes, notamment *Bérénice epidera*, placée au détroit de Bab-el-Mandeb ; une autre *Bérénice* surnommée Panchrysos (toute d'or), à cause des riches mines exploitées dans son voisinage, et une troisième Bérénice située dans le pays des Troglodites, à peu près à la même latitude que Syène. Celle-ci devait sa fondation à Ptolémée-Philadelphe qui lui donna le nom de sa mère. C'était une ville importante pour le commerce. Des mines d'émeraudes existaient dans le voisinage. M. Caillaud les a visitées, il en avait même entrepris l'exploitation pour le compte de Méhémet-Ali.

mais les travaux furent promptement interrompus par la difficulté de fournir de l'eau aux ouvriers. Le même voyageur avait décrit les ruines de Bérénice; mais Belzoni qui les a cherchées en 1818, profita de quelques erreurs commises par M. Caillaud dans l'indication du point qu'elles occupent pour contester à notre compatriote la priorité de la découverte.

M. Champollion-Figeac place en outre sur la même côte, dans la Trogloditique, un lieu nommé *Théon Sotéron Portus*, ainsi désigné par Ptolémée-Philadelphe pour honorer la mémoire de son père et de sa mère surnommés dieux sotères (sauveurs). Il parle ensuite de *Ptolémaïs epi Théra*, probablement la même que celle appelée par Danville *Ptolémaïs Ferar*, sur le seizième degré de latitude. Il y avait encore *Albus Portus*, environ à huit lieues au-dessus de Cosseir. Je ne dirai rien d'Arsinoé, qui, d'après Danville, était peu éloignée de l'emplacement de Suez. Je passerai également sous silence une foule d'autres lieux habités qui animaient ces plages africaines. Je crois en avoir dit assez pour démontrer que dans les anciens temps elles étaient infiniment moins stériles et plus peuplées qu'elles ne le sont actuellement. Ajoutons cependant que l'état physique des chaînes de montagnes Arabiques et Lybiennes atteste qu'il y avait des cours d'eau descendant des déserts dans les vallées de l'Égypte. La vallée de l'Égarement fut elle-même creusée dans le Mokattan par une rivière ou au moins par des eaux torrentueuses.

A l'occasion de ces détails, si l'on veut bien se rappeler que le territoire d'Alexandrie, la Lybie, le désert de Barca, la Cyrénaïque, les provinces dépendantes de Carthage, la Numidie, la Mauritanie et même la Gétulie, étaient couverts de villes importantes, d'une riche végétation, et traversés par des rivières et des fleuves qui pour la plupart ont disparu comme le fleuve *Triton*. Si l'on ajoute à ces observations l'état déplorable des îles de l'archipel Grec, leur nudité aride, comparée à ce qu'elles étaient encore au siècle d'Homère, on devra reconnaître, dans toutes ces contrées, la funeste action d'un climat dévorateur. Partout le sable, les rochers ont remplacé la terre végétale; partout les rayons ardents du soleil ont tari les sources d'eau qui la fertilisaient. Si de tels exemples ne suffisaient pas pour constater le changement de température, je rappellerais ce qu'était l'empire de *Méroé*. La civilisation des Éthiopiens ne fut guère surpassée par celle de l'Égypte. Ce sont eux, ce sont les habitants de ce que nous appelons la Nubie, le Sennaar, le Darfour, le Cordofan, qui vinrent les premiers s'établir sur les bords du Nil, apportant avec eux leurs lois civiles et religieuses, leurs arts et leurs sciences.

Des nations éclairées, de grands empires se seraient-ils formés au sein de l'Afrique, si le climat avait été alors ce qu'il est de nos jours? Croit-on qu'une chaleur de quarante à cinquante degrés soit compatible avec le développement de l'intelligence et de toutes les facultés de l'homme? Examinez ce que sont les misérables tribus qui végètent dans l'intérieur de l'Afrique, entre le Cancer et le Capricorne; dites si elles pourraient jamais, sous les mêmes conditions climatériques, acquérir une haute renommée, et laisser, au bout de quinze à vingt mille années, des vestiges, des témoins de leur gloire. Pour clore cette série d'exemples, rappelons le souvenir du célèbre temple de Jupiter-Ammon, objet de vénération, et but de pélerinage pour les anciens peuples de ces contrées. Ce monument existait dans l'oasis de *Siouah*, situé au milieu des déserts, à cent lieues de l'Égypte et à soixante lieues de la Méditerranée.

Si l'on veut contester la justesse de ces remarques, on objectera peut-être le désastre de l'expédition de Cambyse. Il est vrai que les cinquante mille hommes envoyés pour soumettre les Ammonéens, périrent dans le désert. Le terrible Kamsin les anéantit. Mais alors le temple existait depuis longtemps. L'atmosphère avait déjà pu subir de prodigieuses variations.

Un climat tempéré est un agent civilisateur. Le froid excessif et l'extrême chaleur ramènent l'homme à l'état de la brute. Il faut donc admettre que, dans ces régions, une atmosphère généreuse avait favorisé l'essor de la pensée, et, qu'en changeant de nature, elle a corrodé l'esprit humain.

Mais comment concilier ces faits avec l'opinion de nos savants sur le refroidissement de la terre? D'un autre côté, si l'on admettait avec M. Denon, que la ruine des cités, l'abandon de la culture, la destruction des forêts, ont produit les déserts, ce serait prendre l'effet pour la cause. L'humidité et par suite la végétation ont disparu parce que la trop grande chaleur a desséché le terrain. Voilà, si je ne me trompe, la seule solution raisonnable de ce problème.

En même temps que ces vastes contrées se calcinent aux rayons solaires, d'autres régions peuvent se refroidir : on en cite comme preuve la situation présente de l'Islande et du Groënland. Dans un temps reculé, les Norwégiens et les frères Moraves avaient colonisé les côtes orientales du Groënland, et leurs navires y abordaient aisément pendant les mois d'été. Aujourd'hui, les glaces en interdisent presque toujours l'accès. Quant à l'Islande, on y cultivait des céréales qui ne peuvent plus y croître, tant il est vrai que la température n'y est plus la même.

Ces étranges vicissitudes du globe ne sont pas les seules à signaler pour justifier les conséquences que je crois pouvoir en déduire.

Les naturalistes et les géologues ont analysé la couche dont le globe est enveloppé. C'est là que se trouvent les plus belles pages de l'histoire de notre planète. Mais ne confondons pas l'histoire du genre humain avec celle de la terre. L'homme n'est peut-être qu'un accident, qu'un accessoire; peut-être ne sommes-nous qu'une transition entre des êtres d'espèce différente : le squelette de l'homme ne se découvre pour ainsi dire qu'à la surface du sol, tandis que des milliers de fossiles d'individus qui n'ont plus d'analogues, sont enfouis à d'immenses profondeurs dans les couches épaisses que les eaux salées et les eaux douces ont alternativement produites. L'illustre Cuvier s'est acquis une gloire impérissable en mettant ces grandes vérités à la portée de toutes les intelligences.

Les mers ont occupé, à diverses reprises et à d'incalculables distances, les continents abandonnés par elles depuis une époque inconnue; elles ont créé des lits énormes de matières, séparés entre eux par d'autres matières qui ne peuvent pas s'être formées pendant leur séjour. Elles ont donc changé de place plusieurs fois, laissant à sec les bassins qu'elles remplissaient, et submergeant tour-à-tour les parties de la terre ferme qui, précédemment, leur servaient de limites.

J'ai déjà énoncé les mêmes faits, dans mon dernier chapitre, mais ici, leur reproduction était nécessaire au classement de mes idées.

Non-seulement ces révolutions ont dû s'opérer, non-seulement les eaux se sont déplacées, mais encore il y a eu déplacement du froid et de la chaleur. Les régions hyperborées furent une zône torride ; les points situés entre les tropiques ont peut-être été couverts d'un linceul de neige, et, en général, toutes les contrées ont eu successivement une température moyenne, brûlante ou glacée. Les mêmes causes qui changeaient la position des mers, semblent avoir aussi changé le climat.

Ainsi s'expliqueraient ces quantités extraordinaires d'animaux et de végétaux fossiles enfouis dans la terre, sous des latitudes où ces mêmes animaux n'auraient pas pu vivre, où ces mêmes végétaux n'auraient pas pu croître. La nomenclature abrégée des découvertes faites en ce genre par les naturalistes, excéderait les bornes dans lesquelles je dois me renfermer. Je citerai seulement quelques exemples à l'appui de mes arguments. Commençons par reproduire en substance les observations de Messieurs Brongniart et Cuvier sur la constitution du sol de Paris :

« La contrée dans laquelle cette capitale est située est peut-être l'une des plus remarquables qui aient été observées, par la succession des divers terrains qui la composent, et par les restes extraordinaires d'*organisation ancienne* qu'elle recèle. Des milliers de coquillages marins, avec lesquels alternent régulièrement des coquillages d'eau douce, en font la masse principale ; des ossements d'animaux terrestres *entièrement inconnus*,

» même par leur genre, en remplissent certaines
» parties. D'autres ossements d'espèces considéra-
» bles par leur grandeur, et dont nous ne trouvons
» quelques *congénères* que dans des pays fort éloi-
» gnés, sont épars dans les couches les plus super-
» ficielles ; un caractère très-marqué d'une grande
» irruption venue du sud-est, est empreint dans les
» formes des caps et les directions des collines prin-
» cipales : en un mot, il n'est point de canton plus
» capable de nous instruire sur les *dernières révolu-*
» *tions qui ont terminé la formation de nos continents...*
» La butte Chaumont qui est le cap occidental de la
» colline de Belleville, n'est point assez élevée pour
» offrir les bancs d'huîtres, de sables argileux et de
» grès marins qu'on observe à Montmartre. Nous
» avons dit qu'on trouvait le grès marin près de Ro-
» mainville, nous ne connaissons les huîtres que
» dans la partie de la colline qui est la plus voisine
» de Pantin ; on les trouve à six ou sept mètres au-
» dessous du sable et un peu au-dessus des marnes
» vertes. »

Les deux illustres savants expliquent ensuite la composition de la Butte-Montmartre, formée de matières analogues à celles de la colline dont elle fait partie. Les couches supérieures présentent du sable et des grès quartzeux contenant des coquillages marins dont on n'a pu reconnaître que quatorze espèces. Plus bas est un banc de sable argileux ayant avec le précédent une épaisseur d'environ trente mètres. Au-dessous sont des bancs de marne argileuse et de marne calcaire, mélangés d'huîtres. Le sixième banc contient aussi des coquilles d'huîtres, mais elles diffèrent des précédentes dans leurs dimensions. Trente-deux autres bancs inférieurs, créés à des époques différentes, offrent ensemble une épaisseur de 23 mètres et reposent sur des couches de marne calcaire dans lesquelles on a découvert un tronc de *palmier fossile*, d'un gros volume, pétrifié en silex. De ce point à la surface de la montagne il y a une hauteur totale de 71 mètres.

Si l'on creuse à une plus grande profondeur, on trouve une seconde masse de gypse et de marne calcaire, divisée en trente bancs superposés, dont le diamètre perpendiculaire est de trente pieds. *Elle ne contient, ainsi que la première, aucune trace du séjour des eaux maritimes.*

Une troisième masse gypseuse de 12 mètres recèle un très-grand nombre de coquilles et d'empreintes de coquilles qui sont évidemment des productions de la mer. On en a reconnu quinze espèces parmi lesquelles des oursins, des crabes, des squales, des polypiers rameux, etc.

Au-dessous existe une couche de craie argileuse épaisse de 9 mètres, contenant aussi des coquillages.

Le territoire d'Yvry, de Montrouge, de Vaugirard, de Clamart, d'où l'on extrait la pierre de construction, présente à peu près les mêmes caractères, la même disposition dans le gisement des couches et les mêmes témoignages du séjour alternatif des eaux salées et des eaux douces.

Voilà des faits constants, des preuves irréfragables de quelques-uns des bouleversements que le globe a subis par l'action des eaux et par les changements de climat. Dans la plupart de nos départements, en Allemagne, en Pologne, en Russie, en Suède, en Angleterre, au Mexique, au Brésil, dans les flancs des Cordillières, partout enfin où l'on a creusé la terre, les siècles passés se sont représentés aux regards de l'homme sous des formes variées et toujours différentes des formes actuelles.

En Sibérie il existe de nombreux dépôts d'ivoire fossile, « on en tire de grandes quantités et l'on en
» tirera bien davantage avec le temps, dit Buffon,
» lorsque ces vastes déserts du nord, qui sont à
» peine reconnus, seront peuplés, et que les terres
» en seront remuées et fouillées par les mains de
» l'homme. »

Je terminerai mes citations en empruntant ce qu'on va lire au livre de M. Beudant sur la géologie :

« Il existe, dit-il, en Angleterre, à l'île de *Port-*
» *land*, et sur plusieurs autres points du continent,
» intercalés dans d'autres dépôts, une couche de
» matière noire qu'on nomme *couche de boue*, et de

» petits lits argileux dans lesquels au milieu d'un
» grand nombre de débris végétaux couchés et dis-
» persés, on voit des troncs d'arbres et diverses
» plantes en place avec leurs racines qui s'étendent
» jusque dans les fissures du sol calcaire inférieur,
» comme nous le voyons souvent aujourd'hui dans
» les montagnes; il y a donc eu là, autrefois, un
» sol végétal sur lequel ont crû toutes ces plantes
» aujourd'hui enfouies dans le sein de la terre. Mais
» toutes les espèces qu'on trouve dans ce dépôt ap-
» partiennent à des genres, tels que cycas, zamia,
» et quelques grands équisétacés, qui ne vivent que
» sous les tropiques, et les débris d'animaux qui les
» avoisinent se rapprochent aussi de ceux de la
» même zône; par conséquent la température
» moyenne, au moment de cette formation, était
» fort différente en Angleterre de ce qu'elle est au-
» jourd'hui. »

Voilà encore des exemples qui constatent la formation de nouvelles couches sur l'enveloppe primitive du globe, et qui prouvent de notables variations atmosphériques. Il est vrai que M. Beudant attribue ces résultats à la température interne et naturelle de notre planète avant qu'elle fût refroidie. Il pense que la chaleur de la sphère terrestre était assez forte pour que celle du soleil fût sans effet, et il en conclut que toutes les zônes actuelles pouvaient produire des plantes équatoriales; c'est ainsi que M. Beudant explique l'existence de ces plantes et de ces animaux fossiles dans les régions maintenant glacées.

Le savant professeur me semble faire ici une fausse application de son système : Si la température naturelle du globe avait fait croître, dans les régions polaires, des plantes tropicales, toutes les autres parties de la terre auraient eu une chaleur au moins égale, M. Beudant l'affirme lui-même, et, à ses yeux, cette circonstance justifie les vieilles traditions qui présentent notre globe comme ayant joui d'un éternel printemps. Mais alors comment expliquera-t-on l'existence simultanée d'animaux et de plantes qui ne vivent maintenant que dans les contrées glaciales? comment conciliera-t-on la présence de ces fossiles dans des pays voisins de la ligne équinoxiale, avec le système qui admet une chaleur universelle de quarante à cinquante degrés ! Remarquons d'ailleurs que si la chaleur centrifuge avait seule agi, on ne concevrait pas la formation de bancs de substances solides au-dessus du niveau des matières végétales ; les fossiles signalés par M. Beudant seraient à la surface du niveau de la terre et non pas enfoncés à de grandes profondeurs. Les théories qu'il a développées laissent subsister à cet égard une grande et fâcheuse lacune et ne jettent aucun jour sur la question fort essentielle du déplacement des mers.

J'oserai à mon tour, moi chétif observateur, hasarder une hypothèse, hypothèse rationnelle, car elle explique tous les phénomènes dont nous cherchons la cause, mais peut-être trop hardie, car elle me parait neuve.

L'un des écrivains les plus érudits du dernier siècle, Dupuis, auteur de l'*Origine des cultes*, expliquant la révolution désignée sous le titre : *Précession des équinoxes*, s'exprime en ces termes :

« Si un mouvement très-lent du pôle dans les
» cieux, en sens contraire de celui des signes, fait
» RECULER L'ÉQUATEUR, LE DÉPLACE SUCCESSIVEMENT et
» fait rétrograder dans le zodiaque les points où il
» coupe l'écliptique, etc... Ce devancement de
» l'équinoxe est connu sous le nom de précession
» des équinoxes ou de période de 25,812 ans, dans
» le mouvement des fixes ; mouvement cependant
» qui n'est qu'apparent pour elles, et qui n'est réel
» que DANS LE PÔLE DE LA TERRE, dont le mouvement
» relativement au ciel, règle celui de l'ÉQUA-
» TEUR, etc. »

M. Liskenne adopte le même sentiment sur le changement d'INCLINAISON DE L'AXE DE LA LA TERRE; il affirme que l'obliquité de l'écliptique décroît d'une minute par siècle. « Le calcul des anciens ne
» s'éloigne pas trop de cette donnée, car telle est
» l'origine des 473,000 ans d'observations, que Diodore accorde aux peuples de la Chaldée... Il est
» probable que ces antiques astronomes, après
» avoir reconnu la quantité de cette diminution,
» l'ont supposée éternelle, etc. »

Ailleurs M. Liskenne s'exprime ainsi :

« L'axe du monde est donc mobile, mais il ne
» peut changer sans déplacer en même temps tou-
» tes les parties du globe. »

Voilà toute ma combinaison ; voilà mes autorités, voilà de quelle manière, je crois, l'on peut
se rendre compte de tous les déplacements des mers
et des variations atmosphériques. En effet, si les
pôles célestes ne correspondaient plus aux points du
globe où sont les pôles terrestres, c'est que ces derniers auraient été remplacés par d'autres points de
notre planète; c'est que l'équateur aurait fait un
mouvement oblique, c'est que l'axe de la terre aurait éprouvé une semblable déviation. Si le mouvement continue à s'opérer dans le même sens, l'é-
quateur pivotera en quelque sorte sur lui-même, et
au bout d'une période quelconque, il aura com-
plété sa révolution. Ainsi, toutes les parties du
globe se seront successivement trouvées sous la ligne équinoxiale, et les pôles auront tour-à-tour
occupé tous les points de l'horizon. Tout devient
clair dans cette hypothèse; on conçoit alors comment les mêmes contrées ont pu changer de place,
car non-seulement l'effet d'une grande chaleur qui
succèderait lentement à un froid extrême, suffirait
pour diminuer la masse des eaux dans quelques zônes en les reportant ailleurs, mais encore il est probable que les déviations dans la rotation journalière de la terre, forceraient les masses liquides à

quitter leurs vastes bassins pour se précipiter sur les continents; elles obéiraient à l'impulsion du mouvement diurnal.

Cette théorie donnerait la clé de beaucoup de choses; elle ferait comprendre pourquoi, au temps d'Hipparque, 130 ans avant notre ère, le pôle terrestre correspondait à des étoiles de diverses grandeurs parmi lesquelles n'était pas l'étoile polaire actuelle; et pourquoi, vingt-six siècles auparavant, l'astronome chinois *Yonchi*, consigna sur le pôle céleste des observations qui ne peuvent pas non plus s'appliquer à cette étoile. Enfin elle expliquerait un passage d'Hérodote auquel on ne peut guère autrement prêter un sens raisonnable. Je copie sa narration :

« Ils (les prêtres) m'assurèrent aussi que dans
» cette longue suite d'années, le soleil s'était levé
» deux fois où il se couche maintenant, et qu'il s'é-
» tait couché aussi deux fois à l'endroit où nous
» voyons qu'il se lève aujourd'hui. »

Les dires des prêtres ne peuvent pas se rapporter à deux cas exceptionnels, à deux *jours* où le soleil se serait levé où il se couche. Il s'agit nécessairement de deux périodes pendant lesquelles l'astre du jour se couchait et se levait, relativement à la terre, à l'opposé de la région où, à d'autres époques, il paraissait le matin et disparaissait le soir. Ce fait devient tout naturel si l'on admet la révolution complète de l'écliptique.

Ce serait ici le cas de parler du haut degré de civilisation auquel étaient parvenus des peuples capables de résoudre de tels problèmes. La constatation de ces faits astronomiques était encore difficile en Europe, il y a moins d'un siècle, malgré les profondes connaissances de nos astronomes. Je préfère m'arrêter à une simple réflexion sur l'erreur commise par beaucoup d'écrivains ; ils ont dit que les Chaldéens, et les Égyptiens avaient la prétention de faire remonter leurs annales à *plusieurs milliers de siècles!* nos auteurs traitaient d'absurde une pareille exagération, et en cela, ils n'avaient pas tort. Mais les Orientaux ont fort bien pu, grâce aux progrès de leur science, calculer la marche du ciel, en déduire les conséquences pendant une phase de 473 mille années, sans prendre ce nombre d'années pour point de comparaison de leur existence. On a considéré leur série d'observations comme applicable à des temps révolus, tandis qu'elles n'avaient probablement pour objet que de déterminer la durée totale de toutes les révolutions astronomiques.

Tel est l'ensemble de mes idées, je les abandonne pour ce qu'elles valent ; et je répète que ces hautes questions ne me paraissent pas complètement résolues par les autres systèmes, tandis que celui dont on vient de voir l'exposition succinte résout le problème d'une manière claire pour toutes les intelligences.

Qu'on me permette une réflexion dernière. Dieu seul est éternel, ses œuvres sont périssables, du moins celles à la portée de la perception de nos sens. Le grand architecte de l'univers a dispensé également ses bontés et ses rigueurs ; partout le bien est à côté du mal : un principe rénovateur perpétue le monde jusqu'à ce qu'il plaise à la divinité d'assigner un terme à son ouvrage, ou d'en changer la forme.

Le jeu des éléments qui constituent la nature, produit alternativement la vie et la mort; leur action salutaire ou cruelle est tellement évidente, que tous les peuples ont admis deux puissances immortelles, qui luttent sans cesse, l'une pour créer, l'autre pour détruire. Puisque tous les êtres sont soumis à ces alternatives heureuses et funestes, puisque rien n'est stable dans leur existence, Dieu n'a sans doute point excepté notre planète de cette règle universelle ? Le globe est aussi une créature; il occupe sa place dans la grande chaîne des êtres et il doit avoir une durée relative à sa masse, à son importance ; mais cette existence n'est-elle pas sujette, comme celle du genre humain, à des perturbations qui en troublent le cours? Pourquoi admettrait-on pour elle une sorte d'immuabilité privilégiée? N'est-il pas plus logique de penser que le créateur a établi pour toutes choses la condition de subir les modifications, les transformations auxquelles nous voyons assujetti tout ce que la terre produit à nos yeux? Appliquons les mêmes principes, les mêmes nécessités à l'atmosphère du globe, et ne pensons pas qu'il y ait des contrés condamnées éternellement à l'ardeur du feu, tandis que d'autres seraient éternellement ensevelies sous les glaces.

CHAPITRE XXIII.

Comment l'Égypte s'est formée. — Les lacs. — Configuration générale de l'Égypte. — Comment l'Égypte s'est peuplée. — Empire de Méroé ou d'Éthiopie. — Assertions erronées de Bruce. — Ruines en Éthiopie, la reine Candace.

Le Nil a créé l'Égypte; le doute n'est pas possible quand on a parcouru ce pays dans toute son étendue. Il suffit de jeter les yeux sur une carte géographique, d'observer la saillie d'un quart de cercle que les côtes du Delta dessinent dans la Méditerranée, et les espèces de caps allongés et anguleux qui se forment aux bouches du fleuve, au-dessous de Damiette et de Rosette; il suffirait même de savoir que les eaux du Nil sont toujours chargées de sable apporté de l'Éthiopie, pour se convaincre des envahissements du continent sur la mer, et pour en comprendre la cause. En effet, puisque ces eaux, qui tiennent en suspension une si grande quantité de matières friables, servent toute l'année aux irrigations, et recouvrent pendant quatre mois la presque totalité du territoire, elles y font des dépôts qui exhaussent le sol. Et, quant à la partie de ces matières charriée jusqu'aux embouchures du fleuve, elle est arrêtée par la mer, repoussée vers les côtes et elle augmente peu à peu la terre ferme. Ainsi s'explique la formation de ces barres de sable, de ces *boghaz,* qui rendent si difficile, si dangereuse, l'entrée des navires dans les diverses branches du Nil et qui font dire aux marins Turcs: « qui ne craint pas les boghaz ne craint pas » Dieu. »

Ainsi se conçoit l'existence de ces lagons qui occupent une si grande surface dans les provinces septentrionales du Delta. Les sables rejetés par la mer lui sont reportés par le Nil, et leur masse se grossit chaque jour de toute la quantité contenue dans ses eaux. Cette lutte incessante entre deux puissances tellement inégales, donne pourtant, et toujours, l'avantage à la plus faible, parce que les moyens d'agression se renouvellent sans jamais discontinuer. Du moment qu'elles ont trouvé une première résistance, les matières ne peuvent rétrograder, elles s'amoncèlent et finissent par combler, au point où elles se précipitent, le bassin de la Méditerranée. Des bancs se forment et s'élèvent graduellement jusqu'au niveau de la mer, les vagues agissent contre le courant à la limite extrême de ces alluvions. Le sable, constamment apporté, et constamment repoussé, s'arrête à cette limite comme sur un terrain neutre, et compose des dunes, sorte de rempart qui paralyse les efforts des brisans. Mais, quelquefois, entre ce bourlet et la côte, il reste un espace où les atterrissements n'ont pas encore atteint assez de hauteur pour faire disparaître la submersion. Les eaux saumâtres s'y maintiennent longtemps malgré leur peu de profondeur parce qu'alors le Nil conduit plus loin les substances dont il est chargé. Il en fut toujours ainsi depuis la création de l'Égypte. Hérodote constate qu'à une lieue en mer la sonde ramenait du limon du Nil. Et c'est encore ce qui a lieu de nos jours quoique la côte soit plus avancée.

Telle a été l'origine des lacs salés du Delta. Ils se combleront comme l'ont été ceux qui les avaient précédés dans toutes les parties de ce continent depuis le cap Bourlos jusqu'au Caire, et augmenteront l'étendue du sol cultivable. Le lac *Maréotis*, le plus occidental de tous, serait déjà dans ce cas si l'on y faisait quelques travaux d'une exécution facile, puisqu'il est à peu près desséché et puisque la mer ne peut plus y parvenir. Le lac *Madyeh*, situé derrière Aboukir, n'est séparé du Maréotis que par une chaussée dans laquelle passe le canal Mahmoudieh; il a une superficie de 14,000 hectares; la mer s'y introduit par un petit canal naturel. Il occupe l'emplacement de l'ancienne bouche Canopique et n'existe que depuis la suppression de cette branche du Nil. Le lac d'Edkou, représentant une surface de 34,000 hectares est à la suite de ce dernier... Après avoir traversé la branche de Rosette, on rencontre le lac Bourlos, contenant 112,000 hectares. Continuant à suivre la direction de l'orient on arrive au lac Menzaleh qui s'étend de Damiette aux ruines de Péluse. Il a une surface de 197,000 hectares et communique avec la Méditerranée par deux ouvertures, qui sont les anciennes bouches Mendesienne et Tannitique. Enfin on trouve *Sebakal Bardowal*, qu'Hérodote désigne souvent sous le nom de lac *Serbonis*, en partie desséché, et qui s'avançait davantage autrefois sur le continent. Il servait de frontière à l'Égypte du côté de la Syrie. Une allégorie ingénieuse représentait le lac, ou marais Serbonis, comme servant de retraite à Typhon parce que, sans doute, c'était là que commençait le désert. De là jusqu'au golfe Plinthinètes, à l'occident de la tour des Arabes, dont j'ai dit quelques mots en parlant d'Alexandrie, Hérodote donnait 3,600 stades, soit 91 lieues de largeur au Delta, mais notre historien ne dit pas si son calcul portait sur une ligne courbe, sur une ligne droite, ou s'il faisait raison des sinuosités du rivage. Dans cette dernière supposition, la distance totale serait maintenant de plus de cent lieues.

La plupart des auteurs expliquent à peu près de cette manière les accroissements successifs du territoire Égyptien. Après en avoir énoncé la cause principale, le savant Denon complète ses explications par les remarques suivantes : « Les premiers » végétaux qui croissent sur les Alluviens sont trois

» à quatre espèces de soudes : les sables s'amoncè-
» lent contre ces plantes ; elles s'élèvent de nouveau
» sur l'amoncèlement ; leur dépérissement est un
» engrais qui fait croître des joncs ; ces joncs élè-
» vent encore le sol et le consolident. Le dattier pa-
» raît, qui, par son ombre, y conserve l'humidité,
» et achève d'y apporter l'abondance, ainsi qu'on
» peut le voir aux environs du château de *Racid*,
» dont, au temps de Sélim, le canon tirait en mer,
» et qui maintenant se trouve à une lieue du ri-
» vage, entouré de forêts de palmiers, sous lesquels
» croissent d'autres arbres fruitiers, et tous les lé-
» gumes de nos jardins les plus abondants. »

Le père *Kirker*, jésuite, attribuait à Joseph le desséchement du Delta. Il est possible que Joseph ait livré à l'agriculture quelque terre d'alluvion, mais c'est aller beaucoup trop loin que de faire honneur d'une si vaste entreprise à un ministre d'un roi *Hiskos*, d'un de ces chefs de pasteurs qui se rendirent maîtres de l'Égypte, la saccagèrent et détruisirent presque tous les monuments. L'administration de cet homme, loin d'avoir contribué d'une manière aussi efficace à l'agrandissement et à la prospérité de ce pays, a au contraire, marqué son passage par des actes d'une froide cruauté. N'est-ce pas ce prétendu civilisateur qui s'empara des récoltes et mit le peuple dans la nécessité de choisir entre la servitude et la famine ! Cela peut être un trait d'habileté pour un despote égoïste, impitoyable et cupide, mais certes, ce n'est pas là un titre à l'admiration et au respect de la postérité. Joseph, s'il a jamais eu la puissance qu'on lui suppose, aurait dû en faire usage pour améliorer la condition des hommes et non pour les réduire en esclavage, et asseoir sur un abominable et brutal despotisme le pouvoir d'un prince étranger et barbare.

C'est un fait désormais acquis et hors du cercle de la discussion, que la création du Delta par les atterrissements du Nil. S'il me fallait citer toutes les preuves fournies par les auteurs anciens et par les modernes, je pourrais en composer plusieurs volumes, car tous les hommes éclairés qui ont étudié cette question sur les lieux, et vérifié la constitution du sol, ont unanimement exprimé la même opinion, seulement quelques-uns différaient de sentiment sur la longueur de la période pendant laquelle cette transformation s'est opérée.

Je dois pourtant noter que Fréret, dans un mémoire présenté à l'Académie des Inscriptions, en l'année 1745, et Bruce, dans son grand ouvrage en cinq gros volumes in-4°, soutiennent une théorie différente. Mais Fréret n'a pas vu l'Égypte, et Bruce l'a traversée sans la voir; il en a parlé comme de beaucoup d'autres choses, avec une légèreté présomptueuse. Ses longues dissertations terminées par ces mots : « J'ose me flatter d'avoir suffisamment » prouvé que l'Égypte ne fut ni un bras de mer, ni » formée par le limon du Nil; mais qu'elle a été

» créée telle qu'elle est dans le même temps que les
» autres parties de la terre et pour le même des-
» sein, » ne méritent pas une réfutation sérieuse.

Citons encore deux arguments que ce prolixe narrateur oppose à Hérodote : « S'il était vrai, » comme le prétend Hérodote, que la terre d'Égypte » *s'exhaussât* d'un pied tous les cent ans, cet accrois- » sement serait remarquable dans les plus anciens » monuments. Mais la base de tous les obélisques » de la Haute-Égypte reste entièrement à découvert » ainsi que le pavé uni qui les environne, et qui » n'a été sûrement fait que pour recevoir l'ombre » gnonomique. Il y a dans la plaine, un peu au- » dessus de Thèbes, deux statues colossales, visi- » blement destinées à servir de Nilomètres, et cou- » vertes d'hyéroglyphes et de modernes inscriptions. » Ces statues restent découvertes jusqu'au bas de » leur piédestal. »

Je donnerai plus tard quelques renseignements sur les obélisques et sur les deux statues colossales mentionnées par ce voyageur anglais. Pour le moment je me contente de m'inscrire en faux contre tout ce qu'il en dit. Il est difficile de comprendre comment un auteur, surtout quand il s'adresse au monde savant, ose affirmer des faits aussi controuvés, et je comprends encore moins comment de tels récits infidèles aient pu valoir considération et profit à celui qui les a fabriqués.

Revenons à des historiens capables de nous faire

connaître l'état physique de ce pays dans l'antiquité.

D'après Hérodote, le Delta n'était encore qu'un marais au-dessous de Memphis lorsque Menès fonda cette capitale environ 5,760 années avant notre ère. Précédemment ces marais étaient un golfe dont les rivages confinaient au Mokattan et aux monts Lybiens, et dans lequel le Nil devait se décharger à la hauteur du Caire. Mais si nous remontons plus loin dans la nuit des siècles, nous arriverons à une époque où la vallée du Nil n'existait pas; le fleuve prenait son cours dans la Lybie au-dessus de Syène, et, traversant un espace de trois cents lieues, se joignait probablement à la Méditerranée sur un point du désert de Barca. Il était sans doute arrêté par la montagne granitique qui sépare l'Égypte de la Nubie.

« Il s'est ouvert, ou bien il lui a été ouvert par un
» accident quelconque, le passage qui forme aujourd'hui la cataracte de Syène (Champollion-Figeac). » L'obstacle n'a pas dû s'aplanir rapidement. Les eaux ne sont pas arrivées d'une manière spontanée; elles sont venues d'abord par filtrations, en petite quantité, ont imprégné le terrain au-dessous de Syène, en ont fait un marécage; sont ensuite descendues plus bas, ont creusé avec lenteur un faible courant dans les terres submergées. Mais plus tard les fissures ont été élargies par l'action des eaux, les filtrations sont devenues plus

considérables, et acquérant une force relative à leur volume, et combinée avec la rapidité du courant, elles ont usé, arraché les blocs qui gênaient leur marche; le Nil se précipitant avec violence dans les nouvelles brèches, a fini par vaincre la résistance, il est sorti triomphalement des crevasses de ces montagnes ouvertes, déchirées et séparées sous les efforts de sa masse, et a cessé de fertiliser les vastes plaines de la Lybie, condamnées par son absence, à une désolante stérilité.

Des luttes de ce genre ont dû recommencer sur plusieurs points de son parcours : quelques remparts de rochers lui barraient le passage; il lui a fallu les miner, les faire écrouler et creuser une route au niveau de leur base. Les monts Lybiens et le Mokattan se joignaient par des ramifications et n'étaient en quelque sorte qu'une même chaîne de montagnes; on le voit aisément dans plusieurs parties de l'Égypte et surtout au mont *Gebel Selseleh*, appelé aussi les Deux-Sœurs. Ce sont deux montagnes séparées par le Nil qui les traverse dans un lit resserré; elles se ressemblent beaucoup, et pour peu qu'on y fasse attention, on reconnaît sur leurs flancs des gisements de pierre calcaire d'une égale épaisseur, ayant les mêmes inclinaisons et situés à la même hauteur. On ne saurait nier que dans l'origine ces deux côtes rocheuses n'en faisaient qu'une. Le Nil a donc entraîné et charrié à la mer tout ce qui gênait sa course. Ses progrès étaient d'autant plus rapides que la vallée de l'Égypte devait avoir alors beaucoup plus d'élévation, tandis que l'emplacement du Delta, occupé par un golfe, avait une profondeur considérable. La pente du terrain favorisait l'écoulement des eaux et augmentait leur puissance sur les parties friables du sol. Mais lorsque le fleuve eut achevé de creuser la vallée de l'Égypte et l'immense canal dans lequel il se promène, et lorsque le golfe fut comblé, la pente diminua considérablement et le courant se ralentit. C'est alors que les eaux, par le dépôt continuel du sable qu'elles tenaient en suspension, commencèrent à former un sol nouveau. Les alluvions remplacèrent les terres enlevées et donnèrent à ce pays la physionomie actuelle.

C'est ainsi que la Thébaïde et le Delta se sont formés dans une période dont la durée échappe à tous les calculs (1).

Bien que plusieurs illustres membres de nos corps savants, des observateurs profonds, des narrateurs spirituels, en un mot la plupart des hommes qui ont publié des ouvrages remarquables sur l'Égypte ; bien qu'Hérodote lui-même, Strabon, Diodore et d'autres historiens, aient exprimé une opinion à peu près uniforme sur la création de ce pays, aucun n'avait ce me semble développé cette pensée ; c'est

---

(1) Berthollet et Dolomieux évaluaient à 48,000 années la période écoulée pendant la formation du Delta.

ce qui m'a engagé à hasarder les conjectures qu'on vient de lire.

La théorie qu'elles renferment est en parfaite harmonie avec le sens des indications fournies à Hérodote par les anciens prêtres de Thèbes et de Memphis ; cette concordance me paraît établir la bonté du thème qui sert de base à mes raisonnements.

Tout le monde a expliqué la configuration générale de l'Égypte. C'est depuis le Caire jusqu'à Assouan, une vallée sinueuse, dont la largeur varie de trois à six lieues, et d'une longueur d'environ deux cents lieues, fermée ou bornée à l'orient dans toute son étendue par le Mokattan, soit la chaîne Arabique, et à l'occident par les monts Lybiens.

Entre le Caire et la Méditerranée, c'est une plaine unie, de forme triangulaire, ayant quarante lieues du nord au sud, et environ soixante de l'est à l'ouest, le tout en supposant des lignes directes. Les ruines de *Péluse* à l'orient, Alexandrie à l'occident et le Caire au midi sont les trois angles de ce triangle. La surface du Delta est donc plus grande que celle du reste de l'Égypte. C'est aussi là que le sol est plus fertile et la végétation plus belle, sauf les zônes qui ne sont plus arrosées par les eaux du Nil, et sauf l'espace, malheureusement très-considérable, occupé par les lacs salés. Telle est l'étendue de la contrée dont le Nil est le créateur.

A mesure qu'elle se formait, les Éthiopiens venaient s'y établir. Il est permis de croire que déjà ces colonisations avaient prospéré, que la population était assez considérable avant que le bassin de la Haute-Égypte fût descendu à la profondeur actuelle, puisque les cavités sépulcrales, qui paraissent être les plus anciennes de la chaîne Lybique, sont au sommet de la montagne. C'est principalement dans les environs de Thèbes qu'on aperçoit, sur une ligne horizontale, les petites ouvertures de ces antiques hypogées. Si le niveau du terrain cultivable eût été ce qu'il est aujourd'hui, aurait-on taillé les rochers pour y déposer les momies, à une pareille élévation? non sans doute : c'eût été sur le versant ou à la base de ces montagnes que les premiers habitants auraient fait leurs excavations funéraires. A mesure que le sol de la vallée s'abaissait, les flancs de ces monts calcaires se découvraient sur une plus haute surface et devenaient à leur tour des lieux de sépulture.

N'attachons pas à cette observation plus d'importance qu'elle n'en comporte et reconnaissons l'impossibilité d'en prouver la justesse.

Le fait capital auquel je m'arrête, c'est la colonisation de l'Égypte par l'Éthiopie : les recherches et les savantes dissertations de MM. Burckhard, Caillaud, Champollion le jeune, Hoskins; l'opinion émise par M. Pariset, par M. Salles, et les considérations sur lesquelles cette opinion est basée doivent la faire partager par tous ceux dont quelque préjugé n'aura pas faussé le jugement. On reconnaît dans les Barabras, je puis le certifier moi-même, ayant vécu plusieurs mois au milieu d'eux, le type des figures égyptiennes gravées sur les monuments ou peintes sur les momies. On en retrouve aussi le caractère dans les Fellahs, sauf les altérations produites soit par la différence du climat, soit par le mélange des races; M. Caillaud a cité un grand nombre d'usages qui s'observaient en Égypte et qui subsistent encore en Éthiopie ou Nubie ; en outre il constate que les principaux objets consacrés au culte des Égyptiens, notamment l'*Ibis*, le serpent, le cynocéphale, la pintade employée comme ornement de la coiffure de plusieurs divinités féminines représentées dans les bas-reliefs et les sculptures de l'Égypte, etc., etc., appartiennent exclusivement à l'Éthiopie. « On ne saurait se refuser à conclure, » dit M. Caillaud, qu'elle fut habitée avant l'Égypte, » elle eut des lois, des arts, une écriture. »

J'emprunterai ici à M. Schœlcher la traduction de quelques remarques du voyageur anglais Hoskins : « La question de savoir, dit M. Hoskins, si » les Éthiopiens prirent leurs connaissances des » Égyptiens, ou si ces derniers au contraire les leur » empruntèrent, occupe depuis longtemps l'atten- » tion des savants. L'une de ces deux hypothèses » est incontestable, car la similitude de style impli- » que évidemment une origine commune. La scupl- » ture éthiopienne a un caractère spécial. Les gran-

» des figures ont en particulier, une rondeur de
» forme que je n'ai jamais rencontrée dans aucune
» sculpture égyptienne. On retrouve aussi dans les
» petites figures un caractère analogue, quoique
» moins facile à reconnaître, en raison de leur di-
» mension. Bien que les hiéroglyphes éthiopiens
» soient maintenant presqu'effacés, on peut encore
» constater, en les étudiant, qu'ils ne sont pas grou-
» pés comme ceux des Égyptiens. Leur infériorité
» évidente sur ce point témoigne clairement ou une
» grande corruption du style des Égyptiens, ou, plus
» probablement, un grand perfectionnement opéré
» par ceux-ci dans l'invention éthiopienne. Cela est
» d'autant plus extraordinaire que Diodore de Sicile
» nous apprend que l'intelligence des hiéroglyphes
» était en Égypte reléguée parmi les prêtres seule-
» ment, tandis qu'en Éthiopie ils étaient compris de
» tout le monde....... Les bas-reliefs appartiennent
» tous d'une manière évidente à la contrée. La plus
» grande partie de ceux qui sont parvenus jusqu'à
» nous ne se trouvent pas en Égypte, et paraissent
» représenter les rites d'une religion beaucoup plus
» simple et plus pure que la mythologie égyptienne.
» Ils portent le cachet de l'originalité ; et j'avancerai
» par conséquent, que le style éthiopien est, quoique
» perfectioné depuis, antérieur à tout autre.....

» On retrouve en Éthiopie les restes ou la trace de
» quatre-vingts pyramides : quarante-deux à *Méroé*,
» dix-sept à *Nourri*, vingt-un à *Gibel el Berkel*. La

» beauté de ces sépultures confirme l'exactitude des
» souvenirs historiques. Là où le sentiment des arts
» fut poussé à une telle perfection, nous pouvons
» nous assurer que les autres œuvres de l'intelligence
» n'étaient pas négligées ni les sciences inconnues...
» les vases que l'on voit figurer dans les offrandes
» ont un degré d'élégance et de délicatesse qui n'a
» jamais été surpassé.... Des faits de cette nature té-
» moignent seuls jusqu'à l'évidence de la civilisation
» d'un peuple. On peut, sans même être versé dans
» les arts, comprendre qu'une nation chez laquelle
» on employait des vases aussi riches, aussi magni-
» fiques qu'on en rencontre à Londres, ne pouvait
» être dans la Barbarie, etc.... »

La préface du livre de M. Hoskins contient les
lignes suivantes : « L'Éthiopie renferme des mo-
» numents qui rivalisent avec ceux d'Égypte en gran-
» deur, en beauté, et qui, sous plusieurs rapports,
» offrent encore plus d'intérêt, suivant Necrem,
» Champollion, Rosellini et plusieurs autres voya-
» geurs illustres, dont le jugement a été confirmé
» par mes propres observations ; là fut la terre où
» les sciences et les arts de l'Égypte, et postérieure-
» ment de la Grèce et de Rome, eurent leur ber-
» ceau : dans cette remarquable contrée, nous con-
» templons les premiers, les plus anciens efforts du
» génie humain. »

M. Eusèbes de Salles déclare également que la
race égyptienne est sortie de Méroé.

Le philosophe Lucien à qui Trajan avait confié un emploi dans l'administration de l'Égypte et qui y mourut vers l'année 200, a laissé beaucoup d'ouvrages en forme de dialogue. Dans l'un d'eux il déclare que les Éthiopiens surpassent en connaissances toutes les autres nations et qu'ils sont les premiers inventeurs de l'astrologie.

« Quelle était cette population dont il est permis
» de dire qu'elle a créé l'Égypte et qui n'a cessé pen-
» dant des milliers d'années d'y accumuler des mer-
» veilles ? D'où venait-elle ? Comme le fleuve, elle
» venait des contrées méridionales ; elle était d'ori-
» gine éthiopienne (Pariset). »

A ces autorités respectables je puis ajouter celle de Bruce : il reconnaît que la fondation de Thèbes est due à une colonie d'Éthiopiens sortie de Méroé, mais il explique comment ces derniers descendent de *Cush*, petit-fils de Noé, qui, dit-il : « Peu de
» temps après le déluge, passa avec sa famille par la
» Basse-Égypte, traversa *Atbara* et vint jusques aux
» terres élevées qui séparent le pays enfoncé d'*At-
» bara* des hautes montagnes d'Abyssinie. »

Il est à propos de noter que le lieu appelé *Atbara* par Bruce est l'île de *Méroé*, ainsi nommée par Cambyse à cause de sa sœur *Méroé*, dont il avait fait sa femme (de Ségur). C'est une vaste contrée limitée à l'est, au nord et à l'ouest par le *Nil* et l'*Astaboras*, où était le siège principal de l'empire des Éthiopiens, et qui s'étend jusqu'au 10ᵉ degré de latitude nord. Aujourd'hui nos géographes la divisent en plusieurs parties qui portent d'autres noms.

La Genèse dit que *Chus* fils de *Cham* et petit-fils de Noé eut six fils : *Saba, Hevila, Sabatha, Regma, Sabathaca,* et *Nemrod qui commença à être puissant sur la terre.* La ville capitale de son royaume fut *Babylone, outre celles d'Arach, d'Akhad et de Chalanne dans la terre de Sennaar.* A l'époque où parut Nemrod, la famille de Chus devait se composer tout au plus de vingt personnes, et tout le genre humain ne comptait pas trois cents individus descendant de Noé, en supputant toutes choses d'après les indications de la Bible. Comment donc Nemrod pourrait-il avoir eu un immense royaume s'étendant de l'Euphrate au Sennaar, et comment aurait-il construit et peuplé une capitale telle que Babylone? De deux choses l'une, ou la Bible est un assemblage de contes absurdes, inventés par les gens les plus ignorants du monde, ou l'on doit y chercher, en dehors du sens formel et naturel, des allusions, des métaphores moins déraisonnables. Je laisse ce soin aux érudits, s'ils attachent quelqu'importance à résoudre de pareilles énigmes.

Bruce ne se donne pas cette peine; il prend les choses à la lettre, et nous présente une série de faits que l'on ne saurait admettre sans une aveugle crédulité : d'abord, c'est *Cush*, abandonnant l'Arménie peu d'années après le déluge universel, traversant toute l'Asie-Mineure, la Syrie, l'Égypte, la

Nubie, c'est-à-dire les pays les plus fertiles de la terre, pour aller s'établir au cœur de l'Afrique, à mille lieues du point de départ; ensuite c'est ce même personnage « *Se creusant avec une industrie étonnante, et avec des outils qui nous sont absolument inconnus, des demeures non moins commodes qu'admirables, dans le sein des montagnes de marbre et de granit.* »

Après ce brillant tableau, notre auteur nous dit ce que sont devenus les descendants de Cush. « En décrivant le caractère particulier de leur pays, qui n'a jamais varié, l'Écriture indique qu'ils étaient dans le lieu que je viens de leur fixer, et *ils ont demeuré depuis, et ils sont encore à présent* dans ces mêmes montagnes, dans ces mêmes cavernes qui ont été creusées par leurs premiers pères. »

Cependant, quoique les Cushites aient *toujours habité le même lieu, les mêmes cavernes*, le narrateur veut bien nous apprendre qu'ils peuplèrent toute l'Afrique avec une prodigieuse rapidité, en même temps qu'ils peuplaient l'Égypte, et qu'ils fondaient toutes ces villes de la Thébaïde, dont les ruines sont encore un objet d'admiration et d'étonnement.

Ne cherchons pas à concilier ces assertions contradictoires, mais faisons observer que ces belles demeures taillées dans le roc et le marbre par les Cushites étaient les hypogées, les chambres sépulcrales des anciens Éthiopiens. Ils y déposaient les corps momifiés, comme le firent à leur tour les Égyptiens.

Hérodote, reproduisant en substance le rapport que firent à Cambyse les espions envoyés par lui en Éthiopie, décrit la manière dont les peuples de cet empire ensevelissaient les morts : « On montra aux » espions les cercueils des Éthiopiens, qui sont faits, » à ce qu'on dit, de verre, et dont voici le procédé : » On dessèche d'abord le corps à la façon des Égyp- » tiens, ou de quelque autre manière ; on l'enduit » ensuite entièrement de plâtre, qu'on peint de » sorte qu'il ressemble autant qu'il est possible à la » personne même. Après cela on le renferme dans » une colonne creuse et transparente de verre fos- » sile, aisé à mettre en œuvre, et qui se tire en » abondance des mines du pays. On aperçoit le » mort à travers cette colonne au milieu de la- » quelle il est placé. Il n'exhale aucune mauvaise » odeur, et n'a rien de désagréable. Les plus pro- » ches parents du mort gardent cette colonne un an » entier dans leur maison. Pendant ce temps-là, ils » lui offrent des victimes et les prémices de toutes » les choses. Ils la portent ensuite dehors, et la pla- » cent quelque part autour de la ville. »

Le gouvernement de l'Éthiopie était une oligarchie sacerdotale tempérée ou dissimulée par une forme monarchique. Le roi n'exerçait qu'une autorité précaire, subordonnée à celle des prêtres. Diodore de Sicile assure que le collége des prêtres, séant à Méroé, envoyait au roi, quand il le jugeait à propos, l'ordre de quitter le trône et de se donner la mort. Cet ordre émanait des dieux, et nul mortel n'avait le droit de s'y soustraire.

Cet état de choses paraît avoir subsisté fort longtemps et servi de modèle aux Égyptiens pendant la première et la plus longue période de leur histoire. Mais en Égypte, le roi Menès, fondateur de Memphis, secoua le joug 5867 ans avant notre ère, et limita le pouvoir sacerdotal, qui dès lors ne s'exerça plus guère que sur les matières religieuses. L'Éthiopie conserva la même forme gouvernementale jusqu'au roi *Ergamène*, contemporain de Ptolémée-Philadelphe; Ergamène reçut l'ordre d'abandonner le trône et la vie; au lieu d'obéir, il marcha, à la tête de ses troupes, contre le *temple d'or*, s'en empara, fit mettre à mort tous les prêtres, et s'affranchit enfin d'une honteuse tutelle. « On voit encore
» à *Dakkeh*, en Nubie, les restes d'un temple dont
» la partie la plus ancienne a été construite par ce
» roi courageux; de pareilles notions sur ce prince
» existent aussi dans le temple de Deboud. Dans les
» inscriptions de ces monuments éthiopiens, on re-
» trouve le système d'écriture hiéroglyphique égyp-
» tienne sans aucune variation; le nom d'Ergamène
» est accompagné des titres de *toujours vivant*, chéri
» d'Isis, approuvé par le soleil : nouvelle confirma-
» tion des rapports de l'antiquité classique sur l'u-
» niformité des principales institutions publiques,

»du culte et de l'écriture, en Égypte et en Éthio-
»pie. » (Champollion-Figeac.)

« Il paraît, dit Burckhardt, en parlant du tem-
»ple de *Derr*, il paraît que les divinités de l'Égypte
»ont été adorées ici longtemps avant de recevoir
»des autels dans les temples gigantesques de *Carnak*
»et de *Gournah* (à Thèbes), qui paraissent être les
»plus anciens du pays. »

Héliodore nous assure que les Éthiopiens immolaient au soleil et à la lune les prisonniers de guerre comme prémices de leur victoire ; cette assertion est confirmée par des tableaux peints sur les murs du temple de *Derr*, car on y voit un groupe de prisonniers ayant les mains liées derrière le dos et conduits en présence de l'exécuteur qui s'apprête à les frapper. (Notes jointes à la relation de Belzoni.)

Ces peuples se disaient enfants du soleil ; ils révéraient aussi Bacchus, ou le soleil sous ce nom ; car Bacchus est l'Osiris ou le dieu soleil des Égyptiens. Ils avaient tracé sur les murs du palais de leurs rois les figures de plusieurs de nos constellations, telles que Persée, Andromède, Céphée, dont ils faisaient des génies secondaires ou des héros. Ils offraient au soleil un attelage de quatre chevaux blancs ; ils offraient à la lune un attelage de bœufs, consacrant l'animal qui sillonne la terre à l'astre qui en est le plus voisin. (Héliodore, Dupuis.)

Les Éthiopiens, au dire de Diodore, prétendent être les plus anciens peuples du monde, et appuyent leur prétention sur des preuves qu'ils sont Autocthones, et nés dans le pays ; que c'est chez eux que s'est établi le culte des dieux, qu'ont été imaginés les cérémonies pompeuses, les sacrifices, les assemblées religieuses ; que c'est là ce qui a rendu leur piété si fameuse chez tous les peuples du monde. Ils citent pour exemple Homère, qui, dans l'*Iliade*, suppose que Jupiter et les autres dieux s'étaient rendus en Éthiopie pour assister à une fête et aux repas anniversaires. Ils ajoutent que l'Égypte est une colonie éthiopienne, dont le terrain s'est formé par le limon que le Nil charrie des plaines d'Éthiopie ; que la plupart des lois de l'Égypte ont été empruntées de l'Éthiopie... que, dans les statues, dans les caractères alphabétiques, on retrouve les formes éthiopiennes... qu'en Éthiopie et en Égypte l'ordre hiérarchique est absolument le même ; que les ministres du culte, chez ces deux peuples, sont pareillement rasés, et vêtus également de la robe longue ; que le sceptre y a la même forme, qui est celle de l'instrument du labourage. Le respect pour les rois, dans les deux pays, approche d'un culte religieux ; mais les prêtres y disposent du sceptre et de la vie des rois. (Dupuis).

Malgré le haut degré de splendeur auquel l'Égypte était parvenue, l'Éthiopie pouvait encore rivaliser avec elle, si nous en jugeons par les nobles qualités, la modération et les lumières de Sabacon, roi des Éthiopiens, qui conquit l'Égypte. Il fut le chef de la vingt-cinquième dynastie, et sut mériter l'amour de ses nouveaux sujets par les sages réformes qu'il opéra, et par tous les bienfaits d'un gouvernement éclairé et paternel; ce grand prince ne régna que douze années, et mourut vers l'année 726 avant l'ère chrétienne : l'Écriture-Sainte le désigne sous le nom de Taraca.

Deux siècles plus tard nous voyons les Éthiopiens braver et mépriser les menaces de Cambyse. Ils n'eurent pas cependant l'honneur de vaincre la nombreuse armée que ce conquérant furieux dirigeait contre leur pays : le climat et les privations de tout genre changèrent la Nubie en un vaste cimetière, où les Perses trouvèrent leurs tombeaux.

Enfin, tout le monde connaît l'histoire de Candace, reine belliqueuse, qui osa attaquer l'Égypte occupée par les légions romaines; les vainquit d'abord; fut ensuite vaincue, et fit avec Auguste une paix honorable.

Voilà bien des citations, beaucoup trop peut-être pour établir la preuve que l'empire et la civilisation des Éthiopiens sont antérieurs à la création de l'Égypte; ces faits, que personne ne conteste, reportent en arrière, et à une distance énorme, les limites des temps historiques.

Ne soyons donc pas étonnés de voir les Égyptiens constituer une société, une nation civilisée, éclairée, dès l'époque la plus ancienne, où les ruines monumentales qu'elle a laissées constatent son existence; ils ont dû avoir, dès l'origine, des lois civiles, un code politique, un culte, des mœurs et des usages en harmonie avec ceux du peuple dont ils descendaient. Ainsi, rien de plus naturel que de trouver, dans les institutions des Éthiopiens et des Égyptiens, la parfaite similitude signalée par tous ceux qui parcoururent les deux pays. Avouons cependant que les Annales de l'Égypte attestent, dans les arts et les sciences, une perfection à laquelle je ne crois pas que l'Éthiopie soit jamais parvenue.

Je n'écris pas l'histoire; toute ma prétention se borne à indiquer les choses essentielles, pour établir la filiation de ces hommes qui ont acquis tant de droit à nos respects, à notre admiration ; je dis comment l'Égypte s'est formée, comment elle s'est peuplée ; mais je dois m'arrêter là, et renvoyer, au travail remarquable de M. Champollion-Figeac, ceux de mes lecteurs qui seraient curieux de connaître en détail l'organisation de cette société, et les grandes actions, la sagesse, les actes publics des hommes qu'elle a produits.

CHAPITRE XXIV

Population actuelle de l'Égypte. — Villes et villages. — Physiologie du Fellah. — Persévérance inouïe avec laquelle il subit les châtiments. — Réminiscence des fêtes Phallusiennes. — Explication de la fable d'Osiris et de Typhon. — Les coptes. — Erreurs de Volney. — Les étrangers ne peuvent avoir de lignée en Égypte, les Mamelouks n'en ont pas eu. — Les Barabras. — Les races humaines primitives.

Si, pour ne pas agrandir le cadre de mon travail, je m'abstiens de composer un tableau ethnographique des anciens peuples d'Égypte, je ne puis me dispenser d'offrir un aperçu de la population actuelle.

D'après des notions puisées à des sources véridiques, je ne pense pas qu'elle s'élève à deux millions d'âmes. Elle se compose de :

1,700,000 Fellahs musulmans.
150,000 Chrétiens (Coptes).
15,000 Turcs ou Osmanlis.
60,000 Arabes Bédouins soumis à l'autorité du vice-roi.
20,000 Nègres, la plupart esclaves, parmi lesquels sont les eunuques.

5,000 Esclaves Circasssiens, Mingreliens, Géorgiens.
7,000 Juifs.
8,000 Syriens.
4,000 Grecs et Arméniens.
3,000 Italiens et Maltais.
600 Français.
400 Individus, sujets des autres puissances européennes.

Ce ne sont là que des approximations ; mais je les crois très-rapprochées de la vérité. L'on sait au surplus qu'il n'y a aucun moyen de constatation, puisque les Turcs ne font pas de recensement et n'ont pas de contrôle pour connaître le chiffre des habitants.

On ne compte guère en Égypte que deux mille villages peuplés. Quant aux villes, le Caire et Alexandrie sont les seuls grands centres de population qui méritent ce titre. On peut y joindre Rosette et Damiette, auxquelles les comptoirs des Francs avaient donné un aspect animé. Les autres endroits, tels que Damanour, Ramaneyh, Fouah, Mansourah, Tantah, Belbeys, situés dans le Delta ; Benisouef, Minyeh, Manfalout, Syout, Girgeh, Kench, Kous, Esneh, Edfou, Assouan, dans la moyenne et la haute Égypte ; Suez et Cosseir, sur la mer Rouge, ne se distinguent des villages que par leur étendue et par quelques maisons construites en briques et en pierres. On y trouve la même saleté, et tout cet ensemble repoussant de misère et d'abjection, qui partout décèle les vices des gouvernements auxquels l'Égypte est soumise depuis dix siècles.

Voilà en masse quelle est la population d'un pays qui, d'après Hérodote, contenait vingt mille villes ou villages du temps d'Amasis. C'était au moins dix fois plus qu'aujourd'hui.

J'ai donné sur les femmes de Fellahs des explications qui me dispensent d'y revenir, mais je dois faire connaître l'autre sexe de cette race à laquelle le créateur semble avoir confié exclusivement le soin de peupler et de cultiver l'Égypte.

Les Fellahs composent la population des campagnes et une grande partie de celle des villes. Presque tous vont les pieds et les jambes nus. Si vous en voyez quelques-uns ayant de vieilles babouches, c'est une exception qui dénote une certaine aisance relativement à la misère des autres. Ils portent une chemise bleue et un caleçon rarement en bon état, et sur leur tête rasée, ils placent la calotte de coton appelée taki.

Quant aux mœurs de ces hommes, je trouve dans les ouvrages de MM. Maillet, Denon, Hamont, Clot-Bey et Champollion, des portraits fidèles dont il me suffira de rappeler les traits principaux.

Le Fellah est sobre, patient, actif, capable de travailler du matin au soir, au soleil, dans l'eau ou dans la boue ; il est curieux, sans pudeur, d'une grande malpropreté.

Le Fellah ne peut guère changer de linge, aussi est-il toujours couvert de vermine. Quand il se repose ou s'accroupit quelque part, son premier soin est de chercher les insectes qui le tourmentent, il ne les écrase pas et les jette en disant : »qui t'a fait te tue »on ne saurait passer dans un village ou même dans une rue sans voir des gens se livrant sur la voie publique à cette occupation.

»Le Fellah mange peu, s'il a peu ; il supporte
»des privations sans se plaindre. Mais si chez lui
»survient l'abondance, il se jette avec voracité
»sur les aliments; il est avide de viande. Avez-vous
»besoin d'un Fellah? donnez-lui d'abord à manger,
»alors il vous appartient; autrement ne comptez
»pas sur lui.

»Le Fellah mange des fruits encore verts lorsque
»la saveur en est insupportable pour d'autres, il
»préfère les oranges amères aux oranges douces. Il
»travaille assis autant que possible. Les menuisiers,
»les charpentiers, les cloutiers etc. se servent des
»pieds comme des mains...... Dans les opérations
»qui exigent le concours de plusieurs personnes,
»les Fellahs travaillent ensemble; l'un d'eux chante,
»les autres répondent. Ils ont peu de jours fériés.
»Le vendredi est consacré au repos, c'est le diman-
»che des Musulmans. La plupart ne chôment pas.
»Sur une année le Fellah observe seulement sept

» ou huit jours de fête...... Avec cinq sous par jour
» (une piastre), un Fellah dans les campagnes,
» entretient, nourrit sa femme et deux enfants. La
» femme achète du maïs; elle le fait moudre, pré-
» pare la pâte et fait un pain sans levain qu'elle fait
» cuire sous la cendre. Des mauves, des lentilles, de
» la graisse, de la viande d'un bœuf malade, des
» oignons, du vieux fromage, du poisson pourri,
» composent la nouriture de la famille.

» L'assurance d'un bénéfice rend le Fellah entre-
» prenant, infatigable...... Il est laborieux quand il
» sait que le fruit de son labeur n'appartient pas à
» des étrangers, et devient apathique, négligent dès
» qu'il est l'instrument d'un chef qui prend tout; il
» dort, se repose, et ne se lève que lorsque le fouet
» se fait sentir.

» Le fatalisme le rend impassible dans les cir-
» constances les plus graves;...... Une affection de
» nature contagieuse paraît, le Fellah ne fait rien
» pour s'en préserver,...... Selon lui, de même que
» pour tous les autres Musulmans, le mal vient de
» Dieu...... Au contraire si une chose frappe subite-
» ment son attention, si elle est belle, c'est l'ouvrage
» du diable.....

» Le Fellah est capricieux, insouciant, versatile,
» superstitieux; humble, dissimulé devant ses chefs;
» despote, vénal, tracassier, méchant, impérieux
» avec ses subalternes; ingrat à l'extrême, prenant
» pour de la faiblesse les égards dont vous le rendez

» l'objet; vil, rampant, s'il vous craint; arrogant,
» insolent dès qu'il est élevé. Le Fellah est délateur,
» vindicatif, menteur, jaloux,.... respectant le fort,
» méprisant le faible ; il est suppliant, surtout vis-à-
» vis des Osmanlis. S'il a besoin d'une grâce, d'une
» faveur il court, il se présente à la porte de son
» chef, turc ou arabe ; mais avant d'entrer il inter-
» roge les domestiques... Comment va notre seigneur
» aujourd'hui ? est-il de bonne heure? que Dieu
» augmente sa félicité et celle de ses gens ! et le
» Fellah s'approche, se met debout contre la porte
» du divan. Les principaux serviteurs le repoussent;
» s'il a une pétition on la lui arrache. Cependant il
» a besoin de parler : son chef l'appelle; le solllici-
» teur s'avance un peu, baisse la main droite jus-
» que près de terre, penche le corps, se redresse et
» pose en croix ses deux mains sur sa poitrine. Si
» son supérieur le regarde, il fait l'exclamation sui-
» vante à très-haute voix : Que Dieu vous conserve !
» Puissiez-vous voir les enfants de vos enfants ! Que
» veux-tu ? lui dit le turc — Seigneur soyez-moi fa-
» vorable ! et il raconte en gesticulant le motif qui
» l'a fait venir, si le maître ne trouve pas sa de-
» mande fondée, il fait un signe et le Fellah est
» renvoyé. Un autre arrive à la porte du divan, se
» précipite le corps baissé, les mains tendues dans
» la position d'un homme que désire une grâce.
» Parvenu au divan, il s'agenouille, baise le tapis,
» ou les pieds du turc, puis sans se retourner, il re-

» cule jusqu'aux gens de service, et là, debout les
» mains sur sa poitrine, il attend que le chef veuille
» bien lui adresser la parole.

» Le Fellah est voleur rusé, mais il ne sait pas
» commettre de vols avec effraction.

» L'hospitalité est pour tous les Égyptiens une
» sorte d'habitude. Un étranger peut parcourir l'in-
» térieur de l'Égypte sans faire de dépenses pour sa
» nourriture. S'il arrive dans une commune, il des-
» cend dans la demeure du principal ou cheik, sans
» qu'il soit nécessaire d'attendre son autorisation.
» En bas, dans la cour, il est une salle destinée aux
» voyageurs.... Les Chrétiens, les Juifs, sont égale-
» ment reçus. Il n'y a de Dieu que Dieu, et un
» Musulman ne peut refuser une part de son pain à
» l'homme qui en manque etc.

» Les Fellahs parlent toujours très-haut, en gesti-
» culant sans cesse. Quand on ne connait pas leurs
» habitudes on croit qu'ils se querellent. »

J'ai emprunté tous ces paragraphes en les abré-
geant, à l'ouvrage de M. Hamont. Il a habité l'É-
gypte pendant 14 années et s'est trouvé en contact
journalier avec les hommes dont il décrit les mœurs;
nul mieux que lui, ne pouvait en parler pertinem-
ment. Aussi les a-t-il dépeints d'une manière exacte
et complète. Dans une autre partie de son livre il
nous montre le Fellah sous le point de vue de la
luxure. Sa grande préoccupation, ses désirs de tous
les instants, tendent à la possession des femmes. Il

les aime comme objet de plaisir, et il les traite comme des bêtes de somme; n'attendez de sa part aucun sentiment de délicatesse pour elles, aucun de ces égards, aucune de ces marques d'affection délicates que nous prodiguons au beau sexe. Le Fellah ne vise qu'à la matérialité, imitant en cela l'exemple de ses maîtres. S'il parvient à réunir une faible somme ; dix, quinze ou vingt francs, il se hâte d'augmenter le nombre de ses concubines. Posséder un harem, en renouveler souvent le personnel, est à ses yeux la plus belle destinée d'un homme heureux.

Ailleurs M. Hamont nous assure que les Fellahs parviennent souvent à un âge avancé, il a vu de nombreux vieillards de 90 ans, circonstance qui atteste les avantages d'une vie frugale. Les Égyptiens profitent ainsi de la sobriété à laquelle leur indigence les condamne.

Le même auteur nous fait également une peinture animée de la persévérance inouïe avec laquelle les Fellahs subissent les coups de bâton. S'agit-il de les forcer à payer les impositions, ou d'obtenir l'aveu d'un crime ou d'un délit; s'agit-il de punir un acte de désobéissance, un manque de respect? sur un signe donné, des gardes s'emparent du débiteur ou du coupable, on le couche à plat-ventre, et les coups de bâton, violemment appliqués, lui arrachent le petit trésor caché dans sa bouche ; ou bien répétés plusieurs jours de suite, finissent par obtenir l'aveu d'une faute quelquefois imaginaire. Les Égyptiens conviennent eux-mêmes que sans le courbache (fouet en peau d'hippopotame), on ne doit rien attendre d'eux. Il est de ces hommes dont la résistance à l'application des coups est inconcevable...... On en a vu qui recevaient jusqu'à mille coups, même jusqu'à deux mille sans cesser de protester de leur innocence. Le sang jaillissait de toute part ; le fouet emportait à chaque coup une parcelle de peau, ou un morceau de chair, le sol était ensanglanté ; des débris de muscles projetés au loin et encore palpitants, venaient se coller aux murailles tout près du juge impassible qui dirigeait l'instruction du procès. Le corps du patient étendu tremblait avec force ; un homme maintenait les deux mains fixées sur le dos....... Avoue donc ton crime, s'écriait le magistrat, je fais serment de t'absoudre. L'Égyptien qui rampait devant lui, répétait : je ne suis pas coupable ; je mourrai sous le fouet, mais Dieu connaît mon innocence...... Les bourreaux cependant étaient essoufflés, harrassés, et celui dont ils meurtrissaient les chairs vivait encore !

Des hommes vraiment criminels ont lassé les juges, les exécuteurs, et obtenu leur mise en liberté. Que de fois, me disait un français habitant l'Égypte depuis longues années, que de fois un malheureux Fellah gémit-il de n'avoir pu supporter cinquante, cent ou deux cents coups de plus que ceux reçus par lui! alors il aurait peut-être échappé par la persévérance soit à l'obligation de payer, soit à un châtiment d'un autre genre. Il en était déjà de même sous la domination romaine ; Appien Marcellin qui vivait au II° siècle et qui, né à Alexandrie, devait bien connaître l'Égypte, assure que le peuple attachait un point d'honneur à recevoir des coups avant de payer. Les Nègres d'Égypte portent encore plus loin s'il est possible la ténacité à nier, et résistent encore plus longtemps aux épreuves de ce genre.

Les Fellahs se disent plus malheureux que sous les Mamelouks, et, malgré l'éloignement né du préjugé religieux, beaucoup d'entr'eux regrettent les Français. Dans plusieurs occasions j'ai pu m'en convaincre : ils nous accueillaient avec un empressement et une satisfaction qui n'avaient rien de suspect lorsqu'ils connaissent notre nationalité.

L'état de servitude pire que l'esclavage, où les malheureux Fellahs sont réduits, est à peu près le même depuis bien longtemps. La destinée de cette race d'hommes est d'être martyrisée par d'impitoyables bourreaux, et de vivre courbée sous le bâton, livrée aux plus rudes travaux pour enrichir des maîtres cupides et barbares. M. Maillet écrivait, il y a 150 ans : « La servitude où ces pauvres gens « sont réduits, est véritablement bien intolérable. « Quelque injustes que soient les mauvais traitements « qu'ils reçoivent, il ne leur est pas permis de pen-

» ser à s'en venger. La moindre marque de ressen-
» timent qu'ils pourraient en donner, serait suivie
» de la peine de mort. Du moins ne pourraient-ils
» s'exempter d'avoir le poing coupé s'ils portaient
» la main à quelques armes ou levaient le bâton sur
» ces injustes tyrans. »

La frugalité paraît une qualité héréditaire chez
ce peuple, car le même écrivain disait : » jamais on
» n'imaginerait que des hommes naturellement si
» vifs sur la joie et les plaisirs fussent en même
» temps les peuples du monde les plus sobres,
» etc. »

Volney constate qu'ils mettent un point d'honneur à subir la bastonnade sans révéler leur secret.
Il en est encore de même : on m'a positivement
assuré que dans les villages un habitant qui paye
toujours avant d'être battu devient l'objet du mépris
public.

L'Égyptien Musulman conserve, même sous les
haillons, dit M. Clot-Bey, un caractère de distinction : il se tient très-droit, le corps cambré ; sa démarche est mesurée, sans affectation ; ses mouvements sont calmes; on dirait que toutes ses manières
sont calculées avec précision; son regard est sérieux ; son visage sévère, impassible, il ne trahit
au dehors aucune des impressions intérieures qu'il
éprouve. Sa voix est forte et perçante.... La sobriété est une de ses qualités les plus frappantes. Les
gens du peuple n'ont ni cuiller, ni fourchette, ni

assiette ni couteaux: ils mangent en commun à la gamelle et avec leurs doigts. Leur nourriture la plus ordinaire est du pain de doura, des fèves bouillies, du riz, des dattes, des concombres et des oignons crus. Peu d'entr'eux ont le moyen d'assaisonner les légumes et d'ajouter à ces aliments des choux, des pastèques, du lait aigre, du poisson salé...... l'eau du Nil et le café sont leurs seules boissons.

Il n'est pas d'hommes plus attachés que les Égyptiens au sol natal : ils ne conçoivent pas qu'on puisse vivre sans le Nil et sans les dattiers. Vainement on leur parle du bien-être des populations en Europe ; ils demandent: avez-vous un fleuve comme le nôtre et des palmiers comme ceux de l'Égypte ? Une réponse négative les fait sourire et leur paraît un aveu du malheur de notre condition.

Ces hommes n'ont aucun idée de l'honneur et de la dignité personnelle. Un instinct cupide les porte à demander sans cesse quelques pièces de monnaie. Le mensonge, la dissimulation, l'envie, la défiance, vices que l'on rencontre toujours enracinés chez les hommes avilis par la tyrannie, dégradent le caractère des Égyptiens (Clot-Bey)..... Faute d'un stimulant énergique ils s'abandonnent à une honteuse mollesse. Plongés dans la plus profonde ignorance, le Musulman est ridiculement vain de sa croyance religieuse.

Les Égyptiens sont vindicatifs, satiriques et licencieux. Dans les jours de fête ou de grande réjouissance, un de leurs amusements est de porter ou d'exposer en public la représentation des organes sexuels, d'une grandeur énorme; on les attache aux maisons au-dessus des portes et tout le monde hommes, femmes et filles s'arrête pour considérer en riant ces grossières images.

Nul doute que cette coutume, qui blesse la délicatesse de nos mœurs actuelles, ne soit une réminiscence des fêtes Phalusiennes, célébrées par les peuples orientaux, et dont l'origine semble remonter à l'origine même de la religion. *Mélampus* emprunta ce culte aux Égyptiens et l'établit en Grèce, et, selon Pausanias, ce fut Pégase d'Eleuthère qui engagea les Athéniens à recevoir ces rits. Les grandes Dionysies à l'occasion desquelles, d'après Démosthènes, on représentait de nouvelles tragédies, n'eurent pas d'autre objet.

Les Égyptiens, dans ces solennités, célébraient et glorifiaient la vertu fécondante du Nil, personnifié par Osiris, de là naquirent tant de fables, ou du moins tant de légendes allégoriques sur la mort de ce dieu, massacré par son frère Typhon; sur la dispersion de ses membres, sur la résurrection d'Osiris, opérée grâce à la tendresse d'Isis qui eut soin de réunir les fragments du corps de son époux, et lui rendit l'existence; mais l'organe de la génération resta dans les eaux du fleuve.

Rien de plus facile à saisir que le sens de ces mystères : Osiris coupé en morceaux, représente le

Nil subdivisé pour l'irrigation du sol ; Typhon c'est le désert qui a rendu et qui rend encore ce fractionnement indispensable. Isis, mariée à Osiris, c'est la terre d'Égypte nécessairement unie au fleuve. Elle rassemble les membres du dieu, car en effet les eaux reviennent dans le lit du Nil et ne sortent pas des limites du territoire. Ces eaux fertilisent l'Égypte et renouvellent sans cesse les productions, donc elles fécondent Isis. donc ce sont elles qui conservent les facultés créatrices de la divinité.

Les Grecs ayant fait *d'Osiris* le dieu *Bacchus*, les cérémonies du culte durent changer de nom quoiqu'ayant une cause analogue. Les fêtes Phalusiennes qui s'appelaient Pammylies en Égypte devinrent chez eux les *Dionysiennes*, les *Bacchanales*.

Cette fête, comme notre Pâque, se célébrait au printemps ; on y offrait à Bacchus les prémices des fruits. Le porc ennemi de Cérès (parce qu'il ravage les champs) et le bouc funeste aux vignes, étaient les victimes ordinaires. Tous les attributs de la fécondité y étaient promenés en pompe par des filles vierges, comme l'est la nature à cette époque.
» Cette procession de jeunes canéphores fixait l'at-
» tention par l'énormité du Phallus orné de fleurs,
» qu'elles portaient respectueusement dans une cor-
» beille sacrée, dont il excédait les bords, assez
» haut pour être vu de tout le monde. C'est surtout
» en l'honneur de Bacchus, père de la fécondité
» universelle, que fut instituée en Grèce la pompe

»Ityphallique à l'imitation des Pammylies Égyp-
»tiennes, établies pour le culte du même dieu, ho-
»noré sous le nom d'Osiris. Ces cérémonies ancien-
»nes instituées en glorification du principe géné-
»rateur et qu'on retrouve aux Indes dans le
»culte du *Lingam*, passèrent de Grèce en Italie, et
»nulle part les peuples ne crurent blesser les mœurs
»en rendant hommage à l'emblème de l'énergie
»active de la divinité. Les fêtes Ityphalliques du-
»raient un mois à *Lavinium*. Pendant tout ce temps
»on exposait dans les rues le Phallus, que notre
»*mai* a remplacé sous une forme moins expressive
»(Dupuis).

Voici comment s'exprime Hérodote à l'occasion de ces solennités religieuses :

»Les Égyptiens célèbrent la fête de Bacchus (Osi-
»ris) à peu près de la même manière que les Grecs ;
»mais au lieu de Phallus, ils ont inventé des figures
»d'environ une coudée de haut, qu'on fait mouvoir
»par le moyen d'une corde. Les femmes portent
»dans les bourgs et les villages ces figures qu'elles
»font remuer. Un joueur de flûte marche à la tête ;
»elles le suivent en chantant les louanges du dieu.
»Mais pourquoi ces figures ont-elles un Phallus
»d'une grandeur si peu proportionnée? et pourquoi
»ne remuent-elles que cette partie? On en donne
»une raison sainte ; mais je ne dois pas la rapporter
»(Hérodote, liv. 2, ch. 48).

Cette raison *Sainte*, et le sens caché dans la plupart de ces allégories antiques, sont maintenant connus, mais Hérodote ne pouvait pas les divulguer: la peine de mort était prononcée contre tout homme qui eût révélé les mystères du culte; Aristote, accusé d'impiété par l'hiérophante Eurymédon pour avoir sacrifié aux mânes de sa femme, suivant le rit usité pour Cérès, fut obligé de s'expatrier : il s'enfuit à Chalcis, et pour laver sa mémoire de cette tache, il ordonna par son testament d'élever une statue à Cérès (Diogène Laërce). La tête de Diagora fut mise à prix pour avoir divulgué le secret des mystères. On imputa le même crime à Andocide, à Alcibiade, et on les cita tous deux au tribunal d'Athènes. » Le plus terrible qui fût jamais, puis- » qu'il traduisait le coupable devant un peuple cré- » dule qui devait le juger (Dupuis). » Le poëte Eschyle, avait mis en scène des sujets mystérieux, il ne put être absous qu'en prouvant qu'il n'avait jamais été initié.

Hérodote, en présence d'un tel danger, ne devait pas braver les préjugés religieux de ses concitoyens. Dès lors on comprend la réserve qu'il s'est imposée.

Comme on le voit, les parades licencieuses dont les Égyptiens se divertissent, au grand scandale des Européens, à certaine époque de l'année, sont une imitation corrompue et dépravée des cérémonies d'un culte honoré par leurs ancêtres; cette tradition perpétuée dans leur pays, constate que la population moderne est fille des anciens habitants de cette contrée.

Complétons le portrait du Fellah par quelques observations.

Les Égyptiens sont industrieux et adroits ; manquant à l'égal du sauvage de toute espèce d'instrument on s'étonne de ce qu'ils font de leurs doigts auxquels ils sont réduits, et de leurs pieds dont ils s'aident merveilleusement : ils ont comme ouvriers, une grande qualité, celle d'être sans présomption, patients, et de recommencer jusqu'à ce qu'ils aient fait à peu près ce que vous désirez d'eux (Denon).

En 1834, quelques Fellahs furent élevés par Méhémet-Ali au rang de gouverneurs de province. On fit un grand bruit de cette haute conception qui établissait une sorte d'égalité de droit à la faveur du maître, et qui devait régénérer l'Égypte. Mais les nouveaux élus se montrèrent, dans l'exercice de leurs fonctions, encore plus cruels envers leurs égaux de la veille, encore plus rapaces, plus fourbes, plus voleurs que leurs devanciers.

Les Égyptiens lettrés sont de rares exceptions, tout leur savoir se borne à la connaissance des livres religieux et de quelques poésies Orientales.

Les mœurs des habitants du Saïd offrent peu de différences avec celles de la Basse-Égypte : c'est la même gaîté, la même insouciance, et une disposition non moins prononcée pour le vol ; il est des

circonstances où ils ont poussé la finesse et l'audace à un point incroyable : « Il n'est pas rare de
» les voit suivre à la nage les barques où se trou-
» vent quelques riches passagers qu'ils dévalisent
» pendant la nuit avec une adresse digne des fi-
» lous de notre Europe; du reste bienveillants, ser-
» viables et spirituels, ils joignent à une indépen-
» dance de caractère, une patience à toute épreuve;
» et supportent sans se plaindre avec une admirable
» résignation les plus atroces douleurs; moyennant
» une modique rétribution on peut leur demander
» les services les plus pénibles. (Cadalvène et Breu-
» very.)

Si l'on veut bien ajouter à ces indications celles que j'ai fournies sur les jeunes âniers, type des enfants mâles du Fellah, on aura une collection complète, un tableau vrai, de cette partie essentielle de la population Égyptienne. Je crois qu'on peut le résumer en disant que c'est un mélange de bons instincts et de vices dégradants; mais il n'est pas dans la nature de l'homme d'unir tant de défauts à tant de qualités. La condition malheureuse où les maîtres de l'Égypte ont placé le Fellah a seule développé en lui les penchants coupables : on l'a rendu menteur parce que la sincérité lui était toujours funeste ; on l'a rendu voleur par l'extrême indigence, par le besoin de vivre, on l'a rendu paresseux, parce qu'il ne travaille jamais que pour des maîtres impitoyables, parce que, loin de profiter du prix de son labeur, il voit multiplier les exigences, les avanies, les mauvais traitements, en raison directe des ressources que le travail lui procure ; on l'a rendu fourbe, délateur, vindicatif, par la contagion des mauvais exemples, et parce que lui-même il est souvent victime de la calomnie et de l'astuce. On l'a rendu imprévoyant, insouciant contre les dangers, parce que l'existence telle qu'on la lui a faite, a trop peu d'attraits pour avoir du prix ; la quitter c'est clore une série de privations et de douleurs. Au surplus, la morale du Coran qui promet tant de jouissances éternelles, explique tout naturellement cette sorte d'abnégation. Enfin on l'a rendu licencieux, luxurieux, cynique, parce que ce sont les seuls moyens de s'étourdir sur sa misérable condition, les seuls plaisirs sensuels et grossiers qu'il puisse goûter dans son ignorance, dans son abjection, en l'absence des nobles délassements de la pensée et des heureuses sensations de l'âme. Placez le Fellah dans une situation équivalente à celle de nos cultivateurs ; faites qu'il puisse travailler pour lui, faites-en un propriétaire, un père de famille, assurez ses droits par des institutions fortes qui lui inspirent confiance et qui garantissent l'avenir de ses enfants ; faites-en un citoyen et non pas un ilote ; alors vous verrez germer et fructifier les excellentes dispositions dont la nature l'a doué. Alors vous verrez les merveilles de son intelligence, de son activité, et vous remplacerez par la pratique des vertus, cette vie ignominieuse de bassesses et de désordres.

Passons maintenant à la classe d'habitants connus sous le nom de *Coptes*.

On en porte le nombre à 150,000. Ils possèdent environ 130 églises ou chapelles, consacrées à l'exercice du culte. Ils ont un chef spirituel et suivent les doctrines d'Eutichès, célèbre hérésiarque condamné par les conciles de Constantinople et de Chalcédoine, et qui mourut en l'année 451. Eutychès ne reconnait qu'une nature en Jésus-Christ, ou du moins il prétend que la nature humaine a été absorbée par la nature divine comme une goutte d'eau est absorbée par la mer. Et c'est pour de semblables subtilités que nos pères ont écrit tant de volumes, j é tant de désordres dans la chrétienté, fait répandre tant de larmes, tant de sang!

Les Coptes communient sous les deux espèces et se lavent le corps avant d'approcher de la sainte table. Ils se font circoncire comme les Israélites et les Musulmans. Ils sont monogames et leurs prêtres, fort ignorants en toutes choses, doivent être mariés. On célèbre les offices en langue copte, mais aucun ne la comprend. Le dernier évêque qui l'avait apprise est mort depuis plus d'un siècle. De nos jours les Coptes ne parlent que l'Arabe comme les autres Égyptiens.

Dans les controverses religieuses on les a quelquefois désignés sous les noms de *monophysites* et de *monothélites*.

Les Coptes ont tous les vices des Fellahs sans en avoir les qualités (Hamont.)

Ils se marient entr'eux, et n'épousent en général que des filles de neuf à douze ans. Leurs femmes restent voilées, même en présence de leurs parents. Elles sont dans la dépendance absolue de leurs maris. Esclaves soumises et tremblantes, elles le servent en toutes choses ; aux heures des repas, elles apportent les aliments et restent debout sans que jamais il leur soit permis de s'asseoir à la table du maître.

Dans quelques parties des déserts qui confinent à l'Égypte, il existe plusieurs couvents de moines Coptes.

Employés à des travaux pénibles, les néophites ne peuvent entrer dans la communauté qu'après avoir subi ces épreuves. Quand ils sont admis, on récite sur les récipiendaires les prières des morts. C'est presque toujours parmi eux que l'on choisit les prêtres.

De même que les Musulmans, les Coptes ont le goût des pélerinages. Beaucoup d'entr'eux ont visité les saints lieux consacrés par notre religion. Ceux-là s'honorent du titre d'Hadjis (Pélerins.)

Pendant que l'Égypte était chrétienne, ils furent cruellement persécutés par leurs co-religionnaires dissidents ; pour se venger ils s'associèrent aux ennemis de leur foi. Ce sont eux qui appelèrent les armes d'Omar, et qui secondèrent puissamment Amrou dans la conquête de leur pays. Funeste conséquence de l'aveuglement du fanatisme! La haine entre des hommes, divisés sur une question secondaire de leur rituel, les a conduits au crime : ils ont livré leur patrie et immolé leurs frères.

Les Coptes, il est vrai, ont retiré quelques profits de ces abominables trahisons. Devenus les conseillers, les agents d'affaires des conquérants, la perception des deniers publics et beaucoup d'emplois secondaires leur furent confiés. Ils en sont restés en possession pendant douze siècles. Instruments dociles des despotes et solidaires de tous les actes de rapine dont l'Égypte a tant souffert, ils ont souvent excédé, à leur avantage, les limites du pouvoir qui leur était confié.

De nos jours, les Coptes conservent une partie de leurs anciennes attributions; c'est encore eux qui sont les auxiliaires des percepteurs d'impôts et qui composent le personnel de l'administration. Mais il ne saurait y avoir pour tous des places lucratives; quelques-uns exercent leur intelligence dans l'industrie et le commerce; plusieurs se sont faits interprètes ou drogmans, et le grand nombre vit dans la campagne à la manière des Fellahs.

La faveur dont ils ont constamment joui sous les Arabes, les Maures, les Mamelouks et les Turcs; la protection qu'ils ont obtenue pour leur culte, tandis que la masse des chrétiens orthodoxes embrassaient l'islamisme, moins par conviction sans doute, que pour gagner la bienveillance des vainqueurs, fut donc la récompense de leur félonie. Un traité spécial avait été conclu à l'avance entr'eux et Amrou, et n'a pas été, à ce que l'on assure, entièrement exécuté par les Arabes.

La position exceptionnelle que cette classe d'hommes s'est ainsi faite, leur permit de continuer quelque temps à parler la langue des anciens Égyptiens, pendant que leurs concitoyens adoptaient le langage et le culte des conquérants. Mais il ne s'ensuit pas que les Coptes soient les seuls descendants des Égyptiens primitifs comme l'ont pensé Messieurs de Maillet, Volney, Denon et même un peu monsieur Clot-Bey ; les Coptes me paraissent avoir une origine commune avec celle des Fellahs, tous ensemble représentent l'antique population de leur pays. Les Coptes étaient confondus avec le reste de la nation ; ils ne commencèrent à former une classe distincte qu'à l'époque d'Eutychès et il est fort probable que leur nom fut emprunté à la ville de Coptos ; les habitants de cette ville adoptèrent les principes de ce schismatique, les villages environnants suivirent le même exemple, et dès lors on a pu consacrer l'usage de les désigner par le nom de la ville qu'ils peuplaient comme on appelait chez nous Albigeois les sectaires prétendus Manichéens, qui avaient leurs premières et plus nombreuses agrégations à Albi. Un fait propre à donner de la consistance à cette hypothèse, c'est que la plus grande partie des lieux habités par les Coptes sont situés dans la Moyenne et dans la Haute-Égypte. Le Delta en contient fort peu.

Volney, Maillet et Denon ont cru reconnaître dans les traits du Copte, les caractères de toutes les figures peintes ou sculptées sur les vieux monuments de l'Égypte. En cela, ils pouvaient avoir raison, car le Copte est aussi l'enfant des antiques Égyptiens ; mais cette origine lui est commune avec le Fellah. Je n'ai pas pu me rendre compte des distinctions établies par ces auteurs. Le Fellah a les mêmes traits que le Copte, avec la seule différence que produisent le séjour et les rudes travaux des champs comparés au séjour d'une ville et à des occupations d'intérieur. C'est le même type qu'on trouve reproduit par milliers sur les ruines de la vallée du Nil.

A l'appui de son opinion, Volney allègue des faits que je regrette d'avoir à contester. Il distingue quatre races dans la population et place en premier ordre la postérité de ceux « qui, lors de l'invasion » par Amrou, accoururent de l'Hedjaz et de toutes » les parties de l'Arabie s'établir dans ce pays justement vanté par son abondance. Chacun s'empressa d'y posséder des terres et bientôt le Delta » fut rempli de ces étrangers au préjudice des Grecs » vaincus. Cette première race qui s'est perpétuée

» dans la classe actuelle des Fellahs ou *laboureurs*,
» et des artisans, a conservé sa physionomie origi-
» nelle; mais elle a pris une taille plus forte et plus
» élevée : effet naturel d'une nourriture plus abon-
» dante. »

Volney croit reconnaître dans les cultivateurs du *Saïd* une deuxième classe d'Arabes, descendant des conquérants musulmans qui chassèrent les Grecs de la Mauritanie, soit de l'Afrique occidentale.

Je néglige pour le moment de parler des autres races mentionnées par cet auteur, dont les opinions en cette matière firent longtemps autorité.

D'après lui, la généralité des cultivateurs, c'est-à-dire la totalité des habitants de la campagne, et une grande partie de ceux des villes, en un mot, tout ce que nous appellons *Fellahs* et que beaucoup d'écrivains ont le tort d'appeler *Arabes*, descendrait des Arabes musulmans qui, à diverses reprises, s'emparèrent de l'Égypte. Mais pour que cette assertion fût vraie, il faudrait admettre que l'ancien peuple a été exterminé; que les terres ont été partagées, données ou vendues par les vainqueurs à un peuple nouveau, sorti de leurs rangs. Rien de pareil n'a eu lieu : une fois maître du pays, Amrou a respecté les hommes et les propriétés. Beaucoup de faits témoignent de sa sollicitude pour la prospérité de l'Égypte. Ce n'était pas un dévastateur, un brigand : il avait au contraire des sentiments philanthropiques en dehors des cruelles nécessités de la guerre, témoin la lettre écrite pour s'opposer à la mort d'une jeune fille que les Égyptiens voulaient sacrifier au Nil.

Les Arabes ont occupé l'Égypte militairement, comme l'avaient fait avant eux les Perses, les Grecs et les Romains, laissant aux indigènes la tâche de fertiliser le sol, de les servir, de les enrichir, et de multiplier en toutes choses les jouissances de leurs maîtres.

Antérieurement aux conquêtes des Perses, Sabacon, à la tête de ses Nubiens ou Éthiopiens, avait aussi respecté la population égyptienne à l'égal de ses propres sujets. Les pasteurs Hiskos, eux-mêmes, tout barbares qu'ils étaient, n'ont pas fait en masse des immolations d'habitants et n'ont pas attenté aux propriétés. Ce qui le prouve, c'est que le célèbre *Joseph*, le plus puissant de leurs ministres, lorsqu'il fit venir sa propre famille en Égypte, ne put lui assigner pour résidence qu'un pauvre territoire, confinant au désert, et que les Hébreux nommèrent la terre de *Gessen*.

Quelquefois de terribles catastrophes, et la fureur d'une soldatesque impitoyable, ont anéanti la population d'une cité ; mais une nation entière ne se détruit pas par les armes. Eh bien, si les Égyptiens n'ont pas été massacrés par le lieutenant d'Omar et par les armées des autres califes, que sont-ils devenus ? Qu'a-t-on fait des cinq millions de cultivateurs qui, alors, peuplaient encore les campagnes du Nil? Évidemment, on les a laissés continuer leurs pénibles travaux, et c'est encore le même peuple que nous voyons dans les Fellahs livrés aux mêmes occupations. L'Égypte changeait de maîtres, mais comme tous les pays subjugués, elle fut rançonnée et pressurée de mille manières, sans voir d'autres bras que ceux de ses enfants cultiver le sol qui la compose. Les vainqueurs, habitués au métier des armes, ne se font pas cultivateurs ; de tels exemples sont rares dans l'histoire ; ils abandonnent aux vaincus le soin de produire ; eux, ils dévorent.

D'ailleurs les armées musulmanes étaient encore sous Omar, composées d'hommes recrutés dans les tribus nomades de l'Arabie, c'est-à-dire d'hommes du désert, de bergers, pour qui la vie errante a seule du charme. Il eût été impossible de les métamorphoser spontanément en laboureurs, en ouvriers stationnaires. Il leur faut de l'espace et du mouvement.

Veut-on une autre preuve que les Fellahs sont bien les fils des primitifs égyptiens? écoutons M. Hamont : « Le Fellah est l'habitant réel de cette » terre antique. Ses instruments de labour n'ont pas » changé ; il est l'agriculteur unique, l'agriculteur » par excellence. Ses travaux agricoles, spéciaux, » difficiles, exceptionnels, exigent des êtres appar-

»tenant au sol, identifiés avec lui, vivant, pour
»ainsi dire, dans les eaux du Nil.

»D'autres hommes ne peuvent les pratiquer
»comme le Fellah. Les conquérants divers qui ont
»régné tour-à-tour en Égypte ont dédaigné les tra-
»vaux des champs ; le Fellah, seul, devenu l'esclave
»des maîtres étrangers, a dû faire l'agriculture, et
»le mot Fellah, jusqu'à nos jours, est demeuré sy-
»nonyme de méprisable, de méprisé. Dans les villes
»il est encore l'équivalent d'une insulte. »

Une dernière considération achèvera, je l'espère,
de porter la conviction dans tous les esprits : le climat ou d'autres causes mystérieuses, dont la science
n'a pu encore se rendre compte, est mortel à la
descendance des étrangers..... Les hommes faits,
peuvent vivre en Égypte quel que soit le pays dont
ils sont originaires, mais leurs enfants ne produisent
pas une troisième génération et dépassent rarement
quinze années. Les Mamelouks n'ont pas eu de lignée, les Turcs sont à peu près dans le même cas.
Les nègres mêmes subissent cette étrange loi de la
nature, qui semble avoir pour but de garantir exclusivement et à tout jamais, l'exploitation du sol
par la race d'hommes dont les ancêtres ont vu la
formation primitive. Méhémet-Ali a eu plus de
quatre-vingt-dix enfants et n'en a conservé que cinq
ou six, d'autres Turs en ont eu davantage et n'ont
pas pu en élever un seul. Comment la connaissance
de ce fait n'a-t-elle pas modifié les idées de Volney

sur la migration de races étrangères qui seraient venues cultiver les champs de l'Égypte?

En définitive, les Coptes sont moins aborigènes que les Fellahs; le sang copte a subi plus de mélange en raison même de la position plus heureuse qu'ils ont eue dans l'ordre social.

Une autorité fort respectable vient à l'appui de toutes ces réflexions : il s'agit de Champollion le jeune qui, en 1829, écrivait au vice-roi les lignes suivantes : « Les premières tribus qui peuplèrent
» l'Égypte, c'est-à-dire la vallée du Nil, entre la ca-
» taracte de Syène et la mer, vinrent de l'Abyssinie
» ou du Sennaar. Les anciens Égyptiens apparte-
» naient à une race d'hommes tout-à-fait semblable
» aux *Kennous* ou Barabras, habitants actuels de la
» Nubie. On ne retrouve aujourd'hui dans les Coptes
» aucun des traits caractéristiques de l'ancienne po-
» pulation égyptienne. Les Coptes sont le résultat du
» mélange confus de toutes les nations qui, succes-
» sivement, ont dominé sur l'Égypte. On a tort de
» vouloir retrouver chez eux les traits principaux de
» la vieille race..... »

Beaucoup d'autres ont reconnu dans les Barabras les caractères physiques des Égyptiens autocthones; moi-même j'ai été frappé de l'analogie de leur physionomie, et de la parfaite ressemblance entre la coiffure des femmes barabras et celle des momies féminines d'Égypte. M. Larrey a constaté, par des études anatomiques, que l'angle facial est exactement le même; mais tout cela se concilie fort bien avec ce que j'ai dit des Fellahs, car les traits du Fellah diffèrent très-peu de ceux du Barabras. Les légères modifications qu'il est possible de remarquer sont dues à l'influence du climat et aux altérations que produisent les fatigues corporelles jointes à une mauvaise hygiène.

Les voyageurs ont observé que plus on remonte le Nil, plus le teint des habitants se rembrunit. L'on en conclut, avec une apparente raison, que la chaleur influe sur la nuance de la peau. Mais cette opinion est combattue par des hommes de talent. MM. Schœlcher, Nicolas Wiseman, Aubert Roche, etc., pensent que les races conservent leurs caractères sous toutes les latitudes, et soutiennent que les Égyptiens sont une variété de la race nègre : c'était aussi la pensée de Volney. M. Champollion-Figeac exprime un sentiment contraire, et le fortifie par des raisons que je crois devoir reproduire : « Il est reconnu aujourd'hui que les habi» tants de l'Afrique appartiennent à trois races, dans » tous les temps, très-distinctes l'une de l'autre : » 1° les *nègres* proprement dits, au centre de l'Oc» cident; 2° les *Cafres*, sur la côte orientale, qui » ont un angle facial moins obtus que celui des nè» gres, et le nez élevé, mais les lèvres épaisses et les » cheveux crépus; 3° les *Maures*, semblables par la » taille, la physionomie et les cheveux, aux nations » les mieux constituées de l'Europe et de l'Asie-Oc-

» cidentale, et n'en diffèrent que par la couleur de
» la peau qui est brunie par le climat. C'est à cette
» dernière race qu'appartenait l'ancienne popula-
» tion de l'Égypte, c'est-à-dire à la race BLANCHE.
» Pour s'en convaincre, il suffit d'examiner les fi-
» gures humaines représentant des Égyptiens sur
» les monuments, et surtout le grand nombre de
» momies qui ont été ouvertes; à la couleur près de
» la peau, qui a été noircie par la chaleur du climat,
» ce sont les mêmes hommes que ceux de l'Europe
» et de l'Asie-Occidentale; les cheveux crépus et
» lanugineux sont les véritables caractères de la race
» nègre. Or, les Égyptiens avaient les cheveux longs
» et de la même nature que ceux de la race blanche
» d'Occident. »

L'on oppose à ces arguments l'exemple des Indiens et des habitants de l'Arabie qui, vivant sous des latitudes aussi chaudes que celle de la Nubie, ne sont pourtant pas devenus noirs. On oppose aussi la couleur des Aborigènes-Américains, dont la nuance cuivrée ne varie guère depuis le cap Horn jusqu'au Groenland.

Le tissu réticulaire de Malpighi est également cité comme une objection. Cependant, on affirme que cette membrane ne se trouve pas chez les Fellahs, et l'on dit qu'elle donne la couleur noire aux nègres; donc, l'argument est plus favorable que contraire à l'opinion de notre savant iconographe.

Les raisons alléguées de part et d'autre sont au moins spécieuses ; mais la question débattue, du moins telle qu'on l'a posée, ne saurait peut-être avoir une solution..... Les anciens Égyptiens étaient d'un gris noir, comme ceux d'aujourd'hui. Forment-ils une variété de la race blanche ou de la race noire? voilà le seul point en litige. Or, l'on déclare unanimement que l'espèce humaine présente au moins deux classes distinctes : la race blanche et la race noire ; et l'on ne sait trop dans quelle catégorie ranger les Abyssiniens, les Nubiens, les Égyptiens et les Maures ; on reconnaît que les Indiens, les Chinois, les Tartares, etc., offrent, dans leur teint et dans leur conformation, des caractères particuliers, et que les indigènes de l'Amérique ont une coloration qui diffère essentiellement de celle des autres peuples. On remarque également des particularités bizarres dans les formes des Hottentots, des Lapons, des Esquimaux, des Samoyèdes, et de plusieurs peuples des îles des mers du Sud. N'est-il pas raisonnable d'en conclure qu'on a tort de limiter à deux, et même à quatre, le nombre des races primitives?

De deux choses l'une : il faut croire à l'unité de la création, et attribuer, à des influences locales, toutes les dissemblances qui frappent nos regards ; ou bien il faut entrer dans une voie plus large, et admettre que Dieu a multiplié les variétés de l'homme aussi bien que celles des autres créatures.

Persuadé que la science et la philosophie n'ont encore découvert qu'une très-faible partie des secrets de la nature, j'aime mieux apprécier les ouvrages inconnus de l'Éternel, par analogie à ceux perceptibles à mes sens, que d'admettre des théories qui supposeraient une exception dans l'ordre général de l'univers.

La longue étendue de ces observations m'oblige à renvoyer aux chapitres suivants ce que j'ai à dire des autres habitants de l'Égypte.

FIN DU PREMIER VOLUME.

TABLE DES MATIÈRES

DU PREMIER VOLUME.

	Pages.
Chapitre Ier. — Départ de Marseille. — Hyères. — Cannes. — Iles Sainte-Marguerite, Lérins. — Golfe Juan. — Les deux colonnes. — Livourne. — La Gorgone. — Civita-Vecchia. — Le brigand Gasparoni. — La roche de Circé. — Naples. — Pompeï. — Sorrente. — Charybde et Scylla. — Détroit de Messine. — L'Etna...	1
Chap. II. — Ruines de Syracuse. — Les Lathomies. — Monuments numismatiques. — Les armoiries de Naples. — Fontaine d'Aréthuse..	16
Chap. III. — Malte. — Souvenir de saint Paul. — Monument du duc de Beaujolais. — Fort Manoël. — Lettre inédite d'Henri IV.	22
Chap. IV. — L'île de Cérigo (Cythère). — Les Cyclades. — Propriété singulière de l'alun de Milo. — Grottes curieuses. — Serpho. — Polydecte et la tête de Méduse.................................	33
Chap. V. — Syra. — Ile de Délos. — Paros. — Naxie. — Ios ou Nio. — Tombeau d'Homère. — Santorin. — Mort héroïque de Bisson à l'île de Stampalie......................................	57
Chap. VI. — Alexandrie vue de la mer. — Flotte égyptienne. — Description de la ville actuelle. — Enceinte des Arabes. — Corps-de-garde pris par huit matelots français. — Tolérance religieuse du vice-roi. — Folie d'un grand seigneur. — Mobilier du général	

Bonaparte. — Prise d'Alexandrie par l'armée française. — Les Anglais chassés d'Alexandrie par Méhémet-Ali. 45

CHAP. VII. — Fondation d'Alexandrie. — Rhacotis. — Esquisse de l'ancienne ville. — Ruines découvertes par le colonel Gallice. — Maison du Nil. — Cendres de la bibliothèque incendiée par César. — Tombeau d'Alexandre. — Origine du nom de l'île de Pharos. — Colonne de Pompée. — Aiguille de Cléopâtre. — Banlieue de l'ancienne Alexandrie. — Phare de Sostrate. — Grande mosaïque. 61

CHAP. VIII. — Alexandre au temple d'Ammon. — Erreurs commises par quelques auteurs. — Cham n'est pas le père des Égyptiens. — La colline du Coq. — Lettre de l'empereur Adrien. — Amrou. — Prise et destruction d'Alexandrie. — La version des Septante. — Comment l'eau du Nil arrivait à Alexandrie. — Le canal Mahmoudieh. 78

CHAP. IX. — Navigation entre Alexandrie et le Caire. — Télégraphes. — Désert où nos soldats ont tant souffert. — Damanhour. — L'ange El-Mohdy. — Afteh. — Fouah. — Ramanyeh. — Combat de Chobraris. — Pyramides vues à dix lieues. — Ventre de la Vache. — Champ de bataille des Pyramides. 102

CHAP. X. — Boulach. — Machines achetées par le vice-roi en Europe. — Le Caire. — Hôtel d'Orient. — Place Lesbekyeh. — Maison qui fut habitée par Bonaparte. — Maison où Kléber fut assassiné. — Monsieur et madame de Lavalette. — Quartiers et rues du Caire. — Saleté, tristesse et misère. — Les bazars et les marchands. — Étendue de la ville. — Cimetières. — Cérémonies funéraires. — Deuil. — Tombeau des mamelouks. — Tombeau de la famille de Méhémet-Ali. — Tombeaux des Califes. — Mosquées. — Minarets. — Muezzins. — Manière de prier chez les Musulmans. — Ablutions et lotions. — Les Imans. — Les Ulémas. 117

CHAP. XI. — Monticules de décombres. — La citadelle. — Puits de Joseph. — Grand aqueduc. — Massacre des Mamelouks. — Méhémet-Bey. 145

CHAP. XII. — Portes monumentales. — Tombe de Sulkowski. — Révolte du Caire. — Politique de Bonaparte en Égypte. — Assassinat de Kléber. 158

CHAP. XIII. — Une belle Sakye. — Repas de chameaux. — Préparatifs d'un départ pour Jérusalem. — Physiologie du chameau. — Les ânes et les âniers. — Femmes de harem. — Femmes du peuple. — Le mauvais œil. — Le divorce. — Les Levantines et les

Européennes.. 169

Chap. XIV. — Quelques Français : Clot-Bey, Lubbert, Rousset, le colonel Varin. — Protection de nos consuls. — Danger d'un péché mignon. — Présomption, jalousie des musulmans, leur dédain pour les chrétiens. — Excentricités d'un voyageur parisien. — Costume à la Nizam.. 187

Chap. XV. — Les almées. — Abas Pacha et Sophie. — Les cawales. — Les cafés. — Passe-temps des Turcs. — Le café et la pipe. — Les chanteurs, le tarabouka. — Les ophtalmies et leurs causes. — Les mouches. — Grand nombre d'aveugles. — Les insectes. — Les chiens. — La chirurgie barbare. — Remède infaillible, infusion du Coran... 198

Chap. XVI. — La peste. — Comment elle enrichissait les gouverneurs de l'Égypte. — La peste est-elle contagieuse? — Elle est annuelle, mais variable dans ses effets. — Causes qui la produisent. — Causes qui la font disparaître....................... 217

Chap. XVII. — La superstition, les Djinns, les Éfrits. — Le mauvais œil; comment on peut le conjurer. — Les Psylles ou charmeurs de serpents. — Anciennes nations de l'Afrique. — Le voyage des Argonautes, origine des Tritons. — Autel des Philènes. — Le jardin des Hespérides et les pommes d'or. — Les Gorgones, Méduse. — Adresse extraordinaire des Psylles. — Les Psylles chez le général Bonaparte.. 226

Chap. XVIII. — Querelles entre Fellahs. — La plus grosse de toutes les injures. — Le bourreau conduisant une fille au supplice. — Les Santons et leurs priviléges. — Les bains. — La police du Caire. — Comment on punit les contrevenants. — Le Calidji, grande solemnité annuelle. — Lettre du Calife Omar au Nil...... 241

Chap. XIX. — Fondation du Caire. — Les Califes. — Origine des Mamelouks. — Masr-Fostat, soit le vieux Caire. — Babylone d'Égypte. — La tente d'Amrou. — Grotte où la sainte famille s'était réfugiée. — Mosquée d'Amrou. — Dominateurs de l'Égypte depuis 2423 années. — Greniers de Joseph. — La sœur d'un bey éprise d'un chrétien et condamnée à mort. — Soliman-Pacha. — Réponse de Clot-Bey à Ibrahim-Pacha. — L'île de Roudah. — Les Hébreux. — Le berceau de Moïse. — Le nilomètre. — Village de Gyseh. — Le colonel Varin-Bey. — L'école de cavalerie. — Les fours à poulets ou les couvoirs.................................. 261

Chap. XX. — Bataille d'Héliopolis. — Souvenirs d'Héliopolis, grands hommes qui la visitèrent. — Culte qu'on y célébrait. — Obélisque. — Joseph et Putiphar. — Village de Mataryeh, maison où demeurait la sainte famille. — Hôpital d'Abou-Zabel, Clot-Bey. — Une noce. — A quel âge on marie les filles, quelle est leur dot. — Consommation du mariage. — La circoncision et l'excision. — Remarques sur Abraham et sur sa postérité...................... 291

Chap. XXI. — La forêt pétrifiée............................. 309

Chap. XXII. — Désert entre l'Égypte et la Syrie. — Il avait moins d'étendue au temps d'Abraham. — Le lieu où les Hébreux passèrent la mer Rouge est maintenant loin du rivage. — Le grand fleuve Corys. — Divers noms de la mer Rouge. — Changement du climat sur tout le littoral de l'Afrique. — Changements analogues sur plusieurs autres points du globe. — La reine de Saba. — Observations géologiques. — Constitution du sol aux environs de Paris. — Causes du déplacement des eaux et des révolutions terrestres. — L'axe de la terre change de position. — Les 463,000 années des Chaldéens................................. 320

Chap. XXIII. — Comment l'Égypte s'est formée. — Les lacs. — Configuration générale de l'Égypte. — Comment l'Égypte s'est peuplée. — Empire de Méroé ou d'Éthiopie. — Assertions erronées de Bruce. — Ruines en Éthiopie, la reine Candace......... 342

Chap. XXIV. — Population actuelle de l'Égypte. — Villes et villages. — Physiologie du Fellah. — Persévérance inouïe avec laquelle il subit les châtiments. — Réminiscence des fêtes phalusiennes. — Explication de la fable d'Osiris et de Typhon. — Les Coptes. — Erreurs de Volney. — Les étrangers ne peuvent avoir de lignée en Égypte, les Mamelouks n'en ont pas eu. — Les Barabras. — Les races humaines primitives.............................. 366

FIN DE LA TABLE DES MATIÈRES.

COULOMMIERS. — IMPRIMERIE DE A. MOUSSIN.

www.ingramcontent.com/pod-product-compliance
Lightning Source LLC
Chambersburg PA
CBHW050916230426
43666CB00010B/2198